Paris
1862

Goethe, Johann Wolfgang von

tretiens de Goethe et d'Eckermann

Tome

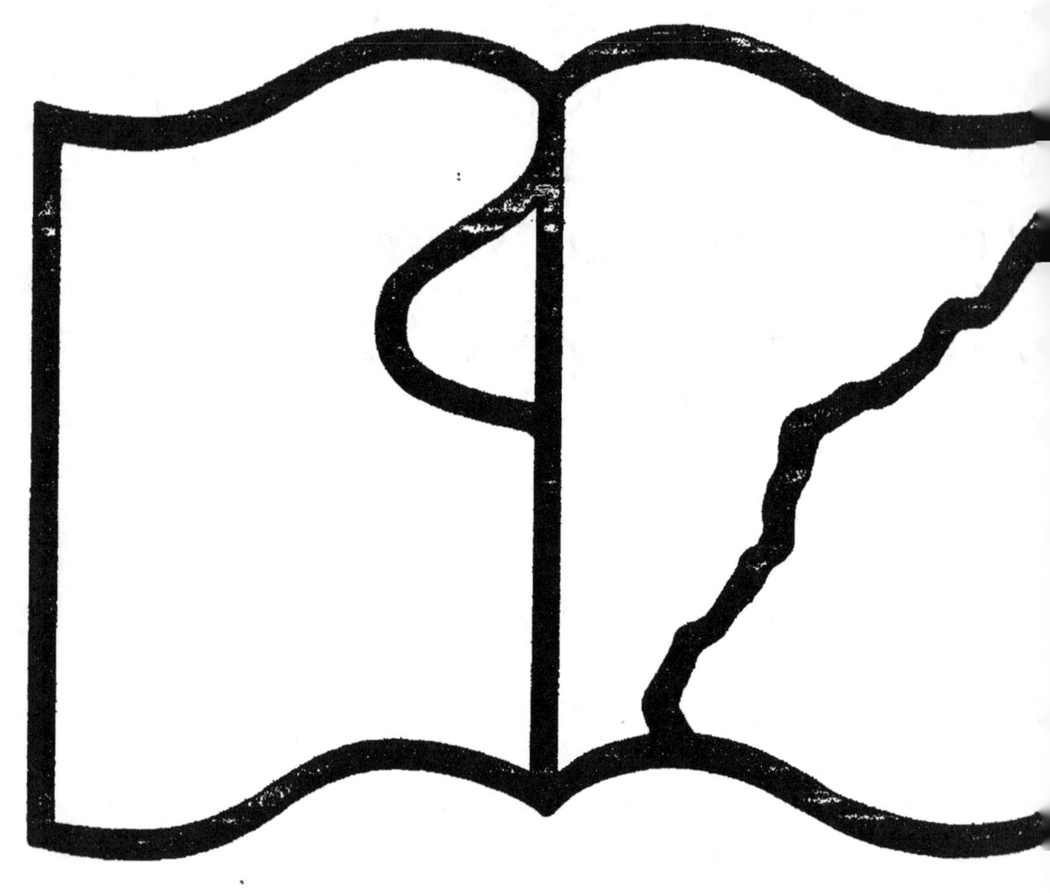

**Symbole applicable
pour tout, ou partie
des documents microfilmés**

Texte détérioré — reliure défectueuse

NF Z 43-120-11

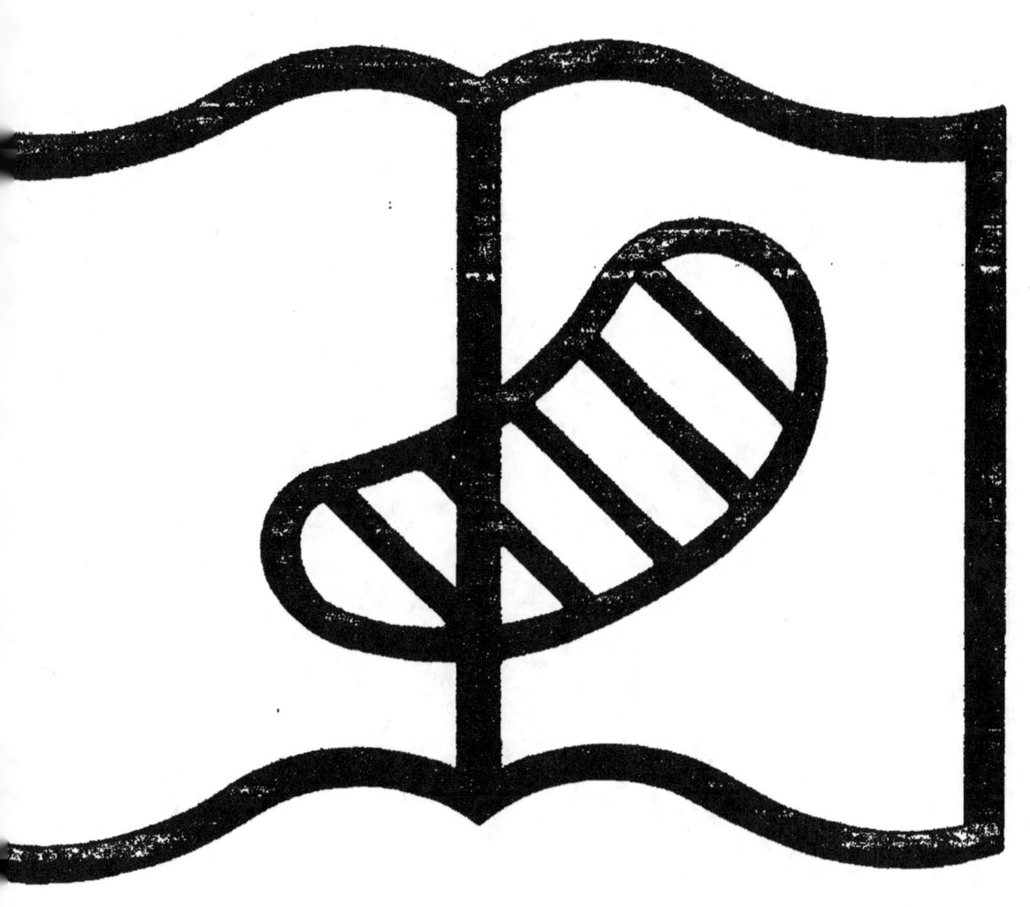

**Symbole applicable
pour tout, ou partie
des documents microfilmés**

Original illisible

NF Z 43-120-10

ENTRETIENS

DE GŒTHE

et

D'ECKERMANN

PARIS. — IMPRIMERIE DE J. CLAYE
RUE SAINT-BENOIT, 7

ENTRETIENS

DE GŒTHE

ET

D'ECKERMANN

PENSÉES SUR LA LITTÉRATURE, LES MŒURS
ET LES ARTS

TRADUITES POUR LA PREMIÈRE FOIS

PAR M. J.-N. CHARLES

Professeur au lycée Bonaparte

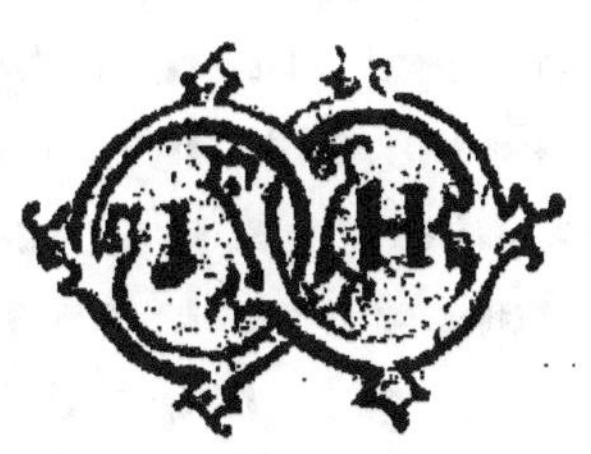

PARIS

COLLECTION HETZEL

— LIBRAIRIE CLAYE, 18, RUE JACOB —

Tous droits réservés.

1862

AVERTISSEMENT

I

S'il est un homme dans notre siècle qui, par ses ouvrages, ait appelé l'attention générale et qui, toujours sans embarras comme sans intrigue, l'ait retenue fixée sur lui tant qu'il a vécu, assurément c'est Gœthe, et depuis trente ans qu'il a cessé de vivre, ses livres sont encore l'objet des études les plus passionnées. Au même titre que Voltaire, bien que pour des qualités toutes différentes, il a exercé pendant long-temps une véritable royauté, dont le souvenir est d'autant moins exposé à s'éteindre que, dans l'active, mais majestueuse universalité de son génie, il a tout à la fois résumé et devancé son époque. Le don charmant de l'esprit et de la grâce ne lui a pas fait défaut; mais c'est moins par là qu'il doit vivre que par la mise en œuvre de quelques idées éternelles auxquelles il a donné son empreinte. Quiconque a l'honneur de produire, de créer un ou plusieurs types vivants, entre dans la gloire et y reste. En littérature, les mérites de détail font les réputations brillantes et passagères;

il n'y a d'avenir certain que pour les œuvres où l'humanité elle-même reconnaît quelqu'un de ses caractères.

Arrivé au faîte de la renommée, Gœthe s'y est maintenu par son propre équilibre : la nature en lui n'a eu ni faiblesse ni déclin. À l'âge de quatre-vingts ans, dans une riante et noble retraite, entouré de fleurs, de tableaux, de statues, il vivait heureux, infatigable, tout occupé d'art, de science, de ses projets nouveaux et de l'achèvement d'œuvres jusque-là imparfaites. Peut-être, dans ses années si paisibles et si pleines, avait-il pour sa propre pensée cette complaisance, qui est, dirait-on avec quelque fondement, le péché mignon des grands hommes de tous les pays; peut-être ses idées en politique étaient-elles demeurées trop en arrière sur la marche du siècle; mais comme poëte et comme moraliste, il ne cessait d'ajouter à ses qualités anciennes et de les transformer. Il ne dédaignait rien de sa vie antérieure; il la complétait; son passé n'était pas pour lui l'occasion de ce regret banal qui est la preuve de la médiocrité ou de l'appauvrissement de l'intelligence; non, il pensait avec Kant que chaque âge a une beauté qui lui est propre et qu'il faut savoir faire fleurir ; et, semblable à ces illustres anciens que Cicéron nous présente dans son *Traité de la vieillesse*, il disait volontiers : « Je n'ai point de motifs d'accuser la vieillesse; par elle, je suis autre et je ne suis pas moindre. »

2

Sa conversation avait gardé un charme expressif et même il mettait une sorte de coquetterie à bien causer. Faut-il le dire? dans quelques occasions et pour des visiteurs d'élite, il se préparait. Ce n'est pas un crime; peut-être même n'est-ce pas un travers, à moins que l'on ne se prépare en lisant des recueils de bons mots où l'on s'approvisionne d'esprit tout fait. Mais s'il est permis de renouveler à l'avance quelques souvenirs ou de faire les frais convenables pour ne pas laisser un entretien languir dans les généralités insignifiantes, les meilleures conversations sont cependant celles où les sujets naissent à l'improviste, où les discours s'animent en prenant plus d'abandon. Celles de Goethe, en pareil cas, étaient, comme ses lettres particulières, aussi remarquables que lui-même : il y portait sa dignité native, sa puissance, sa netteté, sa richesse d'impressions et de réflexions.

Entre les grands hommes, plusieurs ont été taciturnes dans la vie ordinaire, soit par excès de concentration, soit par une sorte de calcul et d'économie singulière, soit enfin par tempérament. D'autres, plus spontanés, plus pleins d'idées qui demandaient à se répandre, ont trouvé plaisir à parler devant un petit cercle ou d'étrangers ou d'amis. Il s'en est même rencontré pour qui la conversation était un besoin de l'esprit; certaines de leurs pensées n'acquéraient la clarté nécessaire qu'en s'exprimant tout haut. Ainsi Napoléon, dans les années de sa puissance, aimait à faire venir près de lui des gens de mérite, et même des hommes sans grand mérite et à susciter une sorte de dialogue, où bientôt, voyant la stérilité, la faiblesse, la timide réserve de l'auditeur, il se mettait à prendre les deux rôles, faisait la demande et la réponse, supposait que ce muet avait parlé, qu'il devait penser et vouloir dire ceci ou cela. Plus tard, à Sainte-Hélène, il causait aussi beaucoup, repassant par la conversation toutes les aventures grandes et petites de sa vie. Un bon nombre de ces entretiens ont été notés, et, comme une multitude de lettres qu'il a écrites, très-souvent par simple exubérance, ils éclairent et complètent la connaissance ou de ses vues ou de son caractère. Bien des fois, un annotateur a cru se faire valoir auprès des contemporains et de la postérité, bien des fois on s'est donné des airs d'intime et de confident, parce qu'on avait eu part à ces quarts d'heure d'une vie fameuse : au fond, il n'y avait rien de cela, mais le simple essai qu'une intelligence tout ensemble très-fougueuse et très-attentive voulait entreprendre sur le premier venu soit de la force d'une raison, soit de l'éclat d'un paradoxe. On citerait même des circonstances où la parole n'était pour lui que le dégagement forcé d'une âme qui se donne à elle-même un peu de jeu pour ne pas étouffer sous son propre poids. Les mots prononcés étaient alors comme d'inévitables imprudences, les aveux d'un cœur qui déborde.

Ceux qui nous ont transmis ces discours familiers de Napoléon nous ont rendu un service, qui n'est presque jamais celui qu'ils croyaient rendre; quelquefois, ils eurent, comme M. de Pradt à Varsovie, tout l'esprit qu'il fallait pour saisir et pour reproduire le sens supérieur, la physionomie originale de ces confidences mêlées d'intentions dramatiques; plus souvent, ils ont eu de la mémoire et nulle pénétration, nulle entente des choses : ils ont donné le squelette du discours et non pas sa teneur vivante.

Mais une âme de poëte n'est pas aussi compliquée, aussi difficile à surprendre, que l'est celle d'un conquérant. Gœthe aimait à causer de la même manière que Napoléon, c'est-à-dire à éprouver l'effet de ses idées et surtout à s'entretenir lui-même à haute voix devant un auditeur. Heureux qui l'entendait ainsi et pouvait suivre dans leur spontanéité ces échappées lumineuses du génie! Cette jouissance ne passait la portée de n'importe qui, et, pour nous communiquer l'essentiel de ce plaisir, c'était, pour ainsi dire, assez d'avoir été admis à le goûter et de vouloir nous en faire part. Quelqu'un a pris ce soin et nous a même largement procuré l'avantage d'une sorte de compte rendu sténographié des entretiens du maître.

3

Le 10 juin 1825, à midi, un visiteur d'apparence honnête et timide montait l'escalier de la maison de Gœthe et entrait dans une première salle, au seuil de laquelle était écrit ce mot de bon augure : *Salve.*

Un domestique l'introduisit dans une seconde salle plus spacieuse, tout égayée par une lumière douce, des meubles gracieux et des tableaux de maîtres. L'étranger attendit quelques instants. Bientôt Gœthe parut dans la majesté de sa verte vieillesse et, par quelques mots simples, aimables, essaya de rassurer son humble admirateur, qui tremblait. Pourquoi non ? Il y a, comme on l'a dit, quelque chose de solennel dans une première conversation avec un homme illustre qui nous dépasse encore plus par le talent que par l'âge[1]. Or, ce visiteur était un homme de trente-trois ans, un écrivain pauvre, obscur, admis pour la première fois devant le glorieux patriarche de la littérature allemande, et qui, plusieurs jours auparavant, avait envoyé à Gœthe un manuscrit, en demandant qu'il lui plût, après lecture, de le recommander à un éditeur.

Gœthe, dans cet entretien, fut paternel et bon. Il avait, le matin même, parcouru les pages qu'on lui soumettait ; les faux grands hommes sont les seuls qui ne trouvent pas le loisir d'être obligeants. « Votre travail, dit-il, se recommande de lui-même. Vos conseils aux jeunes poëtes sont clairement exposés ; les idées s'y enchaînent bien; les principes sont solides et sagement combinés. J'enverrai moi-même votre manuscrit à Cotta, pour qu'il vous l'achète et qu'il l'imprime. » Cotta, éditeur de Gœthe, ne pouvait rien refu-

---

[1] Ch. Baudelaire, *Théophile Gautier.* p. 14.

ser à l'écrivain qui lui avait fait sa fortune; peut-être, en re-
cevant la lettre et l'expédition de Gœthe, n'eut-il pas l'air le
plus satisfait du monde; mais Gœthe avait, ce jour-là, usé de
son influence légitime et mis la joie au cœur d'un pauvre
garçon estimable, qui, après avoir savouré le bonheur de
cette visite, aurait pu dire, comme un spirituel écrivain que
nous citions tout à l'heure : « Je me retirai conquis par tant de
noblesse et de douceur, subjugué par cette force spirituelle, à
qui la force physique servait, pour ainsi dire, de symbole. »

4

Le nouveau protégé de Gœthe était un homme estimable,
mais non pas précisément spirituel; il n'en a pas moins attaché son nom à celui de Gœthe, si heureusement qu'il ira
tout droit à la postérité, soutenu et remorqué comme une
modeste barque par un bâtiment de haut bord.

Il s'appelait Eckermann, ayant pour prénoms Jean Pierre,
ce qui sent un peu le rustique.

En effet, il était fils d'un paysan hanovrien; sa mère cou-
turière, ses deux sœurs servantes, ses deux frères matelots,
et lui-même d'abord vacher, puis apprenti colporteur, voilà
qui ne suppose pas une fortune patricienne.

Jeune, il fréquenta l'école voisine de la case paternelle,
dessina d'inspiration quelques mauvaises esquisses; sa famille
en parla comme de chefs-d'œuvre, et leur réputation lui valut
les bonnes grâces d'un bailli. Ce digne homme l'aida de sa
bourse pour qu'il apprît un peu de français, un peu de latin,
un peu de musique. Un autre protecteur lui donna quelques
habits et plusieurs fois un bon dîner. Plus tard, Eckermann
était devenu copiste-clerc dans un bureau de justice quelconque, puis petit employé des contributions directes à Lune-

bourg, ensuite de la sous-préfecture d'Ulzen, et, après, secrétaire d'une mairie, dans le temps de la domination française. Lorsque parurent les Cosaques en 1813, les Français n'étant plus là, il se sentit le goût de devenir un héros, entra dans les chasseurs de Kielmannsegg et partit. Ses exploits le menèrent jusqu'en Flandre, où il fit halte avec sa compagnie et passa son temps à deux choses : regarder les tableaux des églises et tirer de l'arc aux kermès de village. Licencié dans l'automne de 1814, il regagna son pays, se remit au dessin, puis y renonça, obtint une petite place dans une administration, lut par hasard Winkelmann et Mengs, qu'il ne comprit pas, et les poésies patriotiques de Kœrner. Comme tout bon Allemand, il avait jusque-là modulé quelques vers intimes. Le feu de Kœrner passa dans son âme; il composa, pour le retour des troupes qui revenaient de la campagne de Waterloo et qu'il n'avait pas suivies, une chanson de circonstance, qui fut imprimée et que beaucoup de personnes lurent à Hanovre. Il ne connaissait rien encore de Schiller et de Klopstock; on lui en prêta des volumes. Il étudia ensuite les œuvres de Gœthe, et faillit devenir fou d'épouvante à la lecture de *Faust*; mais il se rasséréna et fut d'avis que l'auteur était grand. On l'eût peut-être embarrassé en lui demandant de raisonner cette opinion. Une foule de passages, chez Gœthe, rappelaient les noms de Shakspeare, d'Homère et de Sophocle; Eckermann se procura leurs écrits et reconnut de bonne foi qu'il ne comprenait les choses qu'assez en gros.

Au lieu de s'en prendre aux traducteurs, il s'en prit à lui-même, et vit bien qu'il manquait d'une instruction suffisante. Avec un louable courage, il alla demander des leçons à un professeur, qui le remit au latin, lui apprit un peu de grec et lui procura l'autorisation de suivre, autant que cela s'arrangerait avec les devoirs de sa place, les cours du collége ou gymnase. A vingt-cinq ans, il était admis dans la classe de seconde.

Deux pièces de théâtre, la *Faute*, par Müller, et l'*Aïeule*, par Grillparzer, avaient alors un grand succès. Eckermann s'en indignait, les trouvant immorales, parce que, dans l'une et dans l'autre, l'idée mère était que nos actions sont bien souvent dirigées par l'influence extérieure de la fatalité. Il résolut de combattre, au théâtre même, cette pernicieuse doctrine par une comédie ou un drame, où il prouverait que notre existence prospère ou va mal seulement en vertu d'une fatalité interne, qui enchaîne logiquement le bien au bien, le mal au mal. Plein de son idée, il quitte le gymnase, travaille, travaille, et compose une pièce superbe, mais malheureusement injouable. Il l'imprime avec ses poésies diverses et la répand par souscription.

Quelque argent lui vient par cette voie; il se met en tête d'aller étudier à l'université de Gœttingue, intéresse à son entreprise des personnes bienveillantes, qui lui obtiennent, avec sa démission honorable, une gratification de cent cinquante thalers. Les administrations allemandes ne laissent pas d'avoir de bons moments, paraît-il : celle qui avait employé Eckermann lui permit d'abord de ne venir au bureau qu'à ses heures pour travailler, ce qui, à la vérité, vaut mieux que d'y venir, comme chez nous, à des heures invariables pour ne pas travailler. Il voulait s'instruire, elle le favorisa. Enfin, lorsque son projet d'étudier mieux encore devint incompatible avec les devoirs qu'il avait à remplir, ses chefs trouvèrent au fond de leur caisse une réserve disponible pour l'aider. Le Hanovre de ce temps-là pourrait passer pour une terre de miracles; il s'y faisait des choses improbables.

Eckermann nous apprend qu'il aimait alors passionnément une femme dans le Hanovre; mais cette violente passion ne l'empêcha pas de s'en aller. Ceci rentre dans le domaine du possible.

A Gœttingue, il suivit pendant dix-huit mois des cours de droit, d'histoire et de philologie. Nous n'oserions dire que ce fut avec éclat; mais il se crut désormais assez fort pour quitter l'université et s'abandonner aux inspirations de son talent. Enfermé dans un hameau, il se mit de là en position d'écrire un supplément à toutes les poétiques, et, quand il eut fait assez de cahiers, il les envoya à Gœthe, précédés d'une lettre où il racontait les événements de sa vie et demandait assistance, comme on l'a vu.

⁂

Gœthe avait deviné sans doute dans cette communication de bonnes qualités qui lui plurent, et l'homme même lui parut mériter confiance. Il entreprit de se l'attacher, de dégrossir et de gouverner cette nature tout à la fois pesante et aventureuse. Chez les vieillards, on rencontre assez souvent une sorte d'instinct paternel qui les porte ainsi à prendre soin de l'éducation morale d'un jeune homme. En outre, comme il ne faut flatter personne, non pas même une mémoire célèbre, nous ajouterons tout uniment que Gœthe avait besoin d'un secrétaire. Autant valait celui-là qu'un autre; un autre plus brillant d'esprit eût été peut-être moins sûr, moins docile. A soixante-quatorze ans, on craint les relations avec les gens vifs et sujets aux frasques. Eckermann était très-personnel et capable de vanité; autrement, il n'eût pas été de son pays. Mais quel autre l'aurait été moins? Son intelligence n'était pas des plus cultivées. Il ne connaissait presque rien des usages du monde; mais il possédait ce fonds de bon sens qui ne manque guère aux hommes de campagne et qu'une teinture des études ne saurait gâter. D'ailleurs il paraissait respectueux, ne disait jamais à Gœthe que *Votre Excellence*, suivant l'étiquette, et montrait une égale admiration pour le patriciat du génie et pour celui de la fortune. Gœthe décida donc de l'employer à des travaux littéraires et s'habitua peu à peu à causer devant lui, à le faire venir même uniquement pour avoir à qui parler. Ce qu'il disait, surtout au commencement, était, quelque précaution qu'il prît, souvent bien fort pour son auditeur, qui recueillait les mots, se les enfonçait dans la pensée, les méditait ensuite à part lui et revenait, le lendemain, quelquefois ayant compris, quelquefois non, mais, grâce à sa mémoire, ayant toujours retenu.

Cette mémoire aidant, Eckermann, grand preneur de notes, omettait le moins possible de consigner par écrit, après chaque entretien, ce qui lui semblait avoir été le point ou les points importants de la conversation. Gœthe le sut, ne le trouva pas mauvais, se fit même montrer à plusieurs reprises les cahiers que l'autre rédigeait. Plus d'une fois il dut sourire en voyant de quelle manière il avait été compris, et certes il ne disait pas, comme Socrate, lisant un dialogue où Platon l'avait mis en scène et le faisait parler : « Voilà un jeune homme qui ne rapporte pas trop exactement ce qu'il écoute, mais que de belles choses il me prête ![1] » Mais il effaçait ici ou là, rétablissait le sens altéré, indiquait les changements à faire. Tout en allant, il éclairait l'esprit de son auditeur, s'intéressait à ses diverses études, perfectionnait en lui la science du langage, descendant même jusqu'à des détails modestes de synonymie, lui indiquait tantôt un sujet de composition, tantôt une lecture à faire, revenait avec complaisance sur les livres lus par lui d'après ses indications, le formait pour le monde et pour la vie, lui préparait enfin, si l'on peut dire, du pain pour l'avenir, en lui permettant d'avance de publier un jour les notes amassées peu à peu. Il lui laisserait ainsi un double legs, un double héritage de profits moraux et de profits d'argent[2]; de plus, il le traitait toujours avec une affectueuse simplicité, l'élevait familièrement à sa confiance, lui

[1] Diogène de Laërce. *Vie de Platon.*

[2] Il lui assigna aussi par son testament l'honorable mission de recueillir et de publier ses œuvres complètes

pardonnait au besoin quelques bouderies, lui procurait les plaisirs nobles, qui sont, comme un espace et un air libres, nécessaires à l'âme des gens d'étude, le forçait de venir à ses soirées, à sa table, pour lui faire entendre et voir des hommes distingués ou pour lui ménager des amitiés utiles.

6

Eckermann ne s'est pas rendu un compte absolument exact du genre d'affection que Gœthe lui témoignait, mais il en a compris assez pour sentir peu à peu tout ce qu'il devait à la fréquentation d'un tel homme. Il a été, au dehors, un peu plus important parfois que sa situation ne le comportait peut-être; il voudrait, à certains moments, se donner les airs d'un Moïse qui vient de parler à Jéhovah. Pourtant il faut lui savoir gré d'abord de sa reconnaissance envers son maître, ensuite de la fidélité minutieuse qu'il a mise à reproduire, telles qu'il les a senties, les scènes calmes et simples de la vie intérieure de Gœthe. Cette vieillesse laborieuse et sereine est l'un des plus beaux spectacles que nous connaissions. Sans doute Gœthe, à cette époque de sa vie comme avant, offre des côtés, des aspects de caractère, qui ne nous subjuguent pas. La façon olympienne dont il plane quelquefois au-dessus du monde, comme s'il était un de ces dieux d'Épicure qui voient d'un œil indifférent la terre à leurs pieds; les attitudes, dont la tranquillité calculée est trop souvent d'une froideur désagréable; les opinions politiques qu'il affecte et qui indiquent par instants je ne sais quelle morgue de chambellan, tout cela forme la partie faible du caractère de Gœthe et pourrait, jusqu'à un certain point, devenir un exemple pernicieux pour les hommes qui, sous prétexte ou de dignité ou d'art, sont enclins à s'admirer eux-mêmes, à réclamer l'hommage du double, et qui n'ont pas pour excuse d'avoir écrit *Wilhelm Meister* ou *Faust*. Mais, ceci réservé, on admirera, nous l'espérons, la profondeur et la sublimité vraie de ces pages où Eckermann a simplement reproduit les pensées de Gœthe au soir de cette vie si pleine, si occupée des plus belles œuvres et de tous les problèmes qui méritent d'occuper sans cesse l'humanité. Que ce grand homme ne se trompe jamais dans ses jugements esthétiques ou moraux, qu'il ne se contredise nulle part, nous ne l'affirmons aucunement, et, de place en place, nous avons signalé nous-même certaines idées comme fausses ou tout ou moins contestables; mais on n'oubliera pas que, d'une part, des mots prononcés dans la conversation ne peuvent être toujours l'exacte et la définitive expression d'une intelligence même très-sûre de soi, et, d'autre part, que l'auditeur le plus scrupuleux ne peut mentionner le ton qui fait souvent la juste mesure des paroles.

Tel qu'il est, le travail d'Eckermann doit intéresser tous les esprits d'élite, et, séparation faite de quelques morceaux, devenir pour eux une sorte de bréviaire. Henri IV disait que les Mémoires de Monluc sont la bonne bible du soldat; tout aussi utilement, l'artiste, le philosophe, le critique, feuilletteront sans cesse avec profit le livre des conversations de Gœthe : l'abondance et la variété des sujets y égalent la justesse originale de la plupart des pensées. Entre les sujets les plus fréquemment abordés par Gœthe, la littérature française de l'époque de la Restauration joue un rôle considérable, et de là vient pour nous une espèce particulière d'intérêt; mais, en dehors même de cette considération, il est un point de vue que nous ne pouvons omettre. On a dit : « Pour être un parfait critique, sans prédilection ni prévention exclusive, le plus sûr serait de n'avoir en soi que la faculté judiciaire, avec absence de tout talent spécial qui vous constituerait juge et partie : ainsi se réaliserait la souveraine balance. » Une pareille hypothèse peut être contestée; au contraire, il faut désirer que « si le critique se mêle une fois d'avoir des talents d'auteur, il les ait tous. C'est le vrai moyen de comprendre tout ce qu'on juge, en homme de métier et presque sans les inconvénients du métier. Le parfait critique, ainsi considéré, serait donc celui qui aurait la faculté d'être tour à tour, ne fût-ce qu'un moment, artiste dans tous les genres[1]. » Or, tel fut Gœthe dans la diversité de ses aptitudes et de ses travaux.

<h2 style="text-align:center">7</h2>

Il reste à fournir quelques renseignements sur la présente publication.

Eckermann a vécu, sauf quelques absences, dans le commerce presque quotidien et très-intime de Gœthe depuis 1823 jusqu'à l'année où mourut celui-ci, c'est-à-dire en 1832, et son journal embrasse la même période de temps, si toutefois on excepte plusieurs intervalles assez courts pendant lesquels il a interrompu ses transcriptions, ou distrait par d'autres soins, ou atteint par un de ces ralentissements de zèle qui sont inévitables même auprès de l'homme que l'on admire le plus.

En 1836, il détacha de son recueil manuscrit la matière de deux volumes, qui furent reçus du public avec une grande faveur, et reparurent en 1837. Mais Eckermann avait encore par-devers lui une bonne provision de notes : il fit de cette réserve une suite à son premier travail, en y joignant des extraits d'un autre journal personnel, rédigé également à Weimar et dont un certain nombre de pages se rapportaient aussi à Gœthe. Ces souvenirs étaient ceux

[1] Sainte-Beuve. *Derniers Portraits*, p. 539.

d'un Genevois, nommé Soret, appelé en 1822 pour remplir les fonctions de précepteur auprès du jeune grand-duc héritier, et qui, fréquemment admis chez Gœthe, obtint son estime et traduisit, avec sa pleine approbation, la *Métamorphose des plantes*, une des œuvres auxquelles l'auteur de *Werther* et de *Faust* attachait paternellement le plus haut prix.

M. J. N. Charles, professeur au lycée Bonaparte, a traduit avec le plus grand soin et la fidélité la plus parfaite tout ce qui a paru des notes d'Eckermann et de Soret; l'original forme une masse passablement compacte, qui n'a pas rebuté le courage de M. Charles, mais nous n'avons pu supposer, dans l'état présent des choses, que cette traduction, si elle était imprimée d'abord en entier, obtînt le nombre de lecteurs qu'elle mériterait. M. Charles, à son tour, n'a pas voulu porter lui-même la serpe et la hache dans l'ouvrage qu'il avait interprété si patiemment. Seulement, par une concession amiable aux nécessités des temps et à la différence des lieux, il nous a permis de détacher de son volumineux manuscrit toutes les pages, tous les passages, toutes les pensées qui pouvaient offrir un véritable intérêt à un public français.

Ces sortes de procédés césariens nous répugnent d'ordinaire, bien que Gœthe lui-même les autorise, les conseille, dans un endroit de ses causeries; mais le public nous saura gré, pensons-nous, d'avoir pu de la sorte extraire de cette mine un peu trop abondante les lingots propres à l'usage de notre pays.

Notre travail fait, les pensées de Gœthe se présenteront au public ou sous forme directe, ou encastrées soit dans une sorte de compte rendu narratif, soit dans un dialogue. Le tout est tiré scrupuleusement du livre d'Eckermann, et pour tenir compte, comme lui-même, de la part fournie par Soret, nous avons marqué d'un astérisque les morceaux empruntés par lui du journal de ce dernier.

L'ordre dans lequel les entretiens ont eu lieu nous a même semblé respectable : un classement par ordre de sujet eût été chose arbitraire, et la variété, quand elle est venue spontanément, a peut-être du charme pour le lecteur, qui passe ainsi sans fatigue d'une matière à une autre.

Nous n'avons rien ajouté à l'excellente traduction de M. Charles sauf les opinions et les remarques que nous avons consignées dans les notes.

Quant au livre en lui-même, il se recommandera facilement par le nom toujours imposant de Gœthe, par l'intérêt manifeste des nombreux sujets qui y sont abordés avec la vigueur du génie, enfin par un bon nombre d'appréciations relatives à notre littérature et à notre histoire. Tout n'y est pas inattaquable, mais chaque chose y porte le coin d'une grandeur familière, qui se fait aimer jusque dans ses indécisions ou ses caprices. Il faut non pas adorer les hommes de génie comme des fétiches, mais réfléchir sur les manifestations de leur intelligence avec un respect où le discernement est le principe de l'admiration.

Les Éditeurs.

AVIS

Une table analytique placée à la fin de ce volume donnera le sommaire
des matières traitées dans chacun de ces chapitres
et des noms des hommes jugés par Gœthe.

LITTÉRATURE, ARTS, PHILOSOPHIE

1823

1

18 septembre.

Gardez-vous de l'ambition des grands travaux; c'est la plaie de nos meilleurs auteurs, de ceux qui ont le plus de talent et l'activité la plus intelligente. J'en fus atteint moi-même, et je sais quels dommages elle m'a coûtés. Que de choses entreprises et abandonnées!

Le présent revendique ses droits. Les pensées, les sentiments qui chaque jour dominent le poëte, voilà ce qu'il sait, ce qu'il doit exprimer. Si l'on a dans la tête un ouvrage de quelque importance, rien ne peut se produire à côté : toutes les idées étrangères sont refoulées, et l'existence elle-même, pendant la durée de cette période, cesse d'avoir des charmes. Quelle dépense d'énergie intellectuelle ne faut-il pas pour arranger et proportionner un tout ! Quelle puissance, quelles conditions de tranquillité, de quiétude, pour le produire au jour d'un seul et même effort ! Il se peut que cette composition soit, dans l'ensemble, au delà de nos moyens, et alors toutes nos peines seront stériles.

De plus, dans un sujet trop vaste, s'il se présente quelque détail où nous ne soyons pas complétement maîtres de la matière, l'ensemble péchera par certains côtés, qui attireront la critique. Pour tout résultat, le poète se trouvera dégoûté, paralysé, bien loin qu'il obtienne la récompense satisfaisante de tant de fatigues et de travaux. Au contraire, qu'il saisisse l'émotion présente au jour le jour ; qu'il traite avec une humeur toujours égale et avec fraîcheur ce qui s'offre à lui, certainement son œuvre sera toujours estimable, et, s'il ne la réussit pas, la perte qu'il aura faite lui coûtera peu de chose[1].

2

Le monde est si grand et si riche, la vie si variée, que les sujets de poésie ne manqueront jamais.

[1] Le conseil donné par Goethe n'est évidemment pas absolu et ne va pas jusqu'à interdire au poète toute œuvre importante. C'est plutôt, sous une autre forme, le même précepte que celui d'Horace dans l'*Art poétique* :

> Sumite materiam vestris, qui scribitis, æquum
> Viribus ..

Toute œuvre poétique doit être une œuvre de circonstance, en ce sens que la réalité doit en fournir l'occasion et le thème. Un cas particulier devient quelque chose de général et de poétique, par cela même qu'il est traité par le poëte.

J'estime peu les sujets que l'on prend en l'air.

5

Qu'on ne me dise pas que la réalité manque d'intérêt poétique. C'est avec elle précisément que le poëte se manifeste, s'il a assez d'esprit pour discerner dans un sujet vulgaire un côté intéressant. La réalité fournira les motifs, les points à mettre en lumière, le fonds proprement dit : la tâche du poëte consiste à former, avec ces éléments, un tout gracieux et animé. Fürustein, surnommé le poëte de la nature, a composé une pièce de vers sur la culture du houblon : on ne saurait rien écrire de plus joli. Je lui indiquais dernièrement, comme sujet, des chansons d'ouvriers, particulièrement une chanson de tisserand, et je suis sûr qu'il y réussira, car, depuis sa jeunesse, il a vécu parmi des gens de ce métier ; il est pénétré de son sujet, et il sera maître de sa matière.

L'avantage des œuvres de courte haleine consiste à n'avoir besoin que de choisir des sujets que l'on connaisse et dont on soit maître. Dans un grand poëme, il n'est pas possible d'éluder les exigences du sujet : tout ce qui se rattache à l'ensemble, tout ce qui rentre dans le plan, doit trouver place, et encore avec une vérité frappante. Or la jeunesse ne saisit bien qu'une seule face des choses, tandis qu'une œuvre de longue haleine exige des connaissances compliquées : faute de les avoir, on échoue par là[1].

4

Les anciens avaient de grandes intentions, et ils savaient les rendre. En revanche, nous autres modernes, nous avons bien aussi les intentions grandes, mais nous sommes rarement capables de reproduire nos idées avec la même puissance et la même netteté que nous avons mises à les concevoir.

5

En fait d'art, est-il rien de plus important que le sujet? Si celui-ci n'est pas ce qu'il devrait être, il se fait un gaspillage du talent. Et comme des sujets dignes de lui manquent à l'artiste de nos jours, il s'accroche de son mieux à ce que lui présente l'époque actuelle. Nous en souffrons tous.

Un fort petit nombre d'artistes ont à cet égard l'in-

[1] Ce passage confirme l'opinion émise dans la note précédente

telligence et la pénétration nécessaires. Les voilà qui peignent, par exemple, mon *Pêcheur*, et ne songent pas qu'une telle idée est inaccessible au pinceau. Dans cette ballade, je n'ai exprimé que le sentiment de l'eau, ce charme qui nous invite pendant l'été à nous baigner : il n'y a pas autre chose, et comment la palette traduira-t-elle cette pensée [1]?

6

Il y a dans le présent un intérêt auquel il faut savoir s'attacher fermement. Chacun de nos états et même de nos instants est d'une valeur infinie, car il représente une éternité tout entière.

7

Rien ne m'a aidé autant à connaître les hommes que mes travaux scientifiques, non sans qu'il m'en ait coûté beaucoup de toute manière [2]. Cependant je me réjouis d'avoir fait cette expérience.

[1] Il semble que Goethe n'ait conservé ici, comme dans plusieurs circonstances, qu'un souvenir un peu confus d'une de ses créations. La ballade du *Pêcheur* est un petit drame dont plusieurs scènes se prêtent favorablement à la peinture. Il n'en existe pas moins entre les différents arts certaines limites infranchissables, que Lessing a déterminées habilement dans le *Laocoon*.

[2] Sur les travaux scientifiques de Goethe, voy. *Revue germanique*, 1862, t. XIX, p. 261, et t. XX, p. 210.

« Dans l'étude des sciences, ai-je remarqué, la personnalité de l'homme paraît être excitée tout particulièrement, et quand cette personnalité a été une fois mise en jeu, il arrive souvent que toutes les faiblesses du caractère se montrent bientôt.

Les questions de science sont très-fréquemment des questions d'existence. Une seule découverte peut rendre un homme célèbre et fonder sa fortune dans le monde. C'est pourquoi aussi règnent, dans les sciences, cette grande rigueur, cette ténacité, cette jalousie à propos de l'aperçu d'un autre. Au contraire, dans le domaine de l'esthétique, tout est beaucoup moins strict : les idées sont plus ou moins la propriété innée de tous; par conséquent, tout dépend de la manière dont on les traite, dont on les développe : de là, et à juste titre, peu d'envie. Une seule idée peut faire surgir des centaines de pièces de poésie : il s'agira seulement de savoir quel poète a su rendre cette idée sensible, de la manière la plus frappante et la plus belle.

Dans les sciences, au contraire, la rédaction est nulle; tout l'effet réside dans la chose aperçue. En outre, le général et le subjectif y jouent un rôle borné : au contraire, les manifestations isolées des lois de la nature participent toutes du sphinx : elles sont, en face de nous, roides, fermes et muettes. Tout phénomène nouveau que l'on a pénétré est une découverte, toute découverte une propriété. Que maintenant quelqu'un porte atteinte à cette propriété, et l'homme avec ses passions apparaîtra soudain.

Toutefois dans les sciences on regarde aussi comme

sa propriété ce que l'on a reçu par tradition, ce qu'on a appris dans les universités. Qu'un homme survienne apportant quelque chose de nouveau, quelque chose qui soit en contradiction avec notre *credo*, celui que nous répétons sur la foi d'autrui et transmettons à d'autres à notre tour, quelque chose qui menace même de le renverser, alors toutes les passions s'éveillent contre le novateur ; on cherche à l'écraser par quelque moyen que ce soit. On se soulève, autant que faire se peut, contre la nouvelle doctrine; on fait comme si l'on n'entendait point, ne comprenait point ; on parle de l'idée récente avec dédain, comme s'il ne valait pas la peine de s'y arrêter, de l'examiner : et c'est ainsi qu'il peut arriver qu'une vérité nouvelle attende longtemps avant de se frayer passage.

8

Les gens traitent Dieu comme si l'Être suprême, l'Être incompréhensible, indéfinissable, n'était guère autre chose que leur semblable; autrement ils ne diraient pas : « Le Seigneur Dieu; notre Dieu; le bon Dieu. » Il devient pour eux, surtout pour les gens d'église qui ont toujours son nom à la bouche, un simple vocable, un mot d'habitude, sous lequel ils ne mettent pas la moindre idée. Mais s'ils étaient pénétrés de la grandeur de Dieu, ils garderaient le silence, et, par respect, ils s'abstiendraient de le nommer.

1821

I

2 janvier.

Chez Gœthe, à table, entretiens joyeux. — Il a été question d'une jeune beauté de la société de Weimar. A ce sujet, un des assistants a fait observer qu'il serait presque sur le point de l'aimer, quoiqu'on ne puisse pas précisément affirmer qu'elle ait l'esprit brillant.

« Bah! a repris Gœthe, comme si l'amour avait quelque chose de commun avec l'esprit! Dans une jeune personne nous aimons tout autre chose que l'esprit. Nous aimons en elle sa beauté, sa jeunesse, ses taquineries, son abandon, son caractère, ses défauts, ses caprices, une foule de choses que, Dieu le sait, il nous est impossible d'exprimer; mais son esprit? point du tout. Quand il est brillant, nous l'apprécions, et, sous ce rapport, une jeune fille peut gagner considérablement à nos yeux. L'esprit, j'en conviens, peut encore servir à nous enchaîner, lorsque déjà nous aimons ; mais il n'est point ce qui de soi-même nous enflammerait et nous inspirerait une passion. »

2

La grandeur de Shakspeare a fait une position désavantageuse à tous les dramaturges anglais qui sont venus après ce colosse poétique. Tout auteur qui, chez les Anglais, a eu du talent pour le théâtre s'est nécessairement préoccupé de Shakspeare ; il n'a pu s'empêcher de l'étudier. Or, s'il l'a étudié, il s'est convaincu que Shakspeare a déjà épuisé la nature entière de l'homme, quelque direction qu'elle affecte, dans tout ce qu'elle a de plus profond, de plus élevé, et que, en somme, après lui on est venu trop tard ; il n'y a plus rien à faire maintenant. Où donc, en effet, un nouveau venu saura-t-il trouver seulement le courage de prendre la plume après avoir reconnu, d'une manière aussi évidente que positive, l'existence d'une supériorité qu'on ne peut ni expliquer ni atteindre?

Assurément, il y a cinquante ans, les circonstances m'étaient bien plus favorables dans ma chère Allemagne. Je n'eus pas de peine à rester de sang-froid au milieu de ce qui existait déjà ; cela ne pouvait m'imposer beaucoup ni m'inquiéter longtemps. Je laissai bientôt derrière moi la littérature allemande et son étude pour observer la vie et produire. Par une voie simple et naturelle, je me développai graduellement, et peu à peu je me rendis propre aux créations qui m'ont réussi à des époques successives. L'idée que j'avais de la perfection, dans chacune de ces périodes de ma vie et de mes progrès, n'alla jamais au delà de ce que je fus capable de faire à chacune de ces étapes. Mais, si je fusse né Anglais, si tant de chefs-d'œuvre se fussent présentés à moi dans toute leur puissance, lorsque je me révélai à moi-même dans ma première jeunesse, j'en eusse été écrasé et n'aurais point su ce que je devais entreprendre. Je n'aurais pu me résoudre à avancer avec cette insouciance, cette hardiesse que j'ai montrées, et j'aurais été obligé, je vous l'assure, de réfléchir tout d'abord et de tâtonner pendant longtemps pour trouver quelque part une nouvelle issue.

Si l'on arrache Shakspeare, pour ainsi parler, du milieu de la littérature anglaise, si l'on vient à le transplanter et à le contempler comme simple individu en Allemagne, on ne peut se défendre d'admirer, à l'égal d'un prodige, sa colossale grandeur. Mais si l'on va le chercher en sa propre patrie; si l'on se transporte sur le sol du pays qu'il habita, dans l'atmosphère du siècle où il a vécu; si, en outre, on étudie ses contemporains et ses successeurs immédiats; si l'on respire enfin cet air de vitalité qui nous arrive de Ben Johnson, de Massinger, de Marlow, de Beaumont et de Fletcher, alors Shakspeare reste sans doute, encore et toujours, une figure aux proportions gigantesques; mais on parvient cependant à cette conviction, qu'un grand nombre des merveilles de son génie se trouvent, en quelque sorte, accessibles, et que plus d'une de ses œuvres s'est trouvée en germe dans l'atmosphère substantielle et féconde de son siècle et de son temps.

Il en est de lui comme des montagnes de la Suisse. Transportez directement le mont Blanc dans la grande plaine des landes de Lunebourg, et l'expression vous manquera pour rendre sa grandeur étonnante. Mais allez le voir au milieu des géants de sa terre natale ; arrivez à lui, après avoir visité ses voisins aux têtes altières : la Jungfrau, le Finsteraarhorn, l'Eiger, le Wetterhorn, le Saint-Gottharst et le Monte-Rosa, le mont Blanc restera sans doute encore un géant, mais il ne nous inspirera plus la même stupeur.

Celui, du reste, qui ne veut point croire qu'une grande partie du talent de Shakspeare appartient à son illustre et puissante époque n'a qu'à se demander s'il croit à la possibilité d'un phénomène susceptible de produire une pareille surprise dans l'Angleterre d'aujourd'hui, en 1824, en nos mauvais temps de journaux critiques et analytiques.

Cette calme, innocente et rêveuse activité, par laquelle seule quelque chose de grand peut être produit, elle n'est plus possible. Nos talents actuels sont tous étalés sur le plateau de la publicité. Les feuilles littéraires qui s'impriment tous les jours en cent endroits divers, et le brouhaha qui en résulte dans le public, ne laissent point de place aux productions sérieuses. Quiconque aujourd'hui ne s'en abstient pas entièrement et ne s'obstine point à rester isolé est perdu. J'en conviens pourtant : grâce à ce système presque toujours négatif et déplorable des journaux, qui affectent, dans leurs appréciations, de parler d'après les lois de l'esthétique, une espèce de demi-culture s'insinue dans les masses. Mais, pour un talent original, c'est là un brouillard funeste ; c'est un poison qui tombe en rosée et qui lui gâte l'arbre de son génie, depuis la verdoyante parure de feuilles jusqu'à la dernière goutte de la sève, jusqu'à la fibre la plus imperceptible.

Depuis ces deux misérables siècles derniers, combien la vie elle-même s'est amollie et relâchée ! D'où voyez-vous venir une nature originale, exempte de fard ? Qui donc a le courage d'être vrai et de se montrer tel qu'il est ? Et c'est là l'influence à laquelle est soumis le poëte : réduit à trouver tout en lui-même, il est comme abandonné du monde extérieur.

5

Werther est encore une créature que, semblable au pélican, j'ai nourrie du plus pur de mon sang. Il y a là-dedans une telle abondance de mes pensées les plus intimes, de mes impressions, de mes idées, qu'on pourrait fort bien en défrayer un roman dix fois aussi volumineux. Du reste, comme j'ai déjà eu souvent l'occasion de le dire, je n'ai relu ce livre qu'une seule fois depuis sa première publication, et je me suis bien gardé d'y revenir. C'est un appareil de fusées incendiaires. Je me sens mal à l'aise à cette lecture, et je redouterois de me trouver dans les conditions de souffrance morale auxquelles cette œuvre doit le jour.

On dit : « La grande sensation produite par la publication de *Werther* doit être attribuée aux temps où elle eut lieu. » Non ; il a fait époque parce qu'il a paru, non point parce qu'il a paru à tel ou tel moment. En tout temps, il y a tant de souffrances secrètes, tant de mécontentements occultes, de tels dégoûts de l'existence, et, pour certains individus, une position si fâcheuse par rapport au monde, leur nature se trouve engagée dans de tels conflits avec les institutions sociales, que *Werther* ferait sensation alors même qu'il serait publié aujourd'hui. Ce livre agit, comme autrefois, sur la jeunesse, à une certaine phase. Aussi n'ai-je guère besoin de relier ma mélancolie de jeunesse à l'influence générale ou de mon temps ou de la lecture d'auteurs anglais. Ce furent bien plutôt des circonstances individuelles, des tourments personnels, qui, en me surexcitant, plongèrent mon âme dans cet état où je composai *Werther*. J'avais vécu ; j'avais aimé et souffert beaucoup ! Voilà toute l'affaire.

Cette époque werthérienne, dont il a été tant de fois question, si l'on y regarde de près, ne caractérise assurément pas un moment de la civilisation générale ; mais, au contraire, elle se rencontre dans la vie individuelle de tout homme qui, doué par la nature d'un esprit indépendant, doit apprendre à se soumettre, à s'adapter aux formes étroites d'un monde vieilli. Un bonheur contrarié, une activité arrêtée en son cours, des désirs non satisfaits, ne constituent point les imperfections de telle ou telle époque, mais bien de tel ou tel individu; et il serait certainement fâcheux qu'il n'y eût point dans la vie de chaque homme une période où le *Werther* ne lui paraîtrait point avoir été uniquement composé pour lui[1].

4

4 janvier.

Aujourd'hui, après dîner, Gœthe a parcouru avec moi le portefeuille qui contient ses Raphaël. Il s'occupe très-souvent de Raphaël, afin de se tenir constamment en rapport avec ce qu'il y a de plus parfait, de s'exercer sans cesse à méditer sur la pensée d'un si grand homme.

5

La responsabilité d'une grande révolution quelconque ne saurait être imputée au peuple, mais au gouvernement. Les révolutions sont radicalement impossibles dès que les gouvernements veulent être tou-

[1] Gœthe, tout en défendant son œuvre, expose ici une thèse vraie; l'histoire lui donne raison. Quoi qu'en aient pu dire les critiques, entre autres M. Saint-Marc Girardin (*Cours de littérature dramatique*, t. I, ch. VII), la maladie morale dont souffre Werther est de tous les temps; mais elle est plus commune et plus frappante aux époques d'agitation mécontentes. Cette souffrance a été décrite avec habileté par M. E. Montégut dans ses *Libres opinions morales et historiques* (1858).

jours justes, toujours attentifs à les prévenir par des améliorations conformes aux circonstances, et à ne pas résister si longtemps, que ce qui est indispensable doive être emporté d'assaut par la plèbe.

La marche du temps est celle d'un éternel progrès, et les choses humaines prennent tous les cinquante ans une nouvelle forme, en sorte qu'une institution, parfaite en 1800, est déjà peut-être, en 1850, une anomalie.

6

Il n'y a de profitable pour une nation que ce qu'elle puise dans le plus intime de sa vie, que ce qui correspond à ses propres besoins, et non ce qu'elle imite servilement d'un autre peuple; car ce qui, à un âge donné, peut être pour un peuple un aliment bienfaisant se trouvera par aventure un poison pour un autre. De là le caractère insensé de toutes les tentatives que l'on risque pour introduire quelque innovation étrangère dont la nécessité ne se fait pas sentir au cœur même de la nation; de là l'issue misérable de tant de projets de révolution, car ils ne sont pas avec Dieu, qui se tient loin de pareilles sottises. Mais, si le besoin réel d'une grande réforme existe chez un peuple, Dieu est avec lui, et elle prospère. Il était visiblement avec Christ et ses premiers adeptes; car l'apparition de la nouvelle doctrine d'amour était un besoin pour les peuples. Il était tout aussi visiblement avec Luther; car il n'était pas moins indispensable d'épurer la doctrine polluée par le régime clérical. Or ces deux puissantes individualités n'étaient point pour le *statu quo*. Bien plus, l'une et l'autre étaient vivement pénétrées de l'idée qu'il fallait que le vieux levain disparût, et qu'on ne pouvait continuer à marcher, à vivre ainsi dans l'erreur, l'injustice et l'imperfection.

7

Généralement le milieu dans lequel et pour lequel il est né est le seul qui convienne à l'homme. Celui qu'un but important n'attire pas hors de sa sphère sera plus heureux en restant chez lui.

8

En fin de compte, nous ne retenons de nos études que ce dont nous avons fait l'application pratique.

9

En général, dans les universités, on s'occupe de beaucoup trop de choses, de beaucoup d'inutilités. Chaque professeur donne à sa spécialité une extension abusive et dépasse considérablement les besoins de ses auditeurs.

10

Toute la réflexion du monde n'aide pas à penser. Il faut que la nature nous ait dotés de toutes nos facultés, en sorte que les bonnes idées nous viennent toujours comme les libres enfants de Dieu en nous criant : « Nous voici !... »

11

Si l'esprit et la culture intellectuelle pouvaient devenir un bien commun, le poëte aurait beau jeu : il pourrait être toujours absolument vrai et n'aurait pas besoin de craindre d'exprimer les meilleures choses. Mais, dans les conditions actuelles, il doit constamment observer un certain tempérament ; il doit avoir présent à la mémoire que ses œuvres tombent aux mains d'un monde mêlé. Aussi bien c'est pour lui une raison de veiller sur lui-même, afin de n'être point, par excès de franchise, un objet de scandale pour le plus grand nombre des personnes honnêtes. Et puis le temps est une merveilleuse chose ; c'est un tyran qui a ses caprices et qui, selon le siècle, accueille avec une physionomie différente ce que l'individu dit ou fait. Ce qu'il était permis aux Grecs anciens d'exprimer ne nous convient plus à nous autres, et ce qui charmait pleinement la robuste époque de Shakspeare est devenu insupportable à l'Anglais de 1820, au point que, de nos jours, on sent le besoin d'un *Family-Shakspeare*.

12

Il y a dans les diverses formes poétiques des effets puissants et mystérieux.

13

Je serais tenté de dire avec Laurent de Médicis que ceux-là sont morts, même pour cette vie, qui n'espèrent point en une autre. Mais ces matières incompréhensibles sont placées trop au-dessus de nous pour être un objet de contemplation quotidienne et de spéculations qui ne sont propres qu'à troubler nos idées. Et puis, soyez heureux en silence si vous croyez à l'immortalité de l'âme, mais ne voyez pas là un motif pour vous enorgueillir.

14

L'idée de l'immortalité de l'âme est bonne à occuper les classes élevées, et surtout les dames qui n'ont rien à faire; mais un homme de quelque valeur, qui songe dès ici-bas à jouer un rôle convenable et qui, par conséquent, est astreint à travailler, à lutter, à agir, abandonne le monde futur à son sort, et, dans celui-ci, travaille et se rend utile. De plus, cette idée est faite pour ceux qui, sous le rapport du bonheur, n'ont pas eu sur notre planète les plus belles chances.

15

Le goût ne peut se développer à la vue du médiocre, mais bien de ce qu'il y a de plus parfait.

16

Le vrai poète tient de la nature la connaissance du monde, et, pour le peindre, il n'a besoin ni de beaucoup d'expérience ni d'une grande pratique.

17

Il y a dans les caractères une sorte de nécessité, une certaine conséquence, en vertu de laquelle, à côté de tel ou tel trait principal, viennent se grouper certains traits secondaires. La vie usuelle en offre de nombreux exemples.

18

Il y a des hommes d'un mérite supérieur qui sont incapables de rien faire sur-le-champ et à première vue, mais dont la nature exige qu'ils se pénètrent avec calme et à fond de chacun de leurs sujets. Les talents de ce genre nous donnent souvent de l'impatience ; on obtient rarement d'eux ce qu'on exige à l'instant même. Cependant c'est par cette voie lente qu'on accomplit les plus grandes choses.

19

La *manière* veut toujours avoir fini ; elle ne prend point plaisir au travail. Mais le talent véritable et vraiment grand trouve son souverain bonheur dans l'exécution.

20

En résumé, c'est le caractère personnel de l'écrivain, et non pas les procédés de son talent, qui constitue son importance aux yeux du public. Napoléon disait de Corneille : « S'il vivait, je le ferais prince ; » et il ne le lisait point. Il lisait Racine, mais ne s'exprimait pas ainsi à son égard.

21

Ces spéculations philosophiques, grâce auxquelles les Allemands donnent à leur style un caractère saugrenu, inintelligible, prolixe et filandreux, sont, en général, pour eux une cause d'achoppement. Plus ils se livrent à certaines écoles philosophiques, plus ils écrivent mal. Néanmoins, ceux d'entre les Allemands qui, en leur qualité d'hommes d'affaires ou d'hommes du monde, ne traitent que le côté pratique, écrivent parfaitement. Ainsi le style de Schiller reprend tout son éclat, toute sa force, dès qu'il cesse de philosopher; je m'en suis convaincu par la lecture de ses lettres, qui ont une si haute importance.

Ainsi encore il y a, parmi les dames allemandes, des personnes de génie qui écrivent d'une manière supérieure, au point de dépasser bon nombre de nos auteurs en renom.

Règle générale, les Anglais écrivent tous bien, en hommes qui sont nés orateurs, en gens pratiques et tournés vers la réalité.

Les Français aussi ne démentent pas dans leur style leur caractère essentiel. Ils sont sociables par nature, et, comme tels, ils n'oublient jamais le public auquel ils s'adressent; ils s'efforcent d'être clairs afin de convaincre leur lecteur, et ornés afin de lui plaire.

En somme, le style d'un écrivain est la reproduction fidèle de son esprit. Si quelqu'un veut avoir un style clair, il faut que la clarté règne dans son âme. Voulez-vous acquérir un grand style? Ayez le caractère grand.

92

J'ai des adversaires; leur race ne meurt pas et leur nombre est *légion*. Il me semble que je pourrais, malgré leur foule, les ramener à peu près tous à quelques classes.

D'abord les sots. Ce sont eux qui ne m'ont point compris et qui m'ont blâmé sans me connaître; leur masse considérable a semé d'ennuis mon existence. Cependant qu'il leur soit pardonné, car ils ne savaient ce qu'ils faisaient.

Les envieux forment une seconde catégorie assez importante. Ces gens-là ne me pardonnent pas la prospérité et la position honorable que j'ai conquises par mon talent; ils déchirent ma réputation et m'anéantiraient volontiers. Si j'étais dans le malheur ou la misère, ils s'arrêteraient.

Arrive ensuite une quantité notable de gens qui, n'ayant pu obtenir des succès personnels, sont devenus mes adversaires. Il y en a parmi eux qui ont du talent; mais ils ne peuvent me pardonner d'avoir obscurci leur éclat.

En quatrième lieu viennent ceux qui sont mes adversaires par principes. En effet, attendu que je suis homme, sujet aux imperfections, aux faiblesses humaines, mes écrits peuvent bien n'en être pas exempts.

Néanmoins, comme mon instruction était pour moi chose sérieuse, comme je travaillais sans relâche à mon perfectionnement, je me livrais à des efforts continus, et il arriva souvent qu'on me blâmait d'un défaut dont je m'étais corrigé depuis fort longtemps. Ces bonnes âmes m'ont porté les coups les moins rudes ; elles tiraient sur moi lorsque j'avais déjà plusieurs milles d'avance. En général, une œuvre achevée me devenait assez indifférente ; je cessais de m'en préoccuper et pensais tout de suite à quelque chose de nouveau.

Façon de penser différente, vues opposées, telle est l'étiquette d'un dernier groupe d'étendue respectable. On dit des feuilles d'un arbre qu'il en est à peine deux tout à fait identiques ; de même aussi, parmi des milliers d'hommes, en trouverait-on deux qui pussent être d'accord sur la manière de sentir et de penser ?

Ceci posé, je dois naturellement être moins surpris du nombre de mes antagonistes que de celui de mes amis et de mes partisans.

23

Que serait toute notre éducation si nous ne cherchions pas à triompher de nos tendances naturelles ?

24

C'est une grande folie d'exiger que les hommes

adoptent notre diapason. Pour mon compte, j'ai toujours considéré un homme comme un individu ne relevant que de lui-même. Je m'efforçais de le scruter, de pénétrer ce qu'il y avait d'original en lui, n'exigeant en retour aucune sympathie de sa part. Par là je suis arrivé à pouvoir frayer avec toute espèce de gens ; de là seulement résulte la connaissance des divers caractères et l'habileté nécessaire dans les relations sociales.

25

C'est précisément en face des natures réfractaires qu'i faut s'observer, afin d'éviter les collisions inutiles ; c'est ainsi que nos facultés diverses sont mises en jeu, se développent, se perfectionnent, en sorte qu'on se voit bientôt en état de tenir tête à chacun.

26

La religion est à l'art dans le même rapport que tout autre intérêt essentiel de la vie. Il ne faut la considérer que comme un thème ayant des prérogatives identiques à tous ceux que présente la vie ordinaire. De même, ni la foi ni l'incrédulité ne sont les moyens nécessaires de comprendre une œuvre d'art. Pour cela, il faut à l'homme des facultés, des aptitudes toutes différentes.

L'art doit créer en vue des mêmes organes, au moyen desquels nous le considérons. En dehors de ce procédé, il manque son but, et l'effet qu'il devait produire sur nous est nul. Un sujet religieux peut cependant aussi être un heureux choix au point de vue de l'art, mais par là seulement il affecte l'homme en général. C'est ainsi qu'une *Vierge à l'enfant* est un sujet heureux de tout point, qu'il a été traité des milliers de fois, et qu'on le revoit toujours avec plaisir.

27

18 mai.

Soirée chez Gœthe, en compagnie de Riemer. — Gœthe nous a entretenus d'un poëme anglais où l'on chante la géologie, sous forme narrative. Il nous en a improvisé une traduction avec tant d'esprit, d'imagination et de bonne humeur, que chaque détail se montrait à nos yeux plein de vie, comme si tout, au moment même, était le résultat de sa propre inspiration. On voyait le héros du poëme, le roi *Coal* (charbon de terre), dans sa salle d'audience toute éblouissante, assis sur son trône, son épouse *Pyrites* à son côté, attendant les grands du royaume. On faisait entrer en raison de leur rang et l'on présentait successivement au roi le duc *Granit*, la marquise *Ardoise*, le comte *Porphyre*, et ainsi du reste, tous étant caractérisés par quelques épithètes ou saillies pleines de justesse. Puis venait, admis à son ordre, le sire Laurent *Urkalk* (calcaire primitif);

c'est un seigneur aux vastes domaines et bien vu à la cour. Il excusait l'absence de sa mère lady *Marmor*, en alléguant l'éloignement assez grand de sa demeure; quant à cette dame, elle a l'esprit des plus cultivés, des plus polis. Si elle ne s'est point présentée aujourd'hui à la cour, le motif en est, du reste, dans une intrigue qu'elle a nouée avec *Canora*, lequel lui fait les plus belles avances. *Tuffstein* (tuf), les cheveux entrelacés de serpents et de lézards, paraissait quelque peu animé par le vin. *Jeanne Mergel* (marne) et *Jacqueline Thon* (argile) ne se montraient qu'à la fin. Celle-ci jouit de l'affection particulière de la reine, parce qu'elle lui a promis une collection de coquillages. L'allégorie se poursuivait ainsi, sur le ton d'une gaieté parfaite, pendant assez longtemps encore; toutefois les détails étaient trop étendus pour qu'il me fût possible de les retenir tous.

« Un poëme de ce genre, a dit Goethe, a pour but uniquement d'amuser les gens du monde, tout en popularisant une multitude de connaissances utiles, qui, à vrai dire, ne devraient faire défaut à personne. Par là on suggère aux classes élevées le goût de la science, et l'on ne saurait calculer tout le bien qui peut résulter de cette espèce de badinage attrayant. Plus d'un esprit bien fait y trouve peut-être occasion d'entreprendre des études dans le cercle même de sa vie habituelle, et les observations individuelles sur la nature que nous avons immédiatement sous les yeux, sont souvent d'autant plus précieuses, que l'observateur a moins été, à proprement parler, un homme du métier.

— Vous paraissez par là donner à entendre, répliquai-je, qu'on observe d'autant plus mal qu'on sait davantage.

— Sans doute, reprit Gœthe, lorsque la tradition de la science est entremêlée d'erreurs. Dès que, dans la science, on est lié par une certaine soumission aux idées étroites, c'en est fait de toute intuition naïve et sincère. Un vulcanien déclaré ne verra jamais que par la lunette d'un vulcanien; de même le neptunien, le partisan de la récente doctrine des soulèvements, ont leur manière propre de percevoir. L'observation de la nature, chez tous ces théoriciens qui se sont rangés définitivement sous une bannière exclusive, a perdu ce qu'elle pouvait avoir de franc, et les objets ne leur apparaissent plus dans leur intégrité naturelle. Aussi, lorsque des savants de cette école rendent compte de leurs observations, quelque amour de la vérité qui anime chacun d'eux en particulier, ils ne nous présentent jamais les objets tels qu'ils sont réellement; on sent toujours l'influence de l'arrière-pensée personnelle.

« Toutefois je suis bien éloigné de soutenir qu'un savoir réel nuise à l'observation; bien au contraire, la vérité conserve ses droits natifs, au point que nous n'avons des yeux et des oreilles que pour ce que nous connaissons. Le musicien de métier distingue fort bien, dans l'ensemble d'un orchestre, chaque instrument, chaque son particulier, tandis que celui qui n'est point connaisseur est absorbé par l'effet général de l'ensemble. L'homme qui veut seulement jouir de la nature ne voit que la surface riante d'un pré vert et fleuri, tandis que le botaniste observateur discerne une infinie variété d'herbes et de plantes les plus diverses.

« Cependant tout a sa mesure et sa fin, et, comme je l'ai déjà dit dans mon *Gotz* [1], — monsieur mon fils, tout il est savant, ne reconnaît plus son père; — de même, dans la science, nous trouvons des gens qui, à force d'érudition et d'hypothèses, arrivent à ne plus voir ni entendre. Chez les gens de cette espèce, tout converge vers leurs propres idées; ils sont tellement absorbés par ce qui se passe en eux-mêmes, qu'il leur advient, comme à un homme dominé par la passion, de croiser, en courant dans la rue, leurs amis les plus intimes sans les voir. Il faut, pour observer la nature, un certain calme, une sérénité d'esprit qui ne soit ni troublée ni préoccupée par quoi que ce soit. L'enfant ne perd point de vue le scarabée qui grimpe sur la fleur; tous ses sens se concentrent sur l'objet unique et simple qui l'intéresse.

— Mais alors, ajoutai-je, les enfants et ceux qui leur ressemblent pourraient faire d'excellents manœuvres dans la science.

— Plût à Dieu, interrompit Goethe, que tous nous fussions d'excellents manœuvres! C'est précisément parce que nous voulons être autre chose, parce que nous traînons en tous lieux avec nous un grand appareil de philosophie et d'hypothèses, que nous réussissons si peu. »

[1] Acte I, sc. 4.

28

Quoique Byron soit mort bien jeune, les lettres n'ont point fait une perte sensible, à ce point de vue que tout progrès ultérieur lui était impossible, selon moi. Byron ne pouvait, en quelque sorte, aller plus loin : son génie créateur avait atteint le plus haut degré de perfection, et, quoi qu'il eût pu faire plus tard, il ne lui aurait pas été donné de franchir les limites assignées à son talent. Dans son inconcevable poëme du *Jugement dernier*, il est arrivé au point le plus élevé auquel il lui fût possible de parvenir.

On a voulu lui comparer Torquato Tasso, mais combien Byron est supérieur sous le rapport du génie, de la force originale, de la connaissance du monde! On ne peut mettre en regard ces deux poëtes sans les annihiler l'un par l'autre. Byron est un buisson incandescent qui réduirait en cendres le cèdre du Liban. La grande épopée de l'Italien a conservé sa gloire intacte pendant des siècles ; mais il suffirait d'une seule ligne de *Don Juan* pour empoisonner la *Jérusalem délivrée* tout entière.

29

Les hommes sont comme des pots qui surnagent et s'entrechoquent.

30

C'est le matin que nous avons tout notre bon sens, mais... tous nos soucis. Le souci est encore une forme du bon sens, quoique d'un genre passif. La sottise seule est insouciante.

31

Il ne faut pas que la vieillesse adopte les défauts de la jeunesse ; elle a assez de ses propres défectuosités.

32

La vie de cour ressemble à la musique, où chacun doit observer ses mesures et ses pauses.

33

Les courtisans seraient condamnés à mourir d'ennui s'ils ne savaient combler leur temps par le cérémonial.

34

Il n'est pas bon de conseiller à un prince l'abdication même de la moindre prérogative.

35

Quiconque veut former des comédiens doit posséder un fonds inépuisable de patience.

36

A vrai dire, l'histoire romaine n'est plus de saison pour nous. Nous avons fait trop de progrès dans la civilisation pour ne pas répugner aux triomphes de César. L'histoire des Grecs elle-même offre peu de pages auxquelles nous prenions plaisir. Lorsque ce peuple tourne ses armes contre l'ennemi extérieur, il nous apparait, j'en conviens, grand et glorieux ; mais le morcellement des États et ces éternelles guerres à l'intérieur, où des Grecs sont en lutte avec des Grecs, sont choses d'autant plus insupportables. Et puis l'histoire de notre époque abonde en faits considérables et éclatants. Les batailles de Leipzig et de Waterloo ont des proportions tellement colossales, que celle de Marathon et autres de ce genre en sont éclipsées sans retour. Nos héros respectifs ne sont pas non plus restés en arrière; les maréchaux français, et Blücher, ainsi que Wellington, peuvent être assimilés de tout point aux grands capitaines de l'antiquité.

37

Les Français n'ont pas tort de se mettre à étudier et à traduire nos auteurs. Bornés comme ils le sont dans la forme et dans le fond, il ne leur reste pas d'autre ressource que d'explorer l'étranger. On a beau nous reprocher, à nous autres Allemands, une certaine négligence dans la forme, nous leur sommes cependant supérieurs par le fond. Le théâtre de Kotzebue et d'Iffland est si riche en motifs, que nos voisins auront longtemps à y moissonner avant d'avoir tout épuisé. Ce qu'ils accueillent de préférence est notre idéalisme; en effet, tout ce qui est idéal sert à un but révolutionnaire.

38

Les Français ont de l'intelligence et de l'esprit, mais point de base, point de respect religieux. Ce qui les sert à un moment donné, ce dont on peut profiter d'une façon quelconque, voilà ce qu'il leur faut. Aussi bien, quand ils nous louent, ce n'est point qu'ils reconnaissent nos mérites; c'est seulement parce qu'ils peuvent nous alléguer à l'avantage d'une opinion de parti.

30

La plupart de nos jeunes poëtes ont le défaut d'être d'abord peu doués et ensuite de ne pas savoir s'approprier des idées. Ils vont, et encore tout au plus, s'ils trouvent une matière analogue à leur nature et qui réponde à leur disposition intérieure ; mais, quant à les voir adopter une matière pour elle-même, parce qu'elle est poétique, alors qu'elle répugnerait à leur moi, il ne faut pas l'espérer.

Pourtant, comme je l'ai déjà dit, s'ils étaient façonnés par de fortes études et par les relations sociales, les choses iraient encore très-bien, du moins pour nos jeunes poëtes lyriques.

1

Il est dans le caractère allemand d'apprécier toutes les productions étrangères, chacune en son genre, et d'entrer dans ce que les autres ont d'original. Cette qualité et la grande souplesse de notre langue marquent les traductions allemandes au coin d'une fidélité et d'une perfection extrêmes.

2

On ne saurait nier qu'une bonne traduction ne puisse, en général, mener l'esprit fort loin. Frédéric le Grand ne savait pas un mot de latin; mais il lisait Cicéron dans la traduction française avec le même profit que nous donne l'original.

5

RECHBEIN.

Le talent poétique des femmes me produit l'effet d'un appétit sexuel à l'état d'abstraction.

GŒTHE, *riant.*

Écoutez cela, Eckermann : Un appétit sexuel à l'état d'abstraction! Comme les médecins vous expliquent les choses!

RECHBEIN.

Je ne sais si je m'exprime bien, mais c'est quelque chose d'analogue à ce que j'ai dit. En général, ces personnes n'ont pas goûté les joies de l'amour, et elles cherchent une compensation dans l'exercice de l'intelligence. Mariées à propos et mères de famille, elles n'auraient pas songé aux productions poétiques.

GŒTHE.

Je ne veux pas rechercher jusqu'à quel point vous avez raison, s'il agit du talent pour les vers; mais, quant aux autres talents, j'ai constaté qu'ils disparaissaient à dater du mariage. J'ai connu des jeunes filles qui dessinaient parfaitement : dès qu'elles étaient femmes et mères de famille, c'était fini; elles s'occupaient de leurs enfants et laissaient les crayons de côté. Liberté d'ailleurs aux femmes poëtes de faire des vers et d'écrire tant qu'il leur plaira, pourvu que les hommes ne soient point femmes dans leurs écrits! Et voilà précisément ce qui me déplaît! Que l'on examine seulement nos journaux et nos almanachs. Comme tout cela est faible et le devient de jour en jour davantage !

4

Il y a des situations tellement caractéristiques, tellement éloquentes, qu'il suffit de les indiquer pour que l'esprit se déroule à lui-même tout un poëme complet. Vous voyez par là de quelle importance sont les sujets, mais personne ne veut le comprendre. Nos dames ne s'en doutent pas le moins du monde. « Cette pièce est belle, » disent-elles, et, en parlant ainsi, elles ne songent qu'aux sentiments, aux expressions, aux vers. Mais que la vertu, que l'effet véritable d'une pièce de vers réside dans la situation, dans le sujet, c'est là ce dont nul ne se doute. Voilà pourquoi on fabrique des milliers de poésies dont le sujet est sans valeur, et qui n'ont une apparence de vie que par les sentiments et par des vers sonores. Les dilettanti en général, les femmes en particulier, ont une très-faible idée de la poésie. Ils croient ordinairement qu'il leur suffit d'avoir étudié quelque poétique pour être devenus habiles et passés maîtres dans l'art; c'est s'abuser.

5

GŒTHE.

Le monde reste toujours le même; les mêmes situations reparaissent. Tel peuple vit, aime et sent comme un autre. Pourquoi donc la ressemblance serait-elle interdite aux poëtes? Dans la vie, les situations sont identiques; pourquoi ne le seraient-elles pas en poésie?

RIEMER.

C'est justement cette identité de vie et de sentiments qui nous met en état de comprendre la poésie des autres nations. S'il n'en était ainsi, nous ne saurions, en lisant des poésies étrangères, ce dont il s'agit.

ECKERMANN.

Voilà pourquoi les savants m'ont paru toujours fort étranges, quand ils semblent dire que la poésie puise ses inspirations, non pas dans le tableau de la vie, mais dans les livres. Ils disent sans cesse : « Ceci est emprunté de tel ou tel endroit. » S'ils reconnaissent dans Shakspeare une situation où, à l'aspect d'une belle jeune fille, l'on célèbre le bonheur des parents qui l'appellent leur fille, et celui du jeune homme qui la conduira dans sa demeure à titre d'épouse, — comme ce trait se rencontre dans Homère, c'est à Homère que Shakspeare l'a pris! Que cela est singulier! comme si, pour les choses de ce genre, on avait besoin d'aller chercher au loin, comme si les choses de ce genre, on ne les avait pas sous les yeux, on ne les sentait pas, on ne les exprimait pas tous les jours!

GŒTHE.

Oui, certes, cela est ridicule. Byron s'est attaché à faire voir que j'ai puisé d'ici, vu de là tel endroit de Faust. Ces chefs-d'œuvre qui, suivant lui, m'auraient inspiré, je ne les ai pas même lus, pour la plupart.

6

Le talent de Schiller était d'une nature essentiellement dramatique. Chacune de ses pièces dénotait un progrès, un pas vers la perfection. Ce qu'il y avait de singulier pourtant, c'est que, depuis les *Brigands*, il avait conservé un certain goût pour le terrible, au point qu'il ne sut jamais y renoncer, même à ses plus beaux temps. En voici un exemple qui m'est resté très-présent; il s'agit d'*Egmont*. Dans la scène du cachot, au moment où l'on donne à celui-ci lecture du jugement, Schiller faisait apparaître dans le fond le duc d'Albe, sous le masque et enveloppé d'un manteau, prêt à jouir de l'effet que produit sur Egmont la sentence de mort. Par là le duc d'Albe devait, selon l'intention du poète, se montrer insatiable de vengeance et de sang. Je protestai néanmoins, et le personnage fut supprimé. Quel homme singulier et grand! De semaine en semaine il devenait plus différent de lui-même et plus accompli. Chaque fois que je le revoyais, il me semblait avoir plus de lecture, d'érudition, de jugement. Ses lettres sont le plus beau souvenir que je possède de lui : elles doivent être rangées parmi les plus nobles œuvres échappées de sa plume.

7

Il convient au poète de savoir entrer dans la voie où

le public se plaît et s'intéresse. Si la direction prise par le talent concorde avec celle du public, tout est gagné. A ce point de vue peu importe la valeur personnelle du poëte. Bien plus, un auteur dont l'individualité s'élèverait faiblement au-dessus du niveau commun, gagnerait souvent par cela même la faveur du public.

8

Pour ce que j'appelle l'invention, personne au monde ne me paraît plus grand que Byron. La manière dont il amène la péripétie d'un drame dépasse constamment toutes nos prévisions, et c'est toujours mieux qu'on n'avait imaginé.

Mais je ris de voir que Byron, un homme qui, pendant le cours de sa vie, n'a plié devant rien et ne s'est jamais soucié des lois, ait fini par se courber devant la règle la plus stupide, celle des trois unités. Lui, pas plus que tout autre, n'en a compris le motif. La nécessité de faire embrasser le sujet d'un seul coup d'œil, voilà ce motif, et les trois unités ne sont utiles qu'autant qu'elles mènent à ce but. Dès qu'elles deviennent un obstacle, on fera toujours preuve de peu d'intelligence en les considérant comme des lois et en s'y soumettant. Les Grecs eux-mêmes, qui ont établi cette règle, ne l'ont pas fidèlement observée. Dans le *Phaéton* d'Euripide et dans d'autres pièces, le lieu de la scène ne restait pas le même; d'où l'on voit que l'heureux développement du sujet avait plus d'importance à leurs yeux que le respect aveugle d'une loi qui, en elle-même, ne signifiait pas grand'chose. Les pièces de Shakspeare font aussi bon marché que possible des unités de temps et de lieu; elles sont pourtant très-faciles à suivre; rien ne l'est davantage, et c'est pourquoi les Grecs les trouveraient irréprochables. Les poëtes français ont été les plus scrupuleux à se conformer à la règle des trois unités; mais ils pèchent contre la vraisemblance, en substituant la narration au drame, pour ne pas violer une loi arbitraire. Et pourtant ces entraves auxquelles Byron se soumettait par l'observation des trois unités, vont très-bien à son naturel, qui tend sans cesse vers l'infini. Si, du moins, dans le domaine moral il avait su s'imposer les mêmes bornes! son impuissance sous ce rapport fut sa ruine. Il se rendait trop peu compte de lui-même. Il vivait constamment dans la passion, au jour le jour : il ne savait, il ne mesurait pas ce qu'il faisait. Se permettant tout à lui-même, n'approuvant rien chez autrui, il devait nuire à ses intérêts et se mettre les gens à dos. Par ses *English Bards* et ses *Scotch Reviewers*, il choqua, dès le principe, les plus illustres littérateurs. Dans la suite, uniquement pour vivre, il dut reculer d'un pas. Il continua, dans les ouvrages ultérieurs, son système d'opposition et d'improbation : l'Église et l'État ne furent point à l'abri de ses coups. Cette manière de procéder sans ménagements le força de quitter l'Angleterre; elle l'eût contraint avec le temps de sortir d'Europe. Il se trouvait partout trop à l'étroit, et, malgré la liberté personnelle la plus illimitée, il se sentait le cœur oppressé : le monde était pour lui une prison en quelque sorte. Son voyage en Grèce ne fut point une résolution spontanée : sa fausse position vis-à-vis de la société l'y poussait[1].

Non-seulement cette façon de rompre avec l'usage, avec la tradition de la patrie a causé la perte d'un homme si remarquable; mais son esprit révolutionnaire et l'agitation de son âme qui en était la conséquence permanente, n'ont point permis à son talent d'arriver à son entier développement. C'est encore cette éternelle opposition, ce mécontentement, qui ont porté le plus grand préjudice à ses excellents ouvrages eux-mêmes, tels qu'ils sont. En effet, outre que le malaise du poëte gagne le lecteur, il arrive aussi que tout système d'opposition aboutit à la négation, et la négation égale zéro. Quand j'aurai appelé mal ce qui est mal, quel profit en aurai-je? Mais si je qualifie de mal ce qui est bien, il en résulte un grand dommage. Quiconque veut exercer une heureuse influence ne doit jamais blâmer ni s'inquiéter de ce qui va de travers, mais faire constamment, uniquement le bien. Il ne s'agit point d'abattre, mais au contraire d'élever quelque chose en quoi l'humanité trouve un plaisir pur.

---

[1] Gœthe oublie, en prononçant ces derniers mots, les habitudes si larges de sa critique; elle devient mesquine et hasardeuse, peut-être par suite de quelques griefs contre Byron. Pourquoi ne le dirait-on pas! Byron, se rendant au milieu des Grecs légitimement soulevés, Byron, donnant sa vie à la cause des peuples libres, devait être sacré pour Gœthe. Il l'eût été certainement si Gœthe dans le cours de sa longue carrière eût été jamais capable d'un aussi généreux élan.

II

Il faut considérer lord Byron comme homme, comme Anglais et comme talent supérieur. Ses bonnes qualités proviennent spécialement de l'homme; en parlant de ses défauts, il faut faire la part en lui de l'Anglais et du pair d'Angleterre; enfin, quant à son talent, il est incommensurable.

Les Anglais, par cela seul qu'ils sont Anglais, ne brillent point par la réflexion : la distraction et l'esprit de parti ne leur permettent pas de mûrir dans le calme; mais dans la pratique ils sont grands.

Voilà comment lord Byron ne put jamais arriver à réfléchir sur lui-même, et comment aussi ses réflexions, en général, n'étaient point heureuses. Voyez son symbole, par exemple : « Beaucoup d'argent et pas de contrainte [1]. »

Cependant tout ce qu'il veut produire lui réussit, et l'on peut dire en réalité que l'inspiration chez lui se substitue à la réflexion. Le génie des vers le dominait sans cesse. Aussi bien, tout ce qui partait de l'homme et spécialement du cœur était parfait : il en était de ses œuvres comme des beaux enfants que les femmes mettent au monde, sans savoir pourquoi ni comment.

[1] Cette devise semble empruntée d'un entretien de Napoléon. « Il n'y a, disait-il en 1805 à M. de Melzi, qu'une seule chose à faire dans ce monde, c'est d'acquérir toujours plus d'argent et de pouvoir; tout le reste est chimère. » Voy. *Considérations sur la Révolution française*, par madame de Staël, liv. IV, ch. xvii.

Doué d'un talent prodigieux qu'il tient de la nature, il possède, à vrai dire, une séve poétique dont personne, à mon sens, n'a été aussi largement doté que lui. Dans l'art de saisir les choses de la vie, de s'identifier au passé, il est aussi grand que Shakspeare. Mais celui-ci, comme individualité et en soi-même, le dépasse. C'est ce que Byron sentait fort bien : aussi parle-t-il peu de Shakspeare, quoiqu'il en sache par cœur des passages entiers. Il l'eût volontiers renié, Shakspeare, par la sérénité de son génie, le mettant mal à l'aise : il sent qu'il ne peut pas lutter avec lui. Quant à Pope, il ne le désavoue point, parce qu'il n'a pas à le craindre. Au contraire, il le cite et le loue dès qu'il le peut.

La haute position que lui conférait son titre de pair fut préjudiciable à Byron. Le talent, quel qu'il soit, est gêné par le grande monde ; à plus forte raison quand une haute naissance et une grande fortune l'accompagnent, comme chez Byron. Une certaine condition moyenne lui est infiniment plus favorable, et c'est pourquoi aussi les artistes et les poëtes éminents se trouvent dans les classes intermédiaires. Ce penchant de Byron à renverser les barrières aurait pu être infiniment moins dangereux, si une naissance plus obscure, une fortune plus modeste eussent été son partage. Mais tel qu'il était, il ne pouvait mettre à exécution chacune de ses fantaisies, et c'est là ce qui le jeta dans une foule d'embarras. Après tout, quelle condition sociale pouvait commander le respect, imposer des égards et des ménagements à un homme d'un rang si élevé? Byron exprimait ce qu'il sentait en lui, et il en résultait d'interminables conflits entre lui et la société.

On constate avec étonnement la grande part qu'un riche gentleman anglais consacre dans son existence aux enlèvements et aux duels. Lord Byron nous apprend lui-même que son père avait enlevé trois femmes. Et soyez après cela un fils raisonnable!

A proprement parler, Byron a constamment vécu dans l'état de nature, et, par suite de sa manière d'être, chaque jour lui donnait lieu de songer à sa défense personnelle. C'est ce qui explique son maniement perpétuel du pistolet. A chaque instant il devait s'attendre à être provoqué.

Il ne pouvait vivre seul. Aussi était-il, malgré ses innombrables excentricités, d'une indulgence extrême envers ses compagnons habituels. Un soir, il donne lecture de son magnifique poëme sur la mort du général Moore; ses nobles amis ne savent qu'en dire; sans s'émouvoir autrement, il laisse là cette pièce. Poëte, c'était un véritable agneau. Un autre les eût envoyés au diable.

10

Quiconque n'est pas complétement blasé et possède encore assez de jeunesse trouverait avec peine un lieu aussi agréable que le théâtre. Là on ne réclame rien de vous; vous n'avez pas besoin d'ouvrir la bouche quand cela ne vous plaît pas. Au contraire, vous voilà assis, bien à votre aise, comme un roi. Vous êtes com-

modément; on vous apporte tout; on traite votre esprit
et vos sens absolument comme vous le souhaitez. Là,
vous trouvez la poésie, la peinture, le chant, l'art dramatique et bien d'autres choses encore. Lorsque tous
ces artifices, toutes ces séductions de la jeunesse et de
la beauté agissent d'un commun accord dans la même
soirée, surtout quand c'est à un haut degré, il en résulte une fête qu'on ne peut comparer à aucune autre.
Et, quand même il y aurait quelque chose de mauvais,
pourvu qu'il s'y entremêle quelque peu de bien, c'est
toujours mieux que de regarder par la croisée ou de
jouer, au milieu de la fumée des cigares, une partie de
whist, dans l'étroite enceinte d'une société.

11

Vous savez combien je suis heureux de tout progrès
qu'il m'est donné de pressentir; mais tout ce qui est
violent, heurté, me répugne profondément, parce que
ce n'est point conforme aux lois de la nature.

Je suis l'ami de la plante; j'aime la rose, comme la
chose la plus parfaite que la nature puisse me présenter
dans l'empire des fleurs; mais je ne suis pas assez insensé pour exiger que mon jardin m'en fournisse dès
la fin d'avril. Je suis déjà satisfait de voir pousser les
premières feuilles vertes, heureux de voir, lorsqu'une
feuille se développe après l'autre, la tige se former de
semaine en semaine; je me réjouis lorsqu'en mai je
vois le bouton. Je suis heureux lorsque enfin juin me

présente la rose elle-même dans toute sa magnificence et avec tous ses parfums ; mais si quelqu'un ne peut attendre le temps nécessaire, qu'il s'adresse aux serres chaudes.

12

Aujourd'hui, en Allemagne, nombre de gens font hardiment bon marché de ces gradations par lesquelles l'esprit se développe insensiblement. Ce qu'il y a de fâcheux, c'est que personne ne consent à vivre et à jouir ; chacun veut gouverner. Dans les arts, nul ne se complaît à ce qui existe ; chacun entend bien avoir son tour et produire quelque chose.

De même, personne ne songe à tirer d'un ouvrage poétique des idées qui fécondent son imagination ; on ne s'occupe que d'une chose : calquer sur-le-champ ce qui a été fait.

Et puis, pas d'intention arrêtée de saisir un ensemble, de faire quelques sacrifices pour y arriver ; on s'efforce uniquement d'attirer l'attention sur soi, de se mettre le plus possible en évidence devant le monde. Cette fausse tendance se révèle partout, et l'on imite en cela ces virtuoses modernes qui, dans un concert, choisissent non pas les morceaux susceptibles de procurer au public les pures jouissances de la musique, mais bien ceux où l'artiste pourra faire admirer son habileté acquise. Partout c'est l'individu qui veut montrer sa supériorité, et nulle part on ne rencontre ce labeur

honnête qui fait abnégation du moi au profit de l'ensemble et de la chose elle-même.

Il en résulte alors que les auteurs s'habituent à produire des œuvres détestables, dont ils n'ont pas conscience. Les enfants même écrivent en vers ; devenus
jeunes hommes, ils croient à leur propre capacité, jusqu'à ce que enfin, arrivés à l'âge viril, ils se rendent
compte de ce qui en est, et s'épouvantent des années
qu'ils ont perdues dans ces tentatives fausses et souverainement insuffisantes.

Bien plus, il en est bon nombre pour qui la perfection reste un mystère, tout comme leur propre incapa-
cité, et qui enfantent jusqu'à la fin de leurs jours les
œuvres les plus hétéroclites.

Si chacun pouvait être amené d'assez bonne heure
à se faire une idée juste de tout ce qu'il y a de parfait au monde, de tout ce qu'il faut réunir pour
donner un digne pendant à ce qui existe, il est positif
qu'un seul à peine, entre ces milliers de jeunes poëtes
du jour, trouverait en lui-même assez de persévérance,
de talent et de courage pour devenir maître à son tour,
par des études calmes et continues.

Bien des jeunes peintres n'auraient jamais touché
aux pinceaux s'ils avaient su, s'ils avaient compris
assez tôt en quoi consiste l'œuvre d'un maître comme
Raphaël.

15

On dit avec raison que la culture simultanée des facultés humaines est à souhaiter, et même qu'elle est ce qu'on peut voir de mieux. Mais l'homme n'est point né pour cela; chacun doit faire son éducation comme spécialiste, tout en cherchant à acquérir l'idée de ce qui constitue l'ensemble.

C'est d'après ces considérations que, dans les *Années de voyage*, je fus amené à faire répéter sans cesse par Jarno le conseil de prendre un seul métier, parce que l'époque est celle des spécialités; qu'on doit estimer heureux celui qui le comprend et qui agit dans ce sens pour lui comme pour les autres.

Il faut savoir maintenant quel sera le métier de l'individu, afin qu'il ne dépasse pas les bornes ou ne reste pas en deçà.

Celui qui sera chargé de surveiller, de juger, de diriger plusieurs spécialités, devra chercher à voir le plus clair possible dans un grand nombre de parties. Ainsi un prince, un futur homme d'État, ne saurait trop varier son éducation; cette variété de connaissances fait partie de son métier.

Le poëte encore doit tendre à acquérir des notions diverses : le monde entier, tel est le thème qu'il doit savoir traiter et rendre.

Mais le poëte n'empiétera pas sur le peintre; il se contentera de reproduire le monde par la parole, de même qu'il abandonnera au comédien le soin de le faire passer sous nos yeux au moyen de la représentation théâtrale.

Il faut distinguer nettement l'intelligence des choses de l'activité spéciale, songer qu'un art quelconque, dès qu'il s'agit de son application, est d'une difficulté et d'une importance extrêmes, et que, pour y devenir maître, toute une vie est nécessaire. Il faut étendre le plus possible le domaine de son intelligence, mais borner son activité spéciale à un seul objet, pratiquer un seul art, ce qui ne veut pas dire qu'on ne puisse traiter des sujets de nature diverse.

Distinguons le perfectionnement de l'activité spéciale.

Le perfectionnement du poëte exige, par exemple, que son œil soit exercé de toutes manières à percevoir les objets externes. L'objectivité de ma poésie, je la dois, en effet, à cette grande attention, à cet exercice constant de l'organe visuel. Mais qu'on se garde soigneusement de poser à des distances trop éloignées les limites de son perfectionnement. C'est une séduction à laquelle les observateurs de la nature cèdent les premiers, parce que l'étude de la nature exige réellement une instruction parfaite qui embrasse un harmonieux ensemble.

En revanche, les connaissances qui dépendent essentiellement de la spécialité étant une fois acquises, sachons nous tenir en garde contre les vues étroites et bornées.

Un poëte qui se prépare à écrire pour le théâtre doit avoir la connaissance de la scène, afin d'apprécier les ressources qui sont à sa disposition et de savoir en général, ce qu'il faut admettre ou rejeter. De même, un compositeur ne saurait se priver d'une certaine intelligence de la poésie. Qu'il apprenne à distinguer le bon du mauvais, et il ne prodiguera point les ressources de son art à des poëmes défectueux.

Weber n'aurait point dû composer la musique d'*Euryanthe*; il devait voir, au premier coup d'œil, que c'était un sujet malheureux dont on ne pouvait rien tirer.

Ainsi le peintre est tenu de savoir discerner les sujets; sa spécialité lui impose l'obligation de connaître ce qu'il peut peindre ou non.

En somme, le grand art consiste à se borner et à se concentrer.

Si, à l'époque où j'ai commencé mes travaux, l'Allemagne eût été au point où elle est parvenue dans la poésie et dans les sciences, je n'aurais eu aucun motif de me fractionner d'une manière si multiple, et je me serais borné à une seule branche.

Mais, dans les conditions où je me trouvai, il n'était pas seulement dans ma nature de porter mes investigations sur tous les points, de m'édifier sur toutes les choses de la terre; c'était encore un besoin d'en éclaircir les obscurités au moyen de la parole.

Moi-même j'ai consacré beaucoup trop de temps à des choses qui n'étaient point de mon rôle. Quand je songe à la fécondité de Lopez de Véga, le nombre de mes ouvrages poétiques me paraît bien petit. J'aurais dû m'en tenir davantage à mon propre métier : mon excuse est dans les circonstances.

14

Si une génération est parvenue à l'âge de virilité, il y

a peu de progrès à obtenir d'elle, soit au physique, soit au point de vue du goût, comme à celui du caractère; mais commencez sagement vos réformes par les écoles d'enfants, et tout ira bien.

15

Les notions vivantes ne s'acquièrent que par la pratique. Or, c'est là le profit que l'on retire toujours de quelque tendance passionnée de pénétrer au fond des choses. Disons-le aussi : toute recherche, même erronnée, a cela de bon que, par elle, on apprend, et l'on n'apprend pas seulement les choses, mais encore tout ce qui les constitue.

16

En général, je ne puis admettre qu'un art entre en décadence par la faute d'un homme. Bien des causes, qu'il n'est pas facile d'expliquer, contribuent à ce résultat. Euripide pouvait aussi peu amener, à lui seul, la décadence de l'art tragique chez les Grecs, que l'art plastique pouvait déchoir par le fait d'un grand statuaire contemporain de Phidias, mais inférieur à lui. Lorsqu'une époque est grande, elle poursuit son perfectionnement, et la médiocrité n'influe pas sur elle.

Et quelle époque ne fut point celle d'Euripide! Le goût, loin de faiblir, marchait au progrès. La sculpture n'était point encore arrivée à son apogée, et la peinture commençait à devenir ce qu'elle a été.

Si les pièces d'Euripide, comparées à celles de Sophocle, contenaient de grands défauts, ce n'était pas une raison pour les poëtes postérieurs de l'imiter en cela, et de s'attacher à les reproduire servilement. Au contraire, si ses tragédies offraient quelque mérite, au point que l'on était porté à en préférer quelques-unes à d'autres de Sophocle, pourquoi ceux d'entre les poëtes qui lui ont succédé n'ont-ils pas imité ses mérites? Pourquoi ne sont-ils pas devenus aussi grands qu'Euripide lui-même?

D'où vient que, après les trois grands tragiques grecs, il n'en a pas surgi un quatrième, un cinquième, aussi illustre qu'eux? C'est là une question à laquelle il n'est pas facile de répondre, j'en conviens, mais au sujet de laquelle on peut établir des présomptions.

L'homme est un être simple. Quelque riche et varié, quelque impénétrable qu'il puisse être, on a pourtant parcouru bientôt la sphère de ses conditions diverses.

Si les circonstances, à l'époque dont nous parlons, eussent été les mêmes que celles où nous nous sommes trouvés, nous autres pauvres Allemands; si un Lessing avait composé deux ou trois drames passables; si moi-même j'en eusse fait représenter trois ou quatre, Schiller cinq ou six de même valeur, sans nul doute, il y aurait eu encore de la place pour un quatrième, un cinquième poëte tragique.

Mais, chez les Grecs, peuple si fécond, alors que chacun de ces trois géants avait livré au théâtre cent drames en moyenne; dans un temps où les sujets tragiques, empruntés d'Homère et de la tradition, avaient déjà défrayé la scène trois ou quatre fois; en présence de tant de trésors enfin, on peut bien admettre que le fonds et la matière s'étaient épuisés peu à peu, et que le poëte qui venait après ces trois grands génies ne savait guère quelle route prendre.

D'ailleurs, n'était-ce pas assez pour quelque temps? Les productions d'un Eschyle, d'un Sophocle et d'un Euripide n'étaient-elles point d'une nature et d'une profondeur à se faire entendre souvent et toujours, sans qu'on osât s'en trouver rebattus et les réduire à néant? Ces quelques débris grandioses, qui sont parvenus jusqu'à nous, ont des proportions et une importance telles, qu'ils sont déjà pour nous autres l'objet de travaux séculaires et nous réservent, pour plusieurs siècles encore, un aliment intellectuel et des sujets de laborieuse étude.

17

Après Sophocle je ne connais personne qui me plaise autant que Ménandre. Tout en lui est pur, noble, grand, aimable; rien n'approche de ses grâces. Il est à regretter qu'il nous reste de lui si peu de chose; mais ce peu de fragments sont inestimables et d'une extrême ressource pour les hommes intelligents.

Le point important, dans l'homme de qui nous voulons apprendre, c'est que son caractère s'adapte à notre nature. Caldéron, par exemple, quelque grand qu'il soit, quelque admiration que j'aie pour lui, n'a exercé sur moi aucune influence ni en bien ni en mal. Il eût été un danger pour Schiller : celui-ci en aurait perdu la tête ; aussi est-ce un bonheur que Caldéron ne soit devenu populaire en Allemagne qu'après la mort de Schiller. Caldéron est infiniment grand dans l'arrangement et dans les effets de théâtre : Schiller est bien plus capable, plus sérieux, plus élevé dans les choses de la volonté ; il eût donc été fâcheux pour lui de s'exposer à perdre une parcelle de ses qualités sans atteindre, sous d'autres rapports, à la grandeur de Caldéron.

Molière est tellement grand, qu'on est toujours frappé d'étonnement lorsqu'on le relit. C'est un homme complet. Ses pièces touchent au tragique ; elles vous captivent et personne n'a le courage de marcher sur ses traces. Son *Avare*, dans lequel le vice ruine toute affection entre le père et le fils, a un caractère particulier de grandeur dramatique. Mais si, comme un imitateur allemand, vous convertissez le fils en un parent, vous affaiblissez le rôle et il n'a plus guère de signification[1]. On craint de voir apparaître le vice sous sa véritable forme... Mais quel effet en obtenez-vous autrement ?

Je lis tous les ans quelques comédies de Molière, de même que, de temps à autre, je contemple mes gravures d'après les grands maîtres italiens. Nous autres petites gens, nous ne sommes point capables de con-

----

[1] Gœthe, comme on voit, ne partage point les préjugés de W. Schlegel contre notre grand poète, et n'admet pas davantage la critique de J. J. Rousseau sur la moralité de l'*Avare*.

server en nous de si riches trésors, et nous devons en conséquence y revenir quelquefois pour renouveler nos impressions.

18

On parle toujours d'originalité, mais que veut-on dire par là? A peine sommes-nous venus au jour, que le monde commence à agir sur nous, et son action se continue jusqu'à notre fin. Quelle chose pouvons-nous jamais appeler nôtre, si ce n'est l'énergie, la force, la volonté?... Si je pouvais confesser tout ce dont je suis redevable à mes prédécesseurs ou à mes contemporains illustres, il ne me resterait plus rien.

Observez à ce propos qu'il n'est nullement indifférent de constater à quelle époque de notre vie l'influence d'une individualité étrangère et marquante se sera exercée sur nous.

Il a été pour moi d'une haute importance que Lessing, Winkelmann et Kant aient été plus âgés que moi, et que ma jeunesse ait subi l'influence des deux premiers et ma vieillesse celle du dernier.

Il l'a été encore plus que Schiller fût de beaucoup plus jeune et dans toute sa séve, alors que je commençais à me fatiguer du monde; ce qui l'a été enfin, c'est qu'à une autre époque aient paru les frères Humbold et les Schlegel.

19

— On n'apprend jamais que de celui qu'on aime.

20

Quiconque n'espère pas un million de lecteurs ne devrait pas écrire une seule ligne.

21

Voilà vingt ans que l'on discute lequel de Schiller ou de moi est supérieur à l'autre, au lieu de se réjouir qu'il y ait là deux hommes sur lesquels le public puisse controverser.

22

Le poëte doit s'attacher au particulier, et son choix, s'il est heureux, deviendra d'un intérêt général. L'histoire d'Angleterre est très-favorable à la poésie, en ce qu'elle présente des faits importants, salutaires, par conséquent d'un intérêt général, susceptibles de se reproduire. L'histoire de France, au contraire, est stérile pour la poésie : elle est le tableau d'une époque de la vie qui ne revient pas. La littérature de la nation française, ayant pour base cette époque, est donc une de ces choses trop particulières qui vieillissent avec le temps.

L'état actuel de la littérature française échappe tout à fait aux appréciations. L'élément germanique dont elle se pénètre y produit une grande fermentation, et l'on verra seulement dans une vingtaine d'années ce qui en sera résulté [1].

Dans les traités d'esthétique, on s'évertue à exprimer par des définitions abstraites ce qui constitue la poésie et le poëte, sans toutefois aboutir à quelque chose de clair. Qu'est-il besoin de tant de définitions ? Sentiment vif des situations, habileté à les rendre, voilà ce qui fait le poëte.

25

L'absence de caractère chez quelques-uns de nos écrivains, épris des recherches savantes, est la source du mal qui dévore la littérature actuelle. C'est dans la critique que ce défaut se révèle avec le plus de désavantage. Tantôt elle installe le faux à la place du vrai ; tantôt, à l'aide d'une pitoyable vérité, elle supprime

[1] Il est à peine besoin de dire que Gœthe exagère injustement la critique et qu'il oublie ce qu'il doit lui-même à nos écrivains : notre dix-huitième siècle, spécialement par Diderot, a exercé sur l'Allemagne une influence énorme. Que les Allemands, à leur tour, aient agi sur les idées françaises de notre époque, nous ne le nierons point ; mais notre esprit national n'a-t-il rien tiré de son propre fonds ? Voir d'ailleurs page 105 (année 1827) la fin du § I.

quelque chose de grand qui nous serait plus profitable.

Jusqu'ici le monde croyait à l'héroïsme d'une Lucrèce, d'un Mucius Scévola : ces exemples le réchauffaient. Mais vient la critique de l'histoire; elle dit que ces personnages n'ont jamais existé; qu'il faut les considérer comme des fictions et des fables inventées par la grandeur de l'esprit romain[1]. Qu'avons-nous à faire d'une si misérable vérité? Et si les Romains étaient assez grands pour imaginer de pareilles scènes, nous devrions l'être assez pour y croire.

C'est ainsi que, jusqu'à présent, j'avais toujours trouvé plaisir dans le récit d'un fait mémorable du treizième siècle : lorsque l'empereur Frédéric II était en lutte avec le pape, et l'Allemagne du Nord ouverte aux incursions des ennemis, les hordes asiatiques y avaient pénétré et s'étaient avancées jusqu'en Silésie; mais le duc de Liegnitz, leur infligeant une défaite terrible, les rejeta sur la Moravie, où elles furent de nouveau battues par le comte de Sternberg; ces preux étaient toujours vivants à mes yeux, à titre de libérateurs illustres de la nation germanique; arrive l'histoire avec son exégèse; elle prétend que ces héros ont fait un sacrifice absolument inutile, attendu que l'armée d'Asie avait déjà été rappelée et se serait retirée d'elle-même. Un grand exploit patriotique est mutilé, mis à néant, et l'on éprouve une impression fort désagréable.

---

[1] Le ton et le fond de cette critique des travaux de Niebuhr paraissent manquer de justesse. La beauté poétique des légendes romaines ne cesse pas d'exister parce que l'on en replace l'origine dans le domaine de la fiction.

24

Je n'aurais jamais pu savoir jusqu'où va l'imbécillité des hommes, ni combien peu ils s'attachent à un but vraiment noble, si je ne les avais expérimentés à l'occasion de mes études sur les sciences naturelles. J'ai vu alors que, pour la plupart, la science n'a quelque valeur qu'autant qu'ils en vivent, et qu'ils dressent des autels même à l'erreur, dès qu'elle soutient leur existence. Dans les belles-lettres, les choses ne vont pas mieux. Là aussi les tendances élevées, le sentiment délicat du vrai et du beau se montrent bien rarement. Tel écrivain en célèbre et en épaule un autre, parce que celui-ci le vante et l'exhausse à son tour. Le beau absolu leur est odieux, et volontiers ils le retrancheraient du monde, afin d'avoir eux-mêmes quelque valeur. Ainsi est la masse, et si quelques-uns s'en détachent, ils ne valent guère mieux pour cela.

25

Nous aurions besoin d'un homme comme Lessing. Qu'est-ce qui le rend si grand, sinon son caractère, sa persévérance? Il existe beaucoup d'esprits aussi fins, aussi cultivés; mais où trouvez-vous un pareil caractère?

Il en est plusieurs qui possèdent assez d'esprit et des connaissances variées: mais ils sont en même temps pleins de vanité, et, pour faire admirer leurs saillies par le vulgaire peu clairvoyant, ils perdent toute pudeur, toute retenue ; rien ne leur est sacré.

Madame de Genlis avait donc parfaitement raison lorsqu'elle s'indignait contre les hardiesses et les témérités de Voltaire. Au fond, quel que soit l'agrément de sa plaisanterie, il n'a pas rendu de service au monde, et rien ne peut être fondé là-dessus. Au contraire, de très-grands malheurs en peuvent découler, parce que le trouble est jeté parmi les hommes, et que ceux-ci perdent un point d'appui nécessaire[1].

Et de plus, qu'est-ce que notre savoir ? Tout notre esprit nous mène-t-il bien loin ?

L'homme n'est point né pour résoudre les problèmes du monde, mais pour chercher où le problème commence, afin de se tenir ensuite dans les limites de l'intelligible.

[1] À cette appréciation de Goethe on peut opposer les paroles remarquables d'un de ses compatriotes : « Je suis convaincu, dit Varnhagen d'Ense qu'il viendra un temps où l'on interprétera avec bonhomie, où l'on verra d'un œil tranquille les railleries et les attaques lancées contre les mythes et les formes dogmatiques du christianisme, comme celles de d'Alembert, de Voltaire, de Frédéric ; je vais plus loin, et j'affirme que le vrai chrétien s'en réjouira et les approuvera, comme aujourd'hui déjà l'on sourit aux paraphrases naïves, brutales, et parfois irrévérencieuses que le peuple et les poëtes populaires ont faites des sujets sacrés ; car la volonté de ces hommes est pure, leur polémique est inspirée par un instinct religieux, et la partie essentielle de la pensée du Christ est chez eux plus que chez leurs adversaires qui en ont le nom seulement, nom qu'ils profanent. Ou bien croit-on que l'envoyé de Dieu ait tenu à son nom plus qu'à son essence et que ceux qui l'insultent soient ses ennemis, parce que ce nom désigne ce que le Christ n'était pas en vérité ? » (Tr. de M. Franz, *Revue germanique* du 15 janvier 1862.)

Mesurer le mouvement de l'univers est une tâche au-dessus de ses facultés, vouloir appliquer sa raison à ce vaste ensemble, c'est un effort tout à fait inutile, eu égard à son faible point de vue. La raison de l'homme et celle de la Divinité sont deux choses si distinctes !

Du moment que nous concédons la liberté à l'homme, c'en est fait de l'omniscience de Dieu ; dès que la Divinité sait ce que je ferai, je suis contraint d'agir conformément à sa prescience [1].

Je ne fais entrevoir ceci que pour indiquer combien peu de chose est notre savoir, et qu'il n'est pas bon de toucher aux mystères divins.

Et de plus nous ne devons formuler de jugements que s'ils sont profitables au monde. Il en est d'autres que nous devons garder par-devers nous ; mais ceux qui peuvent s'émettre répandront sur nos actes un éclat pareil aux doux reflets d'un soleil à demi voilé.

26

Toutes nos actions ont une suite. Celles qui sont prudentes et bien conduites n'ont pas toujours des résultats heureux ; la sottise n'a pas toujours un malheur pour conséquence : je dirai plus, c'est souvent tout le contraire qui arrive. Aussi voit-on que les hommes du

[1] Cette pensée n'est pas la plus heureuse de celles que Goethe emprunte à Spinosa ; encore Spinosa a-t-il mis à son opinion sur la liberté de l'intelligence des réserves que nous ne retrouvons pas dans cet endroit des cahiers d'Eckermann. Est-ce la faute de Goethe ou celle de son secrétaire ?

monde, n'ignorant pas cette vérité, procèdent avec une audace et une impudence peu communes.

27

Il est peu d'hommes qui possèdent l'imagination propre à concevoir les réalités. Au contraire, presque tous aiment à transporter leur pensée dans des régions et des situations bizarres, qui ensuite agissent sur leur imagination et la faussent.

Il en est d'autres encore qui se cramponnent à la réalité et qui sont, sous ce rapport, d'une exigence méticuleuse, parce qu'ils sont complétement dénués de poésie.

28

Il n'est pas une corde du cœur humain que, dans sa richesse et sa grandeur infinie, Shakspeare n'ait mise à nu et fait vibrer; et avec quelle facilité! quelle aisance!

Toute dissertation sur Shakspeare est impossible, toute parole est insuffisante. L'ébauche que je trace de lui dans le *Wilhelm Meister* n'a pas une signification assez complète. Shakspeare n'est pas un poëte pour le théâtre : il ne s'est jamais préoccupé de la scène; elle était beaucoup trop étroite pour son génie; le monde visible tout entier était trop resserré pour lui. Il est beaucoup trop riche, beaucoup trop puissant.

Avec un talent fécond on ne devrait lire qu'une de ses pièces par année, à moins de vouloir se briser contre son génie. J'ai bien fait de me débarrasser de lui par *Gœtz de Berlichingen* et *Egmont*; Byron agit de même avec sagesse en se défendant de professer à son égard un souverain respect et en suivant sa propre voie. Combien d'Allemands, et des plus forts, ont échoué sur lui, sur lui et Caldéron!

29

Macbeth est, à mon avis, la meilleure pièce de Shakspeare : c'est là qu'il déploie la plus haute intelligence de la scène; mais si vous voulez savoir ce qu'il y a d'indépendance dans son génie, lisez *Troïlus et Cressida*, où il traite à sa manière un thème de l'*Iliade*.

30

Byron est de beaucoup inférieur à Shakspeare pour la gaieté franche; combien de fois il s'est attiré un blâme, presque toujours mérité, par les licences multipliées de son scepticisme! S'il avait pu, par un effet des circonstances, dégorger tout ce qu'il y avait en lui d'humeur d'opposition par des philippiques fréquentes au sein du Parlement, il serait infiniment plus pur comme poëte. Or, comme il a pris à peine la parole dans la Chambre des pairs, il a gardé par-devers lui tout ce qu'il avait sur le cœur contre sa nation, et pour se délivrer de cette obsession, il n'a eu d'autre moyen que de recourir aux formes et à l'expression poétiques. Aussi bien j'appellerais volontiers une grande partie de ses œuvres sceptiques des *speechs rentrés*.

31

Un de nos poëtes les plus récents[1] s'est acquis en peu de temps une haute renommée, malgré des tendances négatives bien regrettables; on n'oserait pas dire qu'il ne possède pas de brillantes qualités, mais il manque... de cœur. Il aime aussi peu ses lecteurs et ses confrères les poëtes que lui-même, et l'on se voit dans le cas de lui appliquer cette parole de l'Apôtre : « Et quand je parlerais le langage des hommes et même celui des anges, si je n'ai point la charité, je suis comme l'airain qui résonne ou la cymbale qui retentit. » Je relisais, ces jours derniers encore, les poésies de***, et je n'ai pu méconnaître la richesse de son talent. Mais, comme je l'ai dit, il manque de *cœur*; voilà pourquoi il n'exercera pas l'influence qui aurait dû lui appartenir. On le redoutera, et il deviendra le dieu de ceux qui volontiers sont sceptiques avec lui, mais qui n'ont pas, comme lui, le talent.

[1] Henri Heyne peut-être.

1826

......

I

ECKERMANN.

Le docteur Wolf[1] est certainement le premier improvisateur de l'Allemagne; le public de Weimar et la cour ont applaudi avec enthousiasme à son rare talent; mais le meilleur souvenir qu'il emportera est celui des conseils que Votre Excellence lui a donnés. Il me disait hier soir que vos critiques avaient frappé juste et lui avaient ouvert une voie toute nouvelle.

GŒTHE.

J'ai été sincère à son égard; et si mes paroles ont agi sur lui, si elles lui ont fait impression, cela est d'un fort bon augure. Il a un talent incontestable; mais il est atteint de la maladie générale de notre époque, la

[1] De Hambourg.

subjectivité, et je voudrais l'en guérir. Je lui ai fourni un thème, afin de l'essayer. Décrivez-moi, lui ai-je dit, votre retour à Hambourg. Il s'est montré tout disposé à me complaire, et il s'est mis incontinent à parler en vers harmonieux. J'ai dû l'admirer, mais n'ai pu le louer. Ce n'est pas le retour à Hambourg qu'il m'a décrit, mais seulement les sensations d'un fils revenant chez ses parents, ses proches et ses amis; son poëme pouvait convenir aussi bien à un retour vers Mersebourg ou Iéna que vers Hambourg. Et cependant quelle ville remarquable et originale que Hambourg! Quel vaste champ s'ouvrait à lui pour les descriptions les plus spéciales, s'il avait eu l'esprit et le courage d'aborder convenablement le sujet!

ECKERMANN.

Le public est responsable de ces tendances subjectives, par la préférence notoire qu'il accorde aux choses du sentiment.

GOETHE.

Cela se peut; mais quand on donne mieux au public, il est encore plus satisfait. Je suis certain que si un improvisateur de talent réussissait à rendre la vie des grandes cités comme Rome, Naples, Vienne, Hambourg et Londres, et avec des couleurs assez vives pour vous laisser croire que vous les avez devant les yeux, il ravirait et enlèverait tous les suffrages. Lorsque Wolf essaye d'entrer sur le domaine de l'objectif, il y est bientôt à l'aise, car l'imagination ne lui manque pas. Seulement, il devra se décider promptement à tenter la fortune nouvelle que je lui indique.

ECKERMANN.

Je crains que ce ne soit pour lui plus difficile qu'on ne pense, car il aurait à modifier complétement sa manière. S'il y parvient, ce ne sera point sans un moment d'arrêt dans sa force productive; il aura besoin d'un assez long exercice pour que les formes objectives lui deviennent familières et lui soient une seconde nature.

GŒTHE.

J'en conviens; c'est un énorme passage à franchir. Il en est de cela comme de la crainte de l'eau, quand on va se baigner : un élan rapide suffit, et l'élément nous appartient.

Lorsqu'une personne veut apprendre à chanter, tous les sons qu'elle a dans les cordes de son gosier lui sont naturels et faciles : ceux qu'elle n'a pas dans le larynx, lui coûtent dans le principe des efforts extrêmes. Voulez-vous devenir chanteur? il faut vous rendre maître de ceux-ci, car vous devez les avoir tous à votre disposition. Il en est de même pour le poëte. Tant qu'il n'exprime que les sensations de son moi, il ne mérite pas encore ce nom; du jour où le monde lui appartient, où sa voix l'exprime, il est poëte. Inépuisable dès lors, il peut être sans cesse nouveau; tandis qu'une nature subjective a bientôt vidé son petit fonds et va sombrer dans le genre maniéré.

On parle toujours de l'étude des anciens. Mais quel sens donner à ces mots autre que celui-ci : « Tournez-vous vers le monde réel et appliquez-vous à le peindre. » Les anciens ne faisaient pas autre chose, de leur temps.

Ce que je vais vous dire, vous aurez dans la vie mainte occasion de le constater. Les époques en voie de décadence et de dissolution ont toutes un caractère subjectif; celles qui sont en progrès ont des tendances objectives. La période actuelle est toute de décadence, car elle est subjective. Vous en avez la preuve non-seulement dans la peinture, mais dans bien d'autres arts. Tous les efforts sérieux partent de l'âme et se portent sur le monde, comme vous le voyez par l'ensemble des grandes époques, qui furent réellement actives, progressives et d'une nature portée vers l'extérieur.

ECKERMANN.

Je le vois, dans le théâtre et dans toutes les productions modernes règne un air de langueur, de sentimentalité maladive et de morne tristesse. Je me console et me réconforte maintenant avec Molière. J'ai traduit son *Avare* et je m'occupe actuellement de son *Médecin malgré lui*. Quel grand homme que Molière! Quelle sincérité!

GŒTHE.

Oui, quelle sincérité! C'est bien le terme dont il faut user en parlant de lui. Rien en lui n'est hors de place ou contre le naturel. Il commandait aux mœurs contemporaines, au lieu que nos Iffland et nos Kotzbue s'inclinaient devant celles de leur époque, en acceptaient le joug et les étroites limites. Molière châtiait les hommes en les dépeignant sous leurs traits véritables.

ECKERMANN.

Je donnerais bien quelque chose pour voir sur la scène, dans toute leur pureté, les pièces de Molière;

mais, quant au public, si je le connais bien, un pareil aliment doit lui paraître trop substantiel, trop simple. Ne devrait-on pas attribuer nos excès de raffinement à la prétendue littérature idéaliste, représentée par certains auteurs?

GŒTHE.

Non; ils proviennent de la société même. Et puis qu'ont à faire au théâtre nos jeunes filles? Elles n'y sont pas à leur place; c'est le couvent qui leur convient, et le théâtre est pour les hommes et les femmes qui sont familiarisées avec les choses de la vie. Lorsque Molière écrivait pour le théâtre, les jeunes filles étaient au couvent, et il n'avait pas à tenir compte d'elles.

Or, comme il est difficile à présent de les éloigner, comme on ne cessera point de jouer des pièces faibles et qui, par conséquent, soient ce qu'il leur faut, faites sagement, messieurs, et imitez-moi en vous abstenant.

Je n'ai porté au théâtre un véritable intérêt qu'autant que je pouvais y exercer une influence pratique. Je mettais mon plaisir à faire monter l'institution d'un degré de plus, et, pendant les représentations, je me préoccupais moins des pièces que de la manière dont les acteurs s'acquittaient de leur besogne[1]. Quand j'avais à critiquer, j'envoyais le lendemain matin une note au régisseur, et je pouvais être sûr que les fautes seraient évitées à la représentation suivante. Mais à présent que je n'ai plus aucune action sur le théâtre, rien ne m'engage à le fréquenter. Je serais obligé de

[1] Gœthe a été directeur du théâtre de Weymar

souffrir ce qui est défectueux sans pouvoir y remédier, et cela n'est point mon affaire.

La lecture des œuvres dramatiques ne me rend pas plus heureux. Les jeunes poëtes allemands ne discontinuent pas de m'envoyer leurs tragédies. J'ai toujours lu les pièces allemandes avec la préoccupation exclusive du parti qu'elles m'offriraient pour la scène : pour le reste, elles m'étaient indifférentes. Et dans mon existence actuelle, qu'ai-je à faire des élucubrations de ces jouvenceaux? Personnellement je n'ai aucun profit à lire ce qu'on n'aurait point dû composer d'une telle manière, et je ne puis servir les jeunes poëtes dans des questions qu'ils ont déjà résolues. Si, au lieu d'un travail imprimé, ils m'adressaient leurs plans en manuscrit, je pourrais du moins leur dire : « Achevez; » ou bien : « Arrêtez-vous; » ou encore : « Recourez à tel ou tel procédé. »

Ce fâcheux état provient uniquement de ce que l'éducation poétique s'est tellement généralisée en Allemagne, que personne ne commet un vers absolument mauvais. Les poëtes naissants qui m'envoient leurs ouvrages ne valent pas mieux que leurs prédécesseurs, et comme ils sont témoins des louanges qu'on prodigue à ceux-ci, ils ne comprennent pas qu'on en soit avare vis-à-vis d'eux-mêmes. Et pourtant on ne saurait le moins du monde les encourager, justement parce que l'on compte aujourd'hui par centaines les talents de ce genre et qu'on ne doit pas pousser au superflu, lorsqu'il reste à faire tant de choses utiles. S'il surgissait un seul homme qui les dominât tous, ce serait un avantage;

une individualité hors ligne est seule susceptible de rendre des services à l'humanité.

2

Si j'avais su aussi clairement qu'aujourd'hui quelle multitude de chefs-d'œuvre existent depuis des siècles, je n'aurais pas écrit une seule ligne : j'aurais suivi une autre carrière.

3

Que les Anglais pensent de Byron ce qu'il leur plaît; ce qui est positif, c'est qu'ils n'ont aucun poëte à lui comparer. Il est différent de tous les autres, et souvent plus grand[1].

4

Les rédacteurs du *Globe*[2] sont des gens du monde, gais, lucides, hardis au plus haut point. Leur critique

[1] Nous aimons mieux ce jugement sur Byron que celui qu'on a vu précédemment. Faut-il dire qu'en 1820 le hasard venait de faire parvenir entre les mains de Gœthe une feuille écrite par Byron lui-même avant son départ pour la Grèce, et qui était un hommage à Gœthe? Le grand poëte anglais mourut le 19 avril 1824; quarante ou cinquante mois s'étaient passés avant que l'illustre vieillard eût reçu la dédicace manuscrite du *Sardanapale*. Ce fut pour lui une surprise flatteuse.

[2] C'est le journal qui, fondé en 1824 par MM. Pierre Leroux et Dubois, eut une part importante dans les luttes des derniers temps de la Restauration.

est fine et de bon ton, tandis que les savants d'Allemagne s'imaginent qu'ils sont tenus de prendre en haine quiconque ne pense pas comme eux.

5

Lorsqu'une pièce nous impressionne vivement à la lecture, nous croyons qu'elle produira le même effet sur la scène; mais si, dès le principe, elle n'a pas été écrite pour le théâtre et en vue d'être jouée, elle ne paraîtra jamais avec avantage sur les planches. De quelque manière que l'on s'y prenne, elle sera toujours, par quelque côté, impropre et rebelle à la représentation.

6

Une pièce de théâtre doit être synthétique, c'est-à-dire que chacune des divisions doit y être importante en soi et faire pressentir une suite encore plus intéressante. Le *Tartuffe* de Molière est, sous ce rapport, un grand modèle. Rappelez-vous seulement la première scène. Quelle exposition! Dès le début tout excite vivement l'esprit et lui donne sujet d'attendre des faits plus importants. L'exposition de *Minna de Barnhelm* par Lessing est encore excellente; mais celle de *Tartuffe* atteint à la perfection absolue; elle est ce qu'il y a de plus grand et de meilleur en ce genre.

7

GŒTHE.

Caldéron a l'entente parfaite du théâtre ; il satisfait à toutes les exigences de la scène. Pas un seul trait qui ne soit calculé pour l'effet à produire. En outre, Calderón est un de ces génies qui sont intelligents au suprême degré.

ECKERMANN.

Il est singulier que les drames de Shakspeare ne soient point des pièces pour le théâtre, dans le vrai sens du mot, et cependant il les a toutes écrites pour son théâtre.

GŒTHE.

Lorsque Shakspeare composait, c'était sa nature qu'il traduisait au jour, et puis son époque et l'état de la scène ne lui imposaient aucune obligation positive : on acceptait pour bon ce qu'il donnait. Mais si Shakspeare avait écrit pour la cour de Madrid, ou bien pour les comédiens de Louis XIV, il se serait probablement plié à une forme dramatique plus sévère. Nous n'avons nullement à déplorer ses irrégularités ; car ce qu'il perd à nos yeux comme poëte dramatique, il le regagne partout comme poëte en général. Shakspeare est un grand psychologue et l'on apprend dans ses pièces à connaître le cœur humain[1].

[1] Le docteur J. Bucknill a publié un très-bon livre intitulé : *The psychology of Shakespeare* (1859), qui justifie cette assertion de Gœthe

X

La difficulté dans la direction d'un grand théâtre consiste à savoir rejeter ce qui est éphémère, et, par conséquent, à ne point se laisser entraîner loin des types principaux qu'on s'est choisis. Ces types sont dans un bon répertoire de tragédies, d'opéras et de comédies irréprochables. C'est à cela qu'il faut tenir; c'est ce qu'il faut considérer comme base d'opération. Je range parmi les choses accidentelles une pièce nouvelle que l'on veut voir, un rôle joué par un acteur étranger, et ainsi de suite. Il n'est pas permis de se faire illusion sur de pareilles éventualités; on doit toujours revenir à son répertoire. Notre temps est si riche en pièces vraiment bonnes, que rien n'est plus facile à un connaisseur que de former un répertoire convenable. Rien de plus difficile que de s'y tenir.

Lorsque j'étais à la tête du théâtre, conjointement avec Schiller, nous avions l'avantage de jouer à Lauchstedt pendant la saison d'été. Là nous avions un public d'élite, qui ne voulait que des choses excellentes; c'est ainsi que nous revenions à Weimar, bien exercés chaque fois dans les meilleures pièces, et nous pouvions y répéter pendant le cours de l'hiver toutes les représentations de l'été. Le public de la résidence avait foi en notre direction, et il était convaincu toujours, même lorsqu'il ne pouvait comprendre, qu'en admettant ou en retranchant nous avions en un but élevé.

II

Il en est du perfectionnement d'un artiste comme de celui d'un talent quelconque. Nos forces se développent pour ainsi dire d'elles-mêmes; mais les germes, les prédispositions de notre nature, qui ne sont point notre tendance de tous les jours et n'en ont pas la puissance, exigent des soins particuliers, afin de devenir des forces à leur tour.

Ainsi, comme je l'ai dit bien des fois, souvent certaines notes, innées chez un jeune chanteur, peuvent être excellentes et ne laisser absolument rien à désirer, et en revanche, il se pourra que certaines intonations de sa voix aient moins de puissance, de pureté et d'ampleur. Or ce sont précisément celles-ci que, par un exercice spécial, il doit perfectionner au point qu'elles égalent les autres.

Je suis convaincu qu'un jour le genre sérieux, grandiose, peut-être même désordonné, réussira parfaitement à Preller[1]. Qu'il soit aussi heureux dans les œuvres qui exigent de la sérénité, de la grâce et de l'amabilité, c'est là une autre question. Voilà pourquoi je lui ai recommandé tout particulièrement Claude Lorrain, afin qu'il acquière par l'étude ce qui peut-être n'est pas, à proprement parler, une tendance de sa nature.

[1] Preller était peintre et professeur à l'École de dessin de Weimar.

16

Nous ne voyons rien dans la nature isolément; au contraire, tout ce qui se montre à nous se rattache à quelque autre chose qui se trouve devant, auprès, derrière, dessous et dessus. Tel objet particulier peut bien nous sembler singulièrement pittoresque; pourtant ce n'est pas l'objet, considéré en lui-même, qui produit cet effet, mais bien ce à quoi il se rattache. C'est ce qui est derrière lui, auprès ou au-dessous de lui, qui contribue à former une impression générale.

Je puis, dans une promenade, rencontrer un chêne dont l'aspect pittoresque me surprend; mais, si je le dessine seul, il ne paraîtra plus tel qu'il était, attendu que ce qui, dans la nature, constituait son effet pittoresque et l'augmentait, fera défaut dans ma copie. Ainsi encore, tel pan de forêt semblera beau, parce qu'il est relevé justement par ce ciel, cette lumière, cette position du soleil; si je laisse tout cela de côté dans le dessin que je trace, il peut fort bien arriver que mon œuvre soit dépourvue de force, d'intérêt et du charme qui devait lui être propre.

Tout ce qui est beau dans la nature ne puise pas dans les lois mêmes de celle-ci ses motifs de vérité; mais, pour que cette vérité, dérobée à la nature, paraisse vraie également dans l'œuvre qui la reproduit, il faut qu'elle ait sa raison d'être dans la manière dont on aura groupé tout ce qui contribue à l'effet.

Je trouve près d'un ruisseau des pierres aux formes gracieuses. Les parties exposées à l'air sont recouvertes d'une couche de mousse qui tente le pinceau ; mais ce n'est pas uniquement l'humidité de l'eau qui a produit cette mousse ainsi agglutinée. Une pente exposée au nord, des arbres et des buissons qui répandaient leur ombre en cet endroit du ruisseau, ont concouru peut-être à cette formation. Si j'omets dans mon œuvre ces causes qui ont agi pour leur part, mon dessin n'aura point de vérité ; il manquera, à proprement parler, de cette force qui persuade.

Ainsi la position d'un arbre, la nature du sol où il a pris racine, les arbres placés en arrière ou à côté de lui, exercent une notable influence sur son développement. Un chêne qui s'élève sur la cime ouest d'une colline rocheuse, battue par les vents, revêtira une forme bien différente de celle qu'affecte un arbre du même genre, poussant en pleine terre, au milieu d'une vallée respectée de l'autan. Chacun d'eux peut être beau en son genre, mais ils auront un caractère bien distinct. En conséquence, lorsque l'imagination de l'artiste créera un paysage, ils ne pourront occuper dans son croquis d'autre place que celle qui leur a déjà été assignée dans la nature. De là, chez un paysagiste, l'importance du soin donné à reproduire l'entourage, à mettre et à exprimer chaque chose en sa place.

D'autre part, ce serait folie que de vouloir rendre la foule des incidents prosaïques, qui ont exercé aussi peu d'influence sur la forme et le développement de l'objet principal que sur le moment même où il a paru digne de la palette.

11

J'ai relu le *Deformed transformed*, de lord Byron, et je suis content d'avouer que son talent me paraît toujours plus grand. Son démon est issu de mon Méphistophélès, mais ce n'est point une imitation. Tout cela est absolument original et neuf; tout est plein de précision, de sens et d'esprit. Pas un endroit qui trahisse la faiblesse; pas un espace de la largeur d'une tête d'épingle où l'on ne reconnaisse l'invention et le talent. Les seules entraves qui l'arrêtent sont l'hypocondrie et le scepticisme; sans cela, il serait aussi illustre que Shakspeare et les anciens.

12

ECKERMANN.

Je viens de lire aussi le *Deformed transformed* de Byron.

GŒTHE.

N'est-ce pas que les premières scènes ont de la grandeur, et une grandeur poétique? Quant au reste, à partir de la débandade et du siége de Rome, je ne le qualifierai pas de poétique; mais il faut convenir qu'il y a de l'esprit.

ECKERMANN.

Au plus haut point. Toutefois il n'est pas difficile d'avoir de l'esprit quand on ne respecte rien.

GŒTHE, souriant.

Vous n'avez pas tout à fait tort. On accordera cependant que le poëte dit plus qu'on ne voudrait. Il est la voix de la vérité; mais certaines gens en sont peu flattés, et l'on préférerait qu'il restât bouche close. Il existe de par le monde des misères que le poëte ferait mieux de dissimuler que de découvrir. Mais enfin ceci est justement le caractère de Byron, et il faudrait l'anéantir si l'on voulait qu'il fût autrement.

15

Goethe a déployé une lithographie représentant les scènes où Faust et Méphistophélés, afin de délivrer Marguerite de son cachot, courent pendant la nuit, montés chacun sur un cheval lancé à toute bride; ils passent près d'un gibet. Faust est sur un coursier qui galope ventre à terre et semble, comme son cavalier, redouter les fantômes groupés sous la potence. La course est tellement rapide, que Faust a peine à se tenir en selle. Soulevée par l'air, sa barrette, qu'une lisière retient sur son cou, flotte au gré du vent. Il tourne vers Méphistophélés son visage inquiet et interrogateur, en épiant les paroles du démon. Celui-ci est posé tranquillement, sans se soucier de rien. Il ne monte pas un animal vivant, car il n'aime pas ce qui a vie. Il n'en a pas même besoin; sa volonté suffit pour donner au coursier toute la promptitude qu'il désire. Il est à cheval, uniquement parce que la tradition l'exige ainsi. Il n'avait donc besoin que d'une carcasse ayant seulement la peau et les os, qu'il a ramassée dans une voirie quelconque. La bête est de couleur claire et paraît phosphorescente dans les ténèbres de la nuit; elle n'est ni bridée ni sellée, et néanmoins elle avance. La pose du cavalier est aisée et nonchalante; il regarde Faust et lui parle. Pour lui la résistance de l'air n'existe pas; lui et sa monture ne ressentent rien. Pas un crin, pas un cheveu qui bouge.

Cette composition ingénieuse, parfaite, nous a enchantés. Gœthe m'a montré, dans une autre feuille, la scène désordonnée des buveurs dans la *taverne d'Auerbach*, prise, comme résumé de l'ensemble, au moment le plus important, alors que le vin répandu s'élève en flammes, et que les appétits grossiers des personnages se trahissent sous les aspects les plus variés. Tout est passion et mouvement: seul, Méphistophélès conserve la calme sérénité qu'on lui connaît. Le déchaînement de cris et d'imprécations, et le couteau que son voisin le plus rapproché lève sur lui, ne l'émeuvent point. Assis sur un des angles de la table, il fait brandiller ses jambes; son doigt, qu'il tient en l'air, suffit pour éteindre la flamme et le tapage.

Plus on considérait cette excellente composition, plus on trouvait que l'intelligence de l'artiste était grande. Nulle de ces figures ne ressemblait à l'autre, et chacune exprimait un degré différent de l'action.

« M. Delacroix, a dit Gœthe, est un talent d'élite, qui a rencontré dans le *Faust* son véritable aliment. Les Français critiquent sa manière fougueuse; mais ici elle le sert à point nommé. On espère qu'il achèvera le *Faust*, et, par avance, je me réjouis en particulier de voir la *cuisine des sorcières* et les *scènes du Broken*. On s'aperçoit qu'il a mené rudement la vie, et qu'une ville comme Paris lui en offrait la plus belle occasion.

— Des travaux de ce genre, ai-je dit alors, contribuent puissamment à donner une entente plus complète du poëme.

— Cela ne fait pas question, a repris Gœthe; car l'imagination supérieure d'un pareil artiste nous force à concevoir les situations aussi bien qu'il les a lui-même comprises. Si je dois convenir que M. Delacroix a surpassé mes propres inventions dans certaines scènes dont je suis l'auteur, combien plus le public trouvera-t-il que tout est, dans l'œuvre de l'artiste, vivant et reculé au delà des bornes de l'imagination! »

II

15 décembre.

Un homme de talent ne vient pas au monde pour tout apprendre par lui-même, mais bien pour se tourner du côté de l'art et des bons maîtres susceptibles de le rendre propre à quelque chose. J'ai lu ces jours derniers une lettre de Mozart dans laquelle il répond à peu près en ces termes à un baron qui lui avait envoyé de ses compositions : « Messieurs les dilettanti, vous méritez un double reproche ; voici l'alternative dans laquelle vous vous trouvez habituellement : ou bien vous n'avez pas d'idées à vous, et vous empruntez celles des autres ; ou bien, si vous en avez, vous ne savez point en tirer parti. » N'est-ce point parler comme un dieu ? Et cet oracle échappé de la bouche de Mozart, à propos de la musique, n'est-il point applicable à tous les arts ?

« Si votre fils, dit Leonardo da Vinci, n'a pas le sentiment de relever ce qu'il dessine par des ombres assez vigoureuses pour qu'on soit tenté de saisir les objets avec la main, il n'a pas de talent. » Et plus loin, Leonardo da Vinci ajoute : « Quand votre fils possédera pleinement la perspective et l'anatomie, alors mettez-le chez un bon maître. »

Mais aujourd'hui nos jeunes artistes comprennent à peine ces deux choses, quand ils quittent leurs maîtres. D'ailleurs ils manquent d'âme et d'esprit ; leurs inventions sont insignifiantes et sans effet ; ils brossent des glaives qui ne taillent pas, des dards qui n'atteignent pas, et souvent je suis contraint de m'avouer que toute intelligence a disparu de ce monde.

Les grands événements militaires de ces dernières années auraient dû, semble-t-il, faire monter la sève. Ils ont seulement fait naître de la bonne volonté, et l'esprit qu'ils ont éveillé, c'est l'esprit de la politique et non celui des arts. En revanche, toute naïveté, tout sentiment s'est éclipsé. Et comment l'artiste saurait-il, sans ces conditions essentielles, arriver à des œuvres où l'on puisse prendre quelque plaisir?

J'ai noté, dans mon *Voyage en Italie*, un tableau du Correggio qui représente le sevrage de l'enfant Jésus; l'enfant est sur les genoux de Marie; on le voit hésiter entre le sein maternel et une poire, ne sachant comment fixer son choix. Il y a là de l'esprit, de la naïveté, du sentiment tout ensemble. Cette composition sacrée est devenue d'un intérêt qui touche l'humanité entière; on dirait le symbole d'une période de la vie par laquelle nous passons tous. C'est là une image impérissable, parce quelle s'adapte aux temps les plus reculés de l'humanité comme à son avenir le plus lointain. Si, au contraire, on voulait peindre le Christ faisant venir à lui les petits enfants, on aurait un tableau dont le sens serait absolument nul, ou, du moins, peu important[1].

Voilà déjà plus de cinquante ans que j'observe la peinture allemande, et, non-seulement je l'observe, mais encore je cherche de mon côté à influer sur elle. Tout ce que je puis en dire en ce moment, c'est que, dans l'état actuel, il y a peu à en attendre. Il faut qu'un grand talent survienne, qui accapare à l'instant tout ce que l'époque a de bon, et par là dépasse tout. Les ressources sont réunies, les chemins indiqués et frayés. Nous avons même aujourd'hui sous les yeux des Phidias auxquels il ne fallait pas songer dans notre jeunesse. Il ne manque donc maintenant, comme je l'ai dit, qu'un grand talent, et il viendra, je l'espère; il est peut-être déjà au berceau, et vous pourrez voir encore sa splendeur.

[1] Voir, comme contrôle de cette dernière opinion, ce qui est dit ci-dessus, p. 60 (1825). § 11.

15

J'honore les mathématiques comme la science la plus élevée et la plus utile, tant qu'on les applique là où elles conviennent. Mais je ne puis louer l'abus qu'on en fait, dans les questions qui ne sont pas de leur domaine, et dans lesquelles cette noble science revêt sur-le-champ les formes de la sottise. On dirait que rien n'existe en dehors des preuves mathématiques. Ce serait folie qu'un homme n'eût point foi dans l'amour de sa fiancée, si celle-ci n'est pas en état d'en fournir la démonstration mathématique. Pour sa dot, la chose lui est possible; pour l'attachement, non pas.

16

Les Français et les Anglais ont chacun leur côté fort et leur côté faible. Les Anglais ont cela de bon, que tout, chez eux, est soumis à la pratique; mais, ils sont pédants. Les Français sont judicieux; mais pour leur plaire, tout doit être positif ou le devenir.

17

L'époque où écrivaient Eschyle, Sophocle et Euripide était poussée par l'esprit: elle ne voulait jamais que ce qu'il y avait de plus grand et de meilleur. Mais, dans les temps misérables où nous vivons, où donc est le besoin des chefs-d'œuvre? Où sont les organes capables de les goûter?

Et puis on veut du nouveau. A Berlin, comme à Paris, le public est le même : une infinité de pièces nouvelles se créent et se jouent à Paris dans le cours d'une semaine, et il faut en supporter toujours cinq ou six mauvaises avant d'être dédommagé par une bonne.

L'unique moyen de maintenir aujourd'hui au niveau convenable un théâtre allemand, ce sont les représentations données par les acteurs étrangers. Si j'étais encore directeur, je choisirais les plus habiles pour remplir la saison d'hiver. Par là, non-seulement les bonnes pièces reviendraient constamment, mais l'intérêt qu'on y prendrait se reporterait aussi sur le jeu des comédiens; on pourrait comparer et juger; le public y gagnerait en perspicacité, et nos propres acteurs seraient sans relâche stimulés et tenus en haleine par le talent remarquable d'un hôte de distinction. Comme je l'ai dit, multipliez indéfiniment les représentations de ce genre, et vous serez étonnés de l'utilité qui en résultera pour le théâtre et pour le public.

Je vois approcher le temps où un homme intelligent et entendu au métier se chargera de gouverner quatre scènes à la fois, auxquelles il conviera successivement des acteurs étrangers, et je suis sûr qu'il se tirera mieux d'affaire avec quatre qu'avec une seule.

18

Ne veut-on pas savoir au juste quelle ville du Rhin j'avais en vue dans *Hermann et Dorothée?* Comme s'il n'était point préférable de s'en imaginer une de son choix! On exige de la vérité, de la réalité, et, par là, on détruit la poésie.

1827

I

Victor Hugo possède un talent remarquable et qui a senti l'influence de la littérature allemande. La jeunesse poétique s'étiolait, grâce au pédantisme du parti classique; mais, à présent que le *Globe* est avec lui, il a partie gagnée. Je le comparerais volontiers à Manzoni; il y a en lui beaucoup d'objectivité, et je le regarde comme aussi considérable que MM. de Lamartine et C. Delavigne. Si je l'examine bien, je reconnais sûrement d'où il procède, lui et d'autres talents naissants qui lui ressemblent. C'est de Chateaubriand, lequel est sans contredit un très-habile et poétique rhéteur. Mais, afin d'avoir une idée du genre de Victor Hugo, lisez la pièce sur Napoléon, les *Deux îles*[1].

[1] *Odes, liv. III.*

N'a-t-il pas des images ravissantes? Et sa matière, ne l'a-t-il pas traitée avec une extrême indépendance?

Regardez seulement ce passage, où s'achève l'hymne des peuples soumis :

> « Il a bâti si haut son aire impériale,
> Qu'il nous semble habiter cette sphère idéale
> Où jamais on n'entend un orage éclater !
> Ce n'est plus qu'à ses pieds que gronde la tempête ;
> Il faudrait, pour frapper sa tête,
> Que la foudre pût remonter ! »

Après ces mots du chant triomphal, le poëte reprend lui-même la parole :

> La foudre remonta ! — Renversé de son aire,
> Il tomba, tout fumant, de cent coups de tonnerre

Que cela est beau ! Admirez ce nuage gros de tempêtes, d'où la foudre s'échappe en remontant pour frapper le héros. L'image est vraie ; on peut en voir la preuve sur les montagnes, lorsque les orages se déchaînent à vos pieds et que la foudre prend un cours ascensionnel.

Chez les Français, la poésie n'abandonne jamais la terre ferme de la réalité. Mettez les vers en prose, et leurs qualités essentielles subsistent. Cela provient de ce que les poëtes français ont des connaissances, tandis que nos Allemands niais pensent qu'ils compromettraient leur talent s'ils cherchaient à acquérir de l'instruction ; et pourtant telle doit être la nourriture de tout esprit capable ; c'est seulement ainsi qu'il parvient à utiliser ses facultés. Mais laissons-les faire ; en délinitive, on ne leur est d'aucun secours par des conseils, et le vrai talent trouve sa voie. Ce mot de *talent* ne saurait être appliqué à la multitude de poétereaux qui s'ébattent de nos jours. Ils ne trahissent que leur impuissance, uniquement excitée à produire parce que la littérature allemande s'est fait une réputation.

Que les Français s'affranchissent du pédantisme, pour adopter en poésie un genre plus indépendant, c'est ce qui ne doit pas surprendre. Diderot et les esprits qui lui ressemblent ont déjà cherché, avant la Révolution, à frayer cette route. Ensuite la Révolution elle-même, ainsi que l'époque impériale, ont été propices à la réforme. En effet, quoique la période de guerre ait peu favorisé le mouvement poétique et n'ait, pour un moment, accordé aux Muses aucun intérêt, il s'est établi néanmoins, pendant ce laps de temps, une multitude de libres penseurs qui mûrissent maintenant au sein de la paix et sont preuve d'un notable talent.

2

Vous vous défendez d'être un connaisseur, mais je veux vous montrer une composition, où les fautes les plus graves contre les lois fondamentales de l'art vous sauteront aux yeux; et pourtant c'est l'œuvre d'un des meilleurs peintres de l'Allemagne contemporaine. Vous verrez que les détails sont charmants; mais l'ensemble vous choquera, et vous ne saurez quel parti en tirer. Ce n'est point que l'artiste, qui est un maître, manque de l'aptitude nécessaire; mais l'esprit qui devrait diriger cette aptitude est aussi détraqué que la cervelle de tous les peintres d'antiquaille, à ce point qu'il ignore les grands maîtres et remonte seulement, pour prendre ses modèles, à l'époque si faible de ses prédécesseurs immédiats.

Raphaël et ceux de son temps avaient rejeté le style maniéré, étroit, pour chercher la nature et l'indépendance. Les artistes de nos jours, au lieu de rendre grâces à Dieu et de profiter de leurs avantages, en suivant cette voie excellente, remontent à un certain point du passé et s'y confinent. On a peine à comprendre ce rétrécissement de l'intelligence. Et comme l'art, avec une pareille tendance, ne leur accorde aucun appui, ils s'adressent à la religion et à l'esprit de parti. Sans ces deux soutiens, ils succomberaient à leur faiblesse.

Il y a dans le domaine de l'art une filiation continue. Lorsque l'on considère un grand maître, on découvre toujours qu'il a profité des bonnes études de ses prédécesseurs, et que c'est justement à cela qu'il doit sa réputation. Les Raphaël ne sortent pas de terre tout formés. L'antique est ce qu'il y a de mieux avant eux, telle est leur base. S'ils n'avaient pas utilisé le progrès contemporain, on aurait peu à dire sur leur compte.

5

Les progrès de la théorie et du mécanisme conduisent les compositeurs modernes à des résultats étonnants. Leurs travaux ne sont plus de la musique : ils s'élèvent au-dessus du niveau des sensations humaines : l'esprit et le cœur sont également impuissants à interpréter ces productions.

Il ne faut pas laisser trop prendre de liberté aux belles dames ; leurs exigences ne connaissent bientôt plus de bornes. Napoléon recevait encore à l'île d'Elbe des notes de faiseuses qu'il avait à payer. Un jour aux Tuileries, un fabricant de modes déployait devant l'impératrice des objets de prix. Comme Napoléon faisait mine de n'acheter quoi que ce fût, le marchand lui donna à entendre qu'en cela il n'était pas très-libéral envers sa femme. Napoléon ne répondit rien, mais son regard devint tel, que l'homme empaqueta soudain sa marchandise et disparut.

Si un appartement est assez vaste pour qu'il y ait des salles où l'on entre à peine trois ou quatre fois par an, c'est une admirable fantaisie d'en disposer et d'en orner quelques-unes dans le style gothique, tout comme il est permis à M. Panckoucke de se donner une chambre chinoise. Mais je ne puis approuver que l'on encombre son salon de vieilleries moyen âge. C'est toujours une espèce de mascarade qui, à la longue, doit avoir des

résultats fâcheux pour quiconque s'y laisse entraîner.
Les manies de ce genre sont en contradiction avec l'é-
poque au milieu de laquelle nous vivons, et, comme
elles proviennent d'une manière vide et creuse de sentir et de penser, elles en augmentent le penchant naturel. J'admets que, par une joyeuse soirée d'hiver,
on aille, déguisé en Turc, à la Redoute; mais quel cas
ferait-on d'une personne qui prétendrait se montrer
durant une année entière sous un pareil masque? Nous
penserions d'elle, ou qu'elle est déjà atteinte de folie,
ou du moins qu'elle a les plus grandes dispositions à
en être frappée.

6

Le prince Charles de Wurtemberg disait un jour, à
propos de Schiller : « Si j'avais été le Seigneur et sur le
point de créer le monde, si j'avais prévu en cet instant qu'on y écrirait les *Brigands*, j'aurais suspendu
la création. »

7

ECKERMANN.

Que l'on joue les meilleures pièces de Schiller ou
autres, et l'on verra peu d'étudiants dans la salle, pas
un seul peut-être; mais représentez les *Brigands* ou
Fiesco, le théâtre sera presque exclusivement rempli
de ces messieurs. Il y a cinquante ans, les choses se

passaient déjà ainsi ; il est probable que, dans cinquante autres années, il n'en sera pas autrement.

GŒTHE.

L'œuvre d'un homme jeune charmera toujours le plus les jeunes gens. Ne vous imaginez pas que la civilisation et le goût progressent si vite ni que la jeunesse ait déjà laissé derrière elle l'époque rudimentaire où ces pièces furent composées. Le monde avance sans doute, mais il faut que la jeunesse recommence à perpétuité, que, comme un simple individu, elle traverse une à une les époques du perfectionnement universel. Je n'en éprouve pas d'irritation comme autrefois ; il y a même longtemps que j'ai dit : « Que les feux de la Saint-Jean ne soient pas défendus ! Que cette réjouissance ne soit jamais abolie ! On usera toujours des balais et l'on fera toujours des enfants [1] ! »

8

Je n'ai qu'à regarder par la fenêtre pour voir constamment dans les balais qui nettoient le pavé, dans les enfants qui gambadent, les symboles d'un monde qui s'use éternellement et qui se rajeunit sans cesse. Aussi les jeux des enfants et les amusements de la jeunesse, se conservent et se propagent-ils de siècle en siècle. Quelque absurdes que ces divertissements puis-

[1] *Pensées en rimes*, t. I, p. 381 des œuvres de Gœthe, traduites par M. Porchat (1861).

sent paraître à l'âge mûr, les enfants restent toujours des enfants et ils se ressemblent en tout temps.

9

J'ai commencé par dessiner le paysage ; plus tard je me suis livré à l'étude des sciences naturelles ; j'ai donc été poussé à donner aux objets de la nature une attention soutenue et minutieuse ; je l'ai apprise par cœur, peu à peu, jusqu'en ses moindres détails, si bien que lorsque j'ai besoin de quelque chose comme poëte, je l'ai à ma disposition et qu'il ne m'échappe guère de choquer la vérité.

10

Ce qui rend libre, ce n'est point le refus de reconnaître quoi que ce soit au-dessus de nous, mais bien le respect que nous avons pour ce qui nous est supérieur. En effet, par cette déférence, nous nous élevons jusqu'à lui ; notre soumission établit que nous sommes animés de nobles sentiments et méritons d'arriver à la même hauteur. Dans mes voyages je me suis rencontré maintes fois avec des négociants du nord de l'Allemagne, qui croyaient être mes égaux, parce qu'ils s'asseyaient grossièrement à table près de moi. Ce n'était point par là qu'ils étaient mes égaux ; ils pouvaient l'être en m'estimant et en me traitant convenablement.

11

21 janvier.

Ce soir, je me suis rendu auprès de Gœthe, et j'ai passé avec lui une heure. Il m'a montré un volume nouveau de poésies françaises, par mademoiselle Delphine Gay, et il en a parlé avec grand éloge. « Les Français, a-t-il dit, se distinguent et leurs efforts valent la peine que l'on s'occupe d'eux. J'emploie toute mon activité à me faire une idée de leur littérature actuelle, et si j'y parviens, j'en dirai mon sentiment. Il y a pour moi un intérêt de premier ordre à constater que les mêmes éléments qui ont pénétré chez nous depuis longtemps, commencent déjà à agir chez eux. Sans doute, les talents intermédiaires sont toujours limités à leur époque et doivent s'alimenter des ressources qu'elle leur fournit : tout, dans ce pays, jusqu'à cette piété de fraîche date, ressemble exactement à ce que nous avons eu nous-mêmes ; seulement les choses y ont un ton plus vif, plus spirituel.

— Mais que pense Votre Excellence de Béranger et de l'auteur du *Théâtre de Clara Gazul*[1] ?

— Ceux-là, je les accepte, a répondu Gœthe ; ce sont de grands talents qui ont leur principe en eux-mêmes et qui sont indépendants des façons de voir de leur temps. »

[1] M. Mérimée avoit publié ce livre en 1825.

12

Gœthe m'a entretenu ensuite d'un étranger qui, dans ces derniers temps, était venu le voir quelquefois et lui avait communiqué son intention de traduire certains de ses ouvrages. « C'est un brave garçon, a dit Gœthe; mais sous le rapport littéraire, il se conduit en vrai dilettante. Il ne sait pas encore un mot d'allemand, et il parle déjà de traductions qu'il veut entreprendre, de portraits qu'il mettra en tête. C'est bien là le caractère des dilettanti de ne point connaître les difficultés qu'il y a au fond des choses, et de concevoir des projets au-dessus de leurs forces. »

13

Les chansons de Béranger sont parfaites; c'est ce qu'il y a de mieux en ce genre, surtout lorsqu'on y ajoute, par la pensée, la ritournelle du refrain; car autrement elles sont trop graves, trop ingénieuses, trop épigrammatiques. Béranger me rappelle constamment Horace et Hafiz, qui tous deux aussi furent au-dessus de leur époque et s'attaquaient par leurs railleries et leur badinage à la corruption des mœurs. Béranger est dans une position identique vis-à-vis de ce qui l'entoure. Mais, comme il est sorti d'une humble condition, il ne manifeste pas une aversion extrême pour le genre graveleux et commun, et il le traite encore avec une certaine propension.

14

Pour écrire en prose il faut avoir quelque chose à dire ; or, quiconque n'est point dans ce cas est pourtant capable d'aligner des vers et des rimes ; là, un mot vient à la suite de l'autre, et il en résulte à la fin quelque chose qui n'est rien, mais qui néanmoins paraît avoir quelque valeur.

15

31 janvier.

À table chez Gœthe. « Ces jours derniers, a-t-il dit, depuis que je ne vous ai vu, je me suis occupé de lectures de toute sorte, et en particulier d'un roman chinois, sur lequel je suis encore et qui me semble remarquable au plus haut degré. — Un roman chinois ? ai-je repris. Il doit avoir une bien singulière tournure. — Pas autant qu'on pourrait croire, a répondu Gœthe. Ces hommes pensent, agissent et sentent presque comme nous-mêmes, et l'on s'aperçoit bientôt que l'on est comme eux, avec cette différence que, chez eux, tout se passe d'une manière plus claire, plus pure et plus morale. Chez eux tout est intelligible, bourgeois : point de passion violente, point d'élan effréné. De là une grande analogie avec mon *Hermann et Dorothée* et avec les ro-

mans de l'Anglais Richardson. Il y a pourtant cette différence que, chez eux, le monde extérieur vit sans
cesse à côté des figures humaines. Les poissons dorés
courent toujours dans les étangs, les oiseaux chantent
sans désemparer sous le feuillage, le jour est constamment pur et brillant, la nuit d'une sérénité inaltérable.
Il est fréquemment question de la lune; mais elle ne
change pas le paysage. La lueur qu'on lui prête est
aussi resplendissante que le jour lui-même, et l'intérieur des maisons aussi coquet, aussi gentil que leurs
images. Un exemple : « J'entendais rire les aimables
« jeunes filles; lorsque je les découvris, elles étaient
« assises sur de fines chaises de bambou... » Vous avez
là tout de suite la plus charmante situation ; car on ne
peut se figurer des chaises en bambou, sans la légèreté
et l'élégance la plus grande. Vient en outre une foule in-
nombrable de légendes qui accompagnent toujours le
récit et sont, pour ainsi dire, employées à titre de pro-
verbes. Témoin celle de la jeune fille dont les pieds
étaient si légers, si gentils, qu'elle pouvait se balancer
sur une fleur sans la froisser. Témoin celle du jeune
homme dont la conduite fut si morale, si honnête, qu'il
eut l'honneur, à trente ans, de parler à l'empereur. Et
ces deux amoureux qui se montrèrent si chastes pendant un long entretien que, contraints une fois de passer la nuit dans une même chambre, ils employèrent
toutes les heures à causer sans s'approcher. Il y a une
infinité de ces légendes, qui toutes ont trait à la morale, aux convenances ; mais c'est précisément par
cette rigoureuse tempérance en toutes choses que l'em-

pire chinois s'est conservé depuis des siècles et continuera encore d'exister.

« Je trouve un contraste frappant entre ce roman chinois, a poursuivi Gœthe, et les chansons de Béranger. Dans presque toutes le fonds est immoral, graveleux, et elles me répugneraient au dernier point si un talent aussi marquant que celui de Béranger ne les rendait supportables, gracieuses même. Mais, à votre tour, dites-moi, n'est-il pas fort singulier que les sujets du poëte chinois soient d'une moralité si parfaite, tandis que ceux du premier poëte de la France contemporaine sont absolument le contraire?

— Un talent comme Béranger, ai-je dit, ne saurait rien tirer d'un sujet moral.

— Vous avez raison, a répliqué Gœthe; c'est sur les travers de l'époque que Béranger manifeste et déploie ses qualités supérieures.

— Mais ce roman chinois, ai-je ajouté, serait-ce par hasard un des meilleurs?

— Point du tout, a répondu Gœthe; les Chinois en ont par milliers, et ils en avaient déjà alors que nos ancêtres vivaient encore dans les bois.

« Je reconnais de plus en plus, a continué Gœthe, que la poésie est le patrimoine commun de l'humanité, et qu'elle apparaît partout et en tout temps dans des centaines et des milliers d'individus. L'un réussit un peu plus que l'autre, nage un peu plus que son voisin à la surface de l'eau: voilà tout. En conséquence, M. de Matthisson ne doit pas s'imaginer qu'il est le talent en personne, pas plus que je ne me berce moi-même de cette idée. Au contraire, chacun doit se dire tout bonnement que le don poétique n'est pas chose si rare, et que personne n'a de motif particulier pour en tirer vanité, s'il accouche de quelque bonne pièce de vers. Mais, en vérité, si nous autres Allemands, nous ne portons pas nos regards au delà du cercle étroit de notre propre entourage, nous risquons grandement d'être affectés de ce pédantisme présomptueux. Aussi j'aime à passer en revue les nations étrangères, et je conseille à chacun d'en faire autant de son côté. *Littérature nationale* est une expression qui n'a guère de sens aujourd'hui ; la littérature universelle est à l'ordre du jour, et chacun doit mettre tous ses efforts à en hâter l'avénement. Mais, tout en estimant ainsi les œuvres étrangères, n'allons pas nous inféoder à ce qui est particulier, ni voir en cela un modèle absolu. Gardons-nous de penser que le chinois, le serbe, Caldéron ou les *Niebelungen*, soient exclusivement dignes de nous diriger. Lorsque nous éprouvons le besoin de quelque modèle, il nous faut toujours revenir aux anciens Grecs, dans les œuvres desquels se reflète ce que l'humanité a de beau. Pour le reste, nous n'avons qu'à le considérer au point de vue historique et à nous en approprier, autant que cela est praticable, ce qu'il y a de bon. »

16

Manzoni n'a qu'un défaut : c'est d'ignorer quel bon poëte il est et quelles sont ses prérogatives en cette qualité. Il a un respect exagéré de l'histoire ; voilà pourquoi il se plaît à ajouter à ses ouvrages quelques explications, qui justifient de sa fidélité aux détails de la tradition. Les faits qu'il met en œuvre peuvent bien être historiques ; mais ses caractères ne le sont pas cependant, pas plus que mon *Thoas* et mon *Iphigénie*. Jamais poëte n'a trouvé dans l'histoire les caractères qu'il a représentés ; et, s'il les y eût vus, il les aurait difficilement employés avec bonheur. Le poëte doit savoir quels effets il veut produire et leur subordonner la nature de ses caractères. Si j'avais voulu montrer *Egmont* conformément à l'histoire, père d'une douzaine d'enfants, la légèreté de sa conduite aurait paru bien absurde. Il me fallait donc un autre Egmont, dont les actes fussent plus en harmonie avec mes intentions pratiques : « Et c'est là, comme dit *Claire*, mon Egmont. »

A quoi serviraient donc les poëtes s'ils prétendaient uniquement répéter les récits de l'historien? Ils doivent aller plus avant et nous donner, s'il est possible, quelque chose de plus élevé, de meilleur. Les caractères de Sophocle ressemblent tous en quelque façon à l'âme auguste du grand poëte; il en est de même pour Shakspeare. Et cela est bien, et c'est ainsi qu'on doit s'y prendre. Shakspeare même va plus loin encore; il fait de ses Romains des Anglais, et en cela il a encore raison, car autrement sa nation ne l'aurait pas compris.

Les Grecs attachaient moins de prix à la fidélité historique qu'à la manière dont leurs poëtes traitaient les faits. Par bonheur, nous en possédons aujourd'hui dans le *Philoctète* un magnifique exemple. Les trois grands tragiques ont traité le même sujet ; Sophocle est le dernier et le plus habile. L'excellente pièce de ce poëte est arrivée heureusement entière jusqu'à nous. D'autre part, on a retrouvé des fragments des *Philoctète* d'Euripide et d'Eschyle, d'où l'on peut juger suffisamment comment ils ont développé leurs fables. Si le temps me le permettait, je restaurerais ces drames, selon que j'ai procédé pour le *Phaéton* d'Euripide, et pour moi ce travail ne serait ni désagréable ni stérile.

Avec un pareil thème la tâche était toute simple ; il s'agissait d'aller quérir Philoctète et son arc dans l'île de Lemnos. La manière dont cela s'effectuerait était l'affaire du poëte, et chacun était libre de déployer sa puissance d'invention et de l'emporter sur ses rivaux. Ulysse est chargé d'aller prendre Philoctète ; mais sera-t-il reconnu ou non ? Pourquoi sera-t-il méconnaissable ? Ulysse ira-t-il seul ou aura-t-il des compagnons ? Et qui l'accompagnera ? Dans Eschyle, le compagnon est inconnu ; dans Euripide, c'est Diomède ; dans Sophocle, le fils d'Achille. En outre, dans quel état trouvera-t-on Philoctète ? L'île sera-t-elle habitée, et, si elle l'est, aura-t-il rencontré ou non une âme compatissante qui s'apitoie sur son sort ? Et il existe ainsi une foule de détails, qui tous étaient laissés à la discrétion des poëtes, et dont le choix ou l'exclusion servaient à mettre en lumière leur habileté respective[1]. Voilà le

[1] V. Patin, *Études sur les tragiques grecs*, t. II (*Sophocle*), p. 120, 2e édit., 1858.

point essentiel, et les poëtes actuels devraient, à leur tour, s'y prendre de la sorte et ne pas s'informer sans cesse si un sujet a été traité ou non, tandis qu'ils sont constamment en quête, au nord et au sud, d'événements extraordinaires, lesquels sont souvent assez barbares et produisent alors de l'effet uniquement à titre d'aventures. Il est vrai que, pour donner quelque valeur à un sujet simple, au moyen d'une manière magistrale, il faut par surcroît de l'esprit, un grand talent, et c'est ce qui manque.

47

L'œil a besoin de variété; il ne s'arrête jamais volontiers sur la même couleur, mais il en exige immédiatement une autre, et cela d'une manière si impérieuse qu'il se la produit à lui-même quand elle ne se trouve pas dans la réalité[1].

Ceci mène à parler d'une loi capitale qui embrasse la nature entière, et sur laquelle la vie et ses jouissances sont exclusivement fondées.

Ce qui a lieu pour la vue, non-seulement existe pour tous nos autres sens, mais encore pour ce qui touche aux choses élevées de notre nature morale. Cette loi de la variété obligatoire est d'une évidence frappante.

Certaines danses ont pour nous un charme extrême, parce que le mode majeur et le mode mineur y al-

---

[1] Cette idée est une de celles que Gœthe développe dans sa *Théorie des couleurs*.

ternent, tandis que d'autres, qui n'ont que celui-ci ou celui-là, nous fatiguent tout d'abord.

La même loi semble présider à un bon style, dans lequel on évite le retour d'un son qui vient d'être entendu. Les pièces de théâtre, notamment les tragédies, dans lesquelles règne invariablement l'unité du ton, ont un caractère ennuyeux et lassant, et lorsque, pour comble, dans une représentation triste, l'orchestre remplit les entr'actes par une musique lugubre et énervante, on est tourmenté d'un sentiment insupportable.

C'est peut-être sur cette loi de la variation obligatoire que se fondait Shakspeare pour entremêler des scènes amusantes à ses tragédies. Mais ce principe ne paraît pas applicable à la haute tragédie des Grecs; je dis plus, un certain ton général y affecte l'ensemble.

Mais aussi la tragédie grecque n'est pas d'une dimension telle qu'elle dût fatiguer par cette égalité persistante de ton; et puis les chœurs et le dialogue y alternent. En outre, l'élévation des sentiments n'en peut devenir importune, puisqu'il y a toujours au fond quelque importante, mais agréable réalité.

18

Des professeurs, après avoir trouvé mieux, persistent à exposer la doctrine de Newton sur la théorie des couleurs. Ceci n'a rien de surprenant; ils persévèrent dans l'erreur parce qu'elle berce leur existence. Il leur faudrait apprendre sur de nouveaux frais, non sans en être fort incommodés. Leurs expériences ne sauraient établir rien de vrai puisque le principe de leur théorie est faux ; aussi ne prouvent-ils point la vérité, et ce n'est nullement leur intention. Un seul besoin les tourmente : démontrer leur opinion. Ils dissimulent donc toute espèce d'expérience qui mettrait la nature en évidence et discréditerait leur doctrine.

Quant aux disciples, lequel d'entre eux s'inquiète de la vérité ? Les hommes sont, en général, d'une étrange nature. Dès qu'un lac s'est congelé, ils s'y abattent par centaines et s'amusent sur sa glissante surface. Quel est celui auquel il vient à l'esprit d'examiner la profondeur de l'eau et de rechercher quelles espèces de poissons se meuvent en tous sens sous la glace ? Niebuhr vient de découvrir un traité de commerce entre Rome et Carthage d'une date fort ancienne, d'où il résulte que l'histoire entière de Tite Live sur l'époque primitive du peuple romain n'est qu'un tissu de fables. Ce traité permet de constater que Rome jouissait déjà de fort bonne heure d'une civilisation plus avancée qu'il ne ressort de l'ouvrage de Tite Live. Mais si vous croyez que l'exhumation de ce document amènera une grande réforme dans l'enseignement de l'histoire romaine, tel qu'il a été jusqu'à aujourd'hui, vous êtes dans l'erreur [1]. Rappelez-vous toujours l'étang gelé ;

---

[1] Même actuellement, les livres les plus approuvés dans nos écoles ne tiennent aucun compte des travaux de Niebuhr ; on en bannit l'*Histoire romaine* de Michelet, un chef-d'œuvre d'érudition, de finesse et d'éloquence ; on y souffre à peine d'autres livres plus timides, mais savants, et l'on donne aux plus pauvres compilateurs le privilège d'instruire la jeunesse.

ainsi sont les gens. J'ai appris à les connaître; ils sont tels et pas autrement.

19

Si la critique négative exerce quelque part des ravages, c'est bien dans le domaine religieux. Là tout repose sur la foi, à laquelle on ne peut revenir dès qu'on en est sorti.

En poésie la critique négative n'est pas aussi funeste. Wolf a détruit Homère, mais il n'a pu attaquer le poëme, car ces chants homériques ont la vertu merveilleuse des héros du Walhalla qui passent leur matinée à se cribler de coups, et à midi s'asseient au banquet avec tous leurs membres.

20

Winkelmann, dans son livre sur l'art grec, semble quelquefois incertain; on le surprend qui tâtonne parfois, en quelque sorte; mais ce qu'il y a de méritoire, c'est que ses hésitations finissent toujours par aboutir à un résultat quelconque. On dirait de Christophe Colomb, avant qu'il n'eût découvert le nouveau monde : il en avait déjà dans son esprit le pressentiment. On n'apprend rien en lisant Winkelmann, mais on devient quelque chose.

Meyer, de notre temps, est allé plus loin; l'art a

révélé par sa bouche son dernier secret. L'histoire qu'il en a faite est un livre immortel. Meyer néanmoins n'en serait pas arrivé là, si, dans sa jeunesse, il ne s'était formé avec Winkelmann, s'il n'avait marché plus avant dans les voies de son prédécesseur. On voit par lui, une fois de plus, de quelle importance est un maître illustre; et quel profit on retire à écouter convenablement ses leçons.

21

Les personnages de Sophocle possèdent tous une telle facilité de s'exprimer, ils savent exposer d'une manière si convaincante les motifs de leur conduite, que le spectateur penche presque toujours du côté de celui qui a parlé le dernier.

On voit que ce poëte a reçu dans sa jeunesse une éducation oratoire des plus solides, et qui l'a rendu capable de découvrir dans une cause toutes les raisons plus ou moins plausibles. Mais ce don tout particulier dont il jouissait, le faisait quelquefois tomber dans certains écarts.

C'est ainsi que, dans l'*Antigone*, je trouve un passage que je considère toujours comme une tache, et au sujet duquel je donnerais beaucoup, pour qu'un philologue capable nous démontrât qu'il est interpolé et apocryphe.

Le voici. L'héroïne, pendant tout le cours de la pièce, a justifié sa conduite par les arguments les plus nobles et déployé les sentiments les plus généreux, les plus purs, elle expose à la fin, et au moment de marcher à la mort, un motif radicalement mauvais et presque voisin du comique.

« Ce qu'elle a fait pour son frère, dit-elle, épouse et mère, elle ne l'eût point fait pour un mari, pour des enfants. Car, ajoute-t-elle, si mon époux fût mort, j'en aurais pris un autre, et si j'eusse perdu mes enfants, j'en aurais eu d'autres avec un nouvel époux. Mais pour mon frère c'est autre chose. Je ne pourrais pas en ravoir un second : car mon père et ma mère étant morts, il n'existe plus personne qui pût l'engendrer. »

Tel est du moins le sens de ce passage, réduit à sa plus simple expression. Mon sentiment me dit que, dans la bouche d'une héroïne marchant à la mort, il refroidit l'émotion tragique : cela me paraît en somme bien recherché; j'y reconnais beaucoup trop une dialectique glaciale[1]. Oui, comme je l'ai déjà dit, je voudrais bien qu'un bon philologue fût à même de nous prouver que ce passage est apocryphe.

Sophocle, dans ses pièces, a moins poursuivi une tendance morale qu'il n'a eu en vue de traiter chaque fois son sujet en homme de métier qui s'attache particulièrement à l'effet théâtral.

Je ne m'oppose pas à ce qu'un auteur tragique s'applique à produire un effet moral : mais lorsqu'il s'agit de faire passer son sujet d'une manière claire et saisis-

---

[1] M. Patin (*Études sur les tragiques grecs*, t. II. p. 275) donne les raisons que l'on a fait valoir contre cette critique, non pas trouvée mais renouvelée par Gœthe.

sante sous les yeux du spectateur, ses tendances morales lui sont d'un faible secours : au contraire il est tenu bien plutôt de posséder un grand talent de plasticité, une connaissance approfondie de la scène, pour savoir ce qu'il faut admettre ou rejeter. Si le sujet renferme une leçon morale, elle ressortira d'elle-même, le poëte n'eût-il d'autre but que de traiter son sujet selon les règles de l'art et d'agir ainsi sur les esprits. Lorsqu'au génie poétique s'adjoint, comme chez Sophocle, une âme d'élite, l'effet qu'il produira sera toujours moral, de quelque manière qu'il s'y prenne. Du reste, il connaissait les planches et s'entendait à son métier, aussi bien qu'un autre.

Ce qui prouve combien il avait l'entente du théâtre et combien il avait en vue l'effet théâtral, c'est la grande analogie de son *Philoctète* avec l'*OEdipe à Colone* sous le rapport de l'arrangement et de la marche de l'action.

Dans l'une et l'autre pièce nous voyons le héros privé de toute ressource, vieux et atteint d'infirmités physiques. OEdipe a pour l'aider à vivre, sa fille; Philoctète, son arc. L'analogie se poursuit. On les a éloignés l'un et l'autre au milieu de leurs souffrances; mais après que l'oracle a prononcé sur leur compte, « que le triomphe ne peut être obtenu que par leur concours, » on s'efforce de les reconquérir l'un et l'autre. Ulysse va trouver Philoctète; Créon, OEdipe. Tous deux dans leurs discours commencent par la ruse et les douces paroles; celles-ci restant impuissantes, ils ont recours à la violence; Philoctète et OEdipe sont dépossédés l'un de son arc, l'autre de sa fille.

Ces actes de violence fournissaient le thème d'admirables dialogues, et ces positions désespérées remplissaient d'émotion l'âme du peuple convié à voir et à entendre. Voilà pourquoi les situations de ce genre étaient amenées de préférence par le poëte qui tenait à produire de l'effet sur son public. Afin de corroborer cet effet dans *Œdipe*, Sophocle fait paraître celui-ci sous les traits d'un vieillard débile, tandis qu'à la rigueur ce devait être encore un homme à la fleur de son âge. Mais, s'il lui laissait cette vigueur physique, le poëte ne pouvait tirer parti de lui dans sa pièce; et Œdipe n'aurait produit aucun effet.

L'analogie de l'*Œdipe* avec le *Philoctète* va plus loin. Les deux héros de la tragédie ne sont point actifs, mais passifs. En revanche chacun des deux héros est mis en contraste avec deux figures actives; dans *Œdipe*, Créon et Polynice; dans *Philoctète*, Ulysse et Néoptolème. Deux de ces personnages placés en opposition étaient nécessaires, pour que le sujet fût complétement développé dans le dialogue, et aussi pour que la pièce pût acquérir un corps et des proportions convenables.

Enfin, on rencontre dans l'une et l'autre pièces, une situation des plus émouvantes, due à un dénoûment heureux : une fille chérie est rendue au héros inconsolable, Philoctète d'autre part recouvre cet arc, l'objet de non moins vives tendresses.

Dans les deux pièces le dénoûment est encore une conciliation : les deux héros y sont également affranchis de leurs souffrances. Œdipe est enlevé dans les régions supérieures : les oracles divins nous font pressentir la guérison de Philoctète, délivré de ses maux devant les murs de Troie et par l'intervention d'Esculape.

Du reste, si nous autres modernes nous voulons apprendre à bien diriger nos efforts pour réussir au théâtre, Molière est l'homme auquel nous devons nous adresser.

Connaissez-vous son *Malade imaginaire?* Il y a là-dedans une scène qui, toutes les fois que je lis cette pièce, se montre à moi comme le symbole d'une connaissance parfaite des planches; je veux parler de celle où le malade imaginaire interroge sa petite fille Louison, pour savoir d'elle si un jeune homme ne s'est pas trouvé dans la chambre de sa sœur aînée.

Tout autre qui n'aurait pas entendu son métier aussi bien que Molière aurait fait, à l'instant même et tout simplement, raconter l'histoire par la jeune Louison, et tout eût été fini.

Mais combien Molière, par une multitude de motifs qui retardent cette découverte, sait animer cet examen et impressionner le spectateur! D'abord la petite Louison affecte de ne pas comprendre son père; ensuite elle nie qu'elle sache quelque chose; puis, menacée des verges, elle tombe et fait la morte; enfin, au moment où son père s'abandonne au désespoir, elle se relève de son évanouissement simulé avec un air qui respire à la fois la ruse et la gaieté, et se décide à faire peu à peu des aveux complets.

J'apprécie et j'aime Molière depuis ma jeunesse,

et, durant tout le cours de ma vie, j'ai appris à son école. Je ne néglige jamais de lire tous les ans quelques pièces de lui, afin de m'entretenir sans cesse dans le commerce de ce qui est excellent. Ce qui me charme en lui, ce n'est pas seulement cette perfection des procédés de l'art, mais surtout cet aimable naturel, cette haute valeur morale du poëte. Il a une grâce, un sentiment des convenances, un ton de politesse, auquel l'esprit délicat dont la nature l'avait doué, ne pouvait atteindre que par le commerce journalier avec les personnes les plus distinguées de son siècle.... Je ne connais de Ménandre qu'un petit nombre des fragments, les seuls qui nous restent; mais ils me donnent également de celui-ci une idée tellement haute, que je regarde ce Grec illustre comme le seul homme qu'il fût possible de comparer à Molière.

Schlegel, dans ses leçons sur la poésie dramatique, traite Molière du haut de sa grandeur ; il le qualifie de farceur vulgaire, d'homme qui n'a vu la bonne compagnie que de loin, et qui a pris à tâche d'imaginer toutes sortes de jongleries pour le divertissement de son maître. C'est dans ces farces d'un comique de bas étage qu'il a le mieux réussi, quoique, au fond, les meilleures choses y soient des larcins. Quant à la comédie d'un genre élevé, Molière aurait vainement forcé son talent, sans jamais lui rien faire produire.

Assurément, Schlegel doit être offusqué à la vue d'une nature d'élite comme celle de Molière: il sent qu'il n'a pas la moindre fibre analogue et il ne peut le supporter. Le *Misanthrope* que je lis et relis sans cesse, comme ma pièce favorite entre toutes, lui répugne; s'il accorde quelques éloges au *Tartuffe*, c'est par contrainte; mais aussi il se hâte de le rabaisser autant qu'il peut. Quant au ton d'afféterie des *Femmes savantes*, ridiculisées par Molière, c'est un délit impardonnable aux yeux de Schlegel : il sent probablement, selon la remarque qu'en a faite un de mes amis, qu'il l'aurait tourné lui-même en ridicule, s'ils eussent vécu du même temps.

On ne saurait nier le savoir immense de Schlegel; on est presque épouvanté, quand on songe à ses connaissances extraordinaires et à ses vastes lectures. Mais cela ne suffit pas. Toute l'érudition possible ne constitue pas à elle seule le jugement. Dans sa critique, Schlegel n'examine jamais les choses que par un côté, il ne se préoccupe, dans toutes les pièces de théâtre que du squelette et de l'arrangement de la fable; il s'attache exclusivement à démontrer des analogies secondaires avec de grands modèles, sans s'inquiéter le moins du monde de ce qu'un auteur peut nous offrir de grâce, de vie, de politesse et d'élévation dans les sentiments. A quoi servent tous les artifices du talent, lorsque la personnalité aimable ou grandiose de l'écrivain ne ressort pas d'une œuvre dramatique? C'est là pourtant la seule chose qui contribue au perfectionnement d'une nation.

Dans cette manière dont Schlegel traite le théâtre français je trouve la recette pour former un pitoyable critique, dénué de toute faculté pour apprécier ce qui est excellent et passant par-dessus les natures d'élite et les grands caractères, comme indignes de la moindre attention.

À l'égard de Shakspeare et de Caldéron il se montre juste, il a même pour eux un penchant décidé.

Ils sont tels l'un et l'autre, qu'on ne saurait dire trop de bien sur leur compte, quoique, au fond, je ne fusse pas étonné que Schlegel les eût également rabaissés d'une manière peu honorable. C'est ainsi qu'il est juste encore à l'égard d'Eschyle et de Sophocle; ce qui ne veut pas dire qu'il soit vivement pénétré de leur mérite tout exceptionnel, mais bien parce qu'il est d'usage chez les philologues de les placer très-haut l'un et l'autre. À tout prendre, la médiocrité personnelle de Schlegel ne saurait suffire à saisir et à apprécier convenablement de si puissants génies. S'il en était ainsi, il faudrait qu'il fût juste aussi envers Euripide, et qu'il usât envers lui d'autres procédés que de ceux qu'il a employés jusqu'à présent. Or, pour celui-ci, il sait que les philologues ne l'ont pas particulièrement en estime; s'appuyant dès lors sur des autorités si respectables, il ne ressent pas un médiocre plaisir de pouvoir s'attaquer bravement à lui et de le tancer à outrance.

Je ne conteste pas qu'Euripide n'ait ses défauts : il n'en a pas moins été un très-honorable émule d'Eschyle et de Sophocle. S'il ne possédait point cette haute gravité, cette sévère perfection de l'art que l'on trouve chez ses deux prédécesseurs; si, au contraire, comme poëte dramatique, il a procédé avec un peu de négligence et laissé percer un peu trop ses sentiments personnels, c'est que probablement il connaissait assez les Athéniens, pour savoir que le ton qu'il prenait était bien celui qui convenait à ses contemporains. Or, un poëte que Socrate appelait son ami et dont Aristote faisait grand cas ; un auteur qu'admirait Ménandre et dont la mort fit prendre le deuil à Sophocle et à toute la ville d'Athènes, un tel homme devait forcément avoir une valeur réelle. Que si un de nos modernes, comme Schlegel, trouve des fautes à relever dans un si grand écrivain de l'antiquité, j'y consens, mais que ce soit à genoux.

22

Dieu lui-même introduit dans le monde les idées morales, comme tout ce qui est bon. Elles ne sont pas le produit de notre puissance de réflexion, mais un don précieux que nous devons à la nature et à la naissance. L'humanité, en général, en a été plus ou moins gratifiée, mais il n'y a que quelques individus, quelques âmes supérieurement douées, qui les possèdent à un haut degré. Celles-ci ont manifesté par de grandes actions ou de sublimes enseignements leur divine essence ; les hommes en contemplant leur beauté, se sont épris pour elles d'un amour soudain, et, pleins de respect et d'émulation, ont cédé à leur attraction puissante.

Toutefois la valeur du bon et du beau moral ne pouvait devenir accessible à la conscience qu'au moyen de l'expérience et de la sagesse. Il fallait que le mal prouvât par ses effets qu'il est contraire au bonheur tant de l'individu que de l'humanité, tandis que ce qui est noble et droit est susceptible d'amener et de consolider le bonheur particulier et général.' C'est ainsi que le beau moral a pu devenir une idée qui s'est propagée au sein des masses.

La tragédie grecque ne s'est pas tant proposé pour but le beau moral, que le moi humain proprement dit dans sa totalité, et particulièrement dans les tendances qu'il affecte, lorsque, se trouvant en conflit avec quelque puissance ou quelque institution inflexible, il pouvait prendre un caractère tragique. Sans doute, dans de pareilles régions, on rencontrait en même temps le beau moral, comme partie essentielle de la nature humaine.

Du reste, dans l'*Antigone* spécialement, ce beau moral n'est pas de l'invention de Sophocle, mais il résulte du sujet lui-même, et le choix du poëte devait s'y porter avec d'autant plus de prédilection que ce thème, à côté de la beauté morale, prêtait de mille manières à l'effet dramatique.

Tout ce qui est noble est en soi-même d'une nature calme et semble sommeiller, jusqu'à ce que la contradiction l'éveille et le mette en demeure de se produire. Ici, cette contradiction se personnifie en Créon. Il est là, d'une part, à cause d'Antigone et pour mettre par lui-même en lumière autant la noble nature que le bon droit de celle-ci ; d'autre part aussi, à cause de lui-même, afin que sa funeste erreur nous apparaisse digne d'aversion.

Mais comme Sophocle tenait encore à nous prouver, antérieurement à l'action, l'élévation des sentiments de son héroïne, il fallait créer un autre contraste, en face duquel son caractère pût se développer : sa sœur Ismène en est la personnification. Le poëte nous a subsidiairement tracé en celle-ci les belles proportions d'un caractère ordinaire; et la grandeur d'Antigone, dépassant de beaucoup cette mesure vulgaire, nous frappe d'une manière plus saisissante.

23

Un grand poëte dramatique, lorsqu'il est en même temps fécond et doué de sentiments assez nobles, assez énergiques pour qu'ils se fassent jour à travers tous ses ouvrages, peut arriver à ce que l'âme de ses pièces devienne l'âme même du peuple. A mon sens, un tel résultat vaut bien la peine qu'on s'y attache. Corneille exerça une influence capable de produire des héros. C'était là un mérite aux yeux de Napoléon qui avait besoin d'un peuple de héros. C'est pour cela qu'il disait de Corneille : « S'il vivait encore, je le ferais prince. » Aussi le poëte dramatique qui connaît sa vocation doit-il travailler sans relâche à son perfectionnement moral, afin que l'influence qu'il a sur les masses soit bienfaisante et noble.

Étudions moins nos contemporains et nos émules que ces grands hommes des temps passés, dont les œuvres ont conservé à travers les siècles la même valeur, la même considération. Du reste, un esprit réellement bien doué sentira de lui-même le besoin de se familiariser avec les grandes figures qui nous ont précédés; c'est le signe de dispositions d'un genre plus élevé; étudions Molière, Shakspeare, mais avant toutes choses, les Grecs anciens et toujours les Grecs.

Pour les natures réellement supérieures, ai-je fait observer, l'étude des écrivains de l'antiquité peut être sans nul doute d'un avantage incalculable, mais elle paraît, en général, avoir peu d'influence sur le caractère personnel : s'il en était autrement, tous les philologues et tous les théologiens seraient les plus éminents d'entre les hommes. Or, il n'en va pas ainsi.

Mais cela ne prouve pas que l'étude des ouvrages de l'antiquité soit absolument sans influence sur le caractère. Sans doute, un crétin restera toujours un crétin, et une nature rachitique ne grandira pas d'un pouce, même au contact quotidien des grandes idées antiques. Toutefois ces individualités généreuses, ces âmes que Dieu aura rendues susceptibles d'être un jour d'augustes caractères, des esprits élevés, se développeront de la manière la plus merveilleuse par cette connaissance et ce commerce familier des natures sublimes de l'ancienne Grèce et de Rome, et on les verra se rapprocher chaque jour de leurs colossales proportions.

24

L'accessible et l'inaccessible sont dans la nature. Que ce soit là pour nous, et avec tout le respect possible, l'objet d'une distinction et d'une réflexion profondes.

Nous sommes déjà hors d'affaire, dès que nous en avons la conviction générale, quoiqu'il soit toujours fort difficile de voir où l'un cesse et où l'autre commence. Quiconque l'ignore se tourmentera peut-être toute sa vie pour aborder l'inaccessible, sans jamais approcher de la vérité. Quiconque le sait et se montre prudent se bornera à l'accessible; et tandis qu'il explorera cette région et en fera sa conquête, il arrachera même quelques secrets à l'inaccessible par cette voie. Ici néanmoins il sera forcé à la fin de convenir que, dans certaines questions, on ne peut atteindre qu'un certain degré, et que la nature garde sans cesse par devers soi quelque problème dont la solution n'est point réservée aux facultés humaines.

25

Le grand Rubens avait une mémoire si extraordinaire, qu'il portait la nature entière dans sa tête, et que les détails de son modèle étaient constamment à ses ordres. De là cette exactitude de l'ensemble et de chacune des parties, si bien que nous croyons que tout est copie pure. Aujourd'hui ce genre de paysage n'est plus à la mode; cette façon de sentir et d'envisager la nature a disparu complétement; nos peintres manquent de poésie. Et puis, nos jeunes talents sont abandonnés à eux-mêmes; nous n'avons pas de ces maîtres ardents qui les initient aux secrets de l'art. Sans doute il y a encore quelque chose à apprendre des morts, mais, comme les faits le démontrent, c'est plutôt une conquête de détails qu'une étude sérieuse et approfondie de la pensée, et des procédés d'un maître.

20

Comme base religieuse, les mahométans affermissent d'abord dans la jeunesse cette croyance, que rien ne peut survenir à l'homme qui ne lui soit depuis long-temps dévolu par les décrets de la divine Providence. Les voilà donc munis et tranquillisés pour leur existence entière; ils n'ont guère besoin d'autre chose.

Je ne veux point examiner ce qu'il y a de vrai ou de faux, d'utile ou de nuisible dans cette doctrine; mais au fond il y a quelque peu de cette opinion en chacun de nous, même sans qu'on nous l'ait apprise. « La balle sur laquelle mon nom n'est pas inscrit ne m'atteindra pas, » dit le soldat au milieu de la bataille; et, sans cette conviction, comment garderait-il son courage et son sang-froid, au milieu des dangers qui l'assiègent? Le dogme chrétien est sorti de la même source, quand il dit : « Nul passereau ne tombe du toit sans la volonté de votre Père; » il désigne une providence qui s'étend jusqu'aux moindres objets, rien ne pouvant arriver sans son autorisation et sa volonté.

En outre, les mahométans commencent leur éducation philosophique par ce dogme : « Il n'est rien dont on ne puisse soutenir le contraire. » C'est ainsi qu'ils exercent l'esprit de la jeunesse, dont ils font consister la tâche à découvrir, en regard de toute assertion proposée, l'opinion adverse, et à l'exposer; d'où résulte nécessairement une grande facilité de pensée et de parole. En outre, on apprend ainsi à quel degré de force intellectuelle chacun est réellement parvenu.

Or, après que le contraire de toute proposition donnée a été soutenu, survient ce doute : « Laquelle des deux opinions est proprement la vraie? » *Le doute* n'est point un état définitif; il excite l'esprit à des recherches plus minutieuses, à l'examen, d'où résulte, lorsqu'il est conduit dans les règles, la certitude, ce qui est le terme où l'homme trouve sa complète satisfaction.

Vous voyez qu'il ne manque rien à cette doctrine ; que nos systèmes n'ont pas abouti plus loin et que, en général, personne ne peut aller au delà.

Ainsi chez les Grecs, l'éducation philosophique devait offrir quelque chose d'analogue, comme on peut l'inférer de leur tragédie, dont le fond essentiel, dans le cours de l'action, repose aussi sur une contradiction absolue et dans laquelle nul des interlocuteurs ne saurait émet_tre une idée, que son adversaire ne soit à même de la combattre sans désavantage par des raisons plausibles.

Le doute s'éveille dans l'âme du spectateur et du lecteur, et c'est ainsi qu'au dénoûment nous arrivons à la certitude par la fatalité, laquelle se confond avec la morale, dont elle prend la cause en main.

27

ECKERMANN.

Lessing, dans ses ouvrages didactiques, le *Laocoon*, par exemple, commence toujours en nous faisant parcourir les chemins philosophiques de l'opinion, de la controverse et du doute, avant de nous faire parvenir enfin à une espèce de certitude. Nous assistons plutôt à l'opération de la pensée et de la découverte, que nous ne recevons de grandes idées, d'importantes vérités, capables de mettre en jeu notre propre force pensante et de nous rendre nous-mêmes productifs.

GŒTHE.

Vous dites vrai, et lui-même, dit-on, aurait affirmé une fois, que si Dieu voulait lui octroyer la vérité, il eût refusé ce présent, et mieux aimé prendre la peine de la chercher par lui-même.

Lessing, en vertu de son esprit de polémiste, séjourne de préférence dans la sphère de la contradiction et du doute; établir des distinctions est son affaire; et, en cela, sa haute intelligence le servait admirablement. Pour moi, vous reconnaîtrez que je suis tout autre. Je ne me suis jamais laissé entraîner aux contradictions, j'ai essayé d'apaiser le doute dans mon âme, et je n'ai exprimé que les résultats auxquels j'étais parvenu.

ECKERMANN.

Quel est donc celui d'entre les philosophes modernes auquel Votre Excellence donne la palme?

GŒTHE.

Je la donne à Kant, sans contestation. C'est aussi celui dont la doctrine a joui d'une influence continue, et a jeté les plus profondes racines dans notre éducation germanique. Il a même agi sur vous sans que vous l'ayez lu. Maintenant vous n'avez plus besoin de lui ; car ce qu'il pouvait vous donner, vous le possédez déjà. Si plus tard vous voulez lire quelque chose de lui, je vous recommande sa *Critique de l'entendement*. La rhétorique y est traitée de main de maître ; la poésie passablement, et l'art plastique d'une manière insuffisante.

28

18 avril.

Promenade en voiture avec Gœthe, avant le dîner, sur la route d'Erfurt. Nous avons rencontré des voitures de roulage chargées d'une multitude de marchandises diverses pour la foire de Leipzig ; en outre plusieurs files de chevaux que l'on conduisait par couples et parmi lesquels se trouvaient quelques beaux sujets.

Gœthe m'a dit : « Je ris, malgré moi, de ces auteurs d'esthétique, qui se tourmentent pour traduire en idée, au moyen d'appellations abstraites, ce quelque chose d'inexprimable que nous spécifions ordinairement par la dénomination de *beau*. Le *beau* est un phénomène original qui, j'en conviens, ne se produit jamais complétement ; toutefois il se réfléchit et devient visible dans ces manifestations multiples et diverses de la pensée créatrice, aussi variées et d'espèces aussi différentes que la nature elle-même.

— J'ai souvent entendu émettre cette opinion, ai-je repris, que la nature est constamment belle ; qu'elle fait le désespoir de l'artiste, et que celui-ci est rarement capable d'en embrasser l'ensemble.

— Je sais bien, a répliqué Gœthe, que la nature déploie souvent un charme insaisissable ; mais je ne prétends, en aucune manière, qu'elle soit belle dans chacun de ses phénomènes; ses intentions, il est vrai, sont toujours bonnes : mais il n'en est pas de même des conditions nécessaires pour qu'elle se manifeste sous une forme invariablement parfaite.

« Le chêne, par exemple, est un arbre qui peut arriver à une grande beauté; mais, quel grand nombre de circonstances favorables doivent se rencontrer, avant que la nature puisse réussir à le rendre véritablement beau ! Si le chêne croit dans un fourré de bois, s'il est entouré de puissantes futaies, sa tendance sera toujours ascensionnelle ; il recherchera toujours le grand air et la lumière. Il ne donnera qu'un très-petit nombre de faibles branches horizontales, et même celles-ci, dans le courant du siècle, seront frappées de langueur et dépériront. Mais s'il parvient enfin à élever sa tête en toute liberté, il prendra de la sérénité ; il commencera à répandre de l'ombre autour de lui et à former une couronne. Or, à ce point, il a déjà atteint plus de la moitié de son âge. Cette mâle végétation, qu'il lui a fallu pendant tant d'années pour monter, a épuisé ses sucs les plus vigoureux; et ses efforts à s'étendre maintenant en largeur et avec puissance, n'auront plus le succès qu'ils devraient avoir. Quand sa croissance sera arrivée au terme il sera haut, fort, élancé, mais il n'existera pas, entre sa couronne et le tronc, les proportions requises pour qu'il offre un bel aspect dans la vallée.

« Si, d'autre part, le chêne pousse dans des endroits humides, marécageux; si le sol est trop nourricier, il développera, de bonne heure, pourvu que l'espace soit convenable, un grand nombre de branches et de rameaux en direction horizontale. Néanmoins les influences opposées et retardatrices lui feront défaut; il ne présentera pas de nœuds, de caprices, de courbures anguleuses; et, vu à certaine distance, l'arbre aura, au coup d'œil, une tournure chétive, analogue à celle du tilleul; il ne sera point beau, du moins comme chêne.

« Enfin, s'il croît au versant d'une montagne, sur un terrain ingrat et rocailleux, il offrira, sans doute, des nœuds et des sinuosités innombrables; mais il tous sens de vigoureuses racines, semble être le plus favorable au chêne. Il lui faut, en outre, une exposition qui lui permette de ressentir d'une manière convenable toutes les influences de la lumière, du soleil, de la pluie et des vents arrivant à lui de toutes parts. Si sa tige s'élève commodément abritée des vents et des intempéries, il ne sera qu'un arbre insignifiant. Mais ce qui le rend fort et robuste, c'est une lutte séculaire avec les éléments, en sorte que, sa croissance terminée, son aspect nous remplit d'étonnement et d'admiration.

— Ne pourrait-on pas de vos indications, ai-je repris, tirer une conséquence et dire : qu'un sujet n'est beau, qu'autant qu'il est parvenu au plus haut point de son développement naturel?

— Oui, assurément, a répliqué Goethe ; mais il faudrait, au préalable, déterminer ce que l'on veut entendre par ces mots : « développement naturel. »

— Je spécifierais par là, ai-je repris, cette période de la croissance, où le caractère propre à tel ou tel sujet, semble ressortir d'une manière complète.

— En ce cas, a continué Goethe, il n'y aurait rien à objecter, surtout si l'on ajoutait, que ce qui contribue en même temps à faire ressortir ce caractère d'une manière parfaite, c'est que la structure des parties diverses d'un sujet est appropriée, et, par conséquent conforme à sa destination naturelle.

« Ainsi, par exemple, une jeune fille nubile, dont la destination naturelle est de mettre au monde et d'allaiter des enfants, ne serait point belle sans une ampleur convenable du bassin et un développement des seins assez prononcé? Mais aussi l'excès ne serait pas beau, car il dépasserait le but que la nature s'est proposé.

« Pourquoi avons-nous pu tout à l'heure qualifier de beaux les chevaux de selle que nous avons rencontrés, si ce n'est précisément à cause de leur conformation convenable? Ce n'était pas uniquement à cause de la gentillesse, de la légèreté, de la grâce de leurs mouvements; il y avait quelque chose de plus, sur quoi il faudrait entendre parler un bon cavalier et un connaisseur de chevaux, et dont nous autres ne ressentons qu'une impression générale.

— Ne pourrait-on pas aussi qualifier de beau un limonier, comme quelques-uns de ceux que nous venons de voir aux attelages des rouliers brabançons?

— Certainement, a repris Gœthe, et pourquoi pas? Un peintre trouverait, je pense, dans ce caractère fortement dessiné, cette charpente, ces tendons, ces muscles puissamment accusés chez un pareil sujet, une multiplicité encore plus grande de beautés diverses que dans un joli cheval de main qui présenterait un caractère moins marqué, plus égal.

« Le point essentiel, c'est que la race soit pure et que la main de l'homme n'ait procédé à aucune mutilation. Un cheval dont on a raccourci la queue et la crinière, un chien auquel on a coupé les oreilles, un arbre dont on a retranché les branches les plus robustes et que l'on a ensuite arrondi par la taille, et plus encore, une jeune fille dont les formes ont été dès la jeunesse maltraitées et compromises par l'usage du corset, sont tout autant d'objets qui répugnent au bon goût et qui trouvent, tout au plus, leur place au catéchisme d'une esthétique bourgeoise. »

29

Les poésies de madame Tastu m'ont occupé pendant ces jours derniers ; j'apprécie beaucoup son talent.

30

Gœthe m'a présenté une gravure ; c'était un paysage de Rubens. « Sans doute, m'a-t-il dit, vous avez déjà vu chez moi cette composition, mais on ne saurait contempler trop souvent quelque chose de parfait, et pour cette fois encore il s'agit ici d'une certaine particularité. Pourriez-vous bien me dire ce que vous voyez ?

— Eh bien, dis-je, si je commence par le fond, je trouve à l'extrémité de l'arrière-plan, un ciel très-pur, comme on en voit au coucher du soleil. Puis encore, dans le lointain le plus reculé, un hameau et une ville en pleine lumière du couchant. Ensuite, et au milieu un chemin par lequel un troupeau de brebis se dirige en toute hâte vers le hameau ; à droite, quantité de meules de foin et une voiture dont le chargement complet vient d'être achevé ; des chevaux attelés paissent dans le voisinage. A quelque distance, et sur le côté, quelques juments, disséminées dans les broussailles, broutent l'herbe avec leurs poulains. Un peu plus près, vers l'avant du tableau, un groupe de grands arbres; et enfin, à gauche, au premier plan, des travailleurs qui regagnent leur foyer.

— C'est bien, a dit Gœthe; ce serait tout, à peu près. Mais le principal fait encore défaut. Le troupeau de brebis, la voiture chargée de foin, les travailleurs regagnant leur foyer, de quel côté reçoivent-ils la lumière?

— Ils la reçoivent, ai-je repris, du côté qui nous fait face, et leurs ombres se projettent à l'intérieur du tableau. Ce sont surtout ces travailleurs, au premier plan, qui sont placés en pleine lumière. Il en résulte un excellent effet.

— Mais, au moyen de quel artifice, Rubens a-t-il produit cet effet?

— En disposant sur un fond sombre, ai-je répondu, ces figures sur lesquelles arrive la clarté.

— Mais ce fond sombre, a repris Gœthe, d'où provient-il?

— Ce sont les masses d'ombres, ai-je répliqué, que le groupe d'arbres fait descendre sur les figures. Mais quoi! ai-je continué avec surprise. Les figures projettent l'ombre à l'intérieur du tableau, et d'autre part le groupe d'arbres la reflète sur l'observateur. Voilà donc la lumière partant de deux côtés opposés : mais c'est contre toutes les règles de la nature!

— C'est précisément là le point délicat, a répliqué Gœthe avec un léger sourire. C'est par là que Rubens se montre grand, et prouve que son esprit indépendant domine la nature et la traite d'une manière conforme à ses grandes vues. Cette double lumière est sans contredit une violence, et il vous est loisible de soutenir, tant que vous le voudrez, que c'est là un procédé contre nature, mais, tout en convenant qu'il est contre la nature, je prétends en même temps qu'il est supérieur à elle; c'est l'entreprise hardie d'un maître, établissant, par un trait de génie, que l'art est complétement affranchi de la nécessité naturelle et qu'il jouit d'une autonomie entière.

« Assurément l'artiste doit reproduire la nature avec une scrupuleuse fidélité, en ce qui touche aux détails : il ne saurait apporter de son fait aucun changement à la charpente osseuse, à la position des tendons et des muscles d'un animal, au point d'en altérer le caractère particulier. Ce serait annihiler la nature. Mais, dans les régions supérieures des procédés de l'art, quand il s'agit de donner à une composition sa physionomie spéciale, il a ses coudées plus franches : il peut même, en ce cas, recourir à la fiction, comme Rubens l'a prouvé dans ce paysage par l'emploi de la double lumière.

« L'artiste tient à la nature par un double rapport : il est à la fois son esclave et son maître : son esclave, par les moyens matériels qu'il doit invoquer à son aide pour être compris; son maître parce qu'il met ces moyens matériels sous la dépendance d'une inspiration raisonnée, à laquelle il les fait servir d'instruments.

« L'artiste entend s'adresser à l'humanité par un ensemble : or, cet ensemble, il ne le rencontre pas dans la nature; c'est l'enfant de son propre génie, ou, si vous le voulez, c'est l'émanation féconde du souffle divin.

« A ne considérer ce paysage de Rubens que d'une manière superficielle, tout nous y semblera si naturel, qu'il paraîtra n'avoir été qu'un calque immédiat de la nature. Il n'en est rien pourtant. La nature n'a jamais offert une aussi belle scène que celle que vous voyez ou que ces paysages du Poussin et de Claude Lorrain, qui nous paraissent également très-naturels, mais dont nous chercherions tout aussi vainement le modèle dans la réalité.

—Ne pourrait-on pas de même, ai-je dit, trouver en littérature quelques traits analogues de fiction hardie, imaginés par l'artiste, dans le genre de cette double lumière de Rubens?

— Nous n'avons pas besoin d'aller bien loin, a reparti Gœthe, après quelques instants de réflexion. Je pourrais vous les citer par douzaines dans Shakspeare. Prenez seulement son *Macbeth*. Lorsque lady Macbeth veut enflammer son époux, l'exciter à agir, elle dit : « J'ai allaité des enfants[1]... »

« Que la chose soit vraie ou non, peu importe. Lady Macbeth ne prononce pas moins ces paroles et doit les prononcer, pour donner par là de l'autorité à ses discours. Mais dans la suite de la pièce, lorsque Macduff apprend la nouvelle de l'égorgement des siens, il s'écrie dans sa fureur, et pensant à Macbeth : « Ah! il n'a pas « d'enfants[2]! »

[1] Acte I, scène 7.
[2] Acte IV, scène dernière.

« Ces paroles de Macduff sont, par conséquent, en contradiction avec celles de lady Macbeth : Shakspeare ne s'en inquiète pas. Il se préoccupe du degré d'énergie qu'il doit donner à chaque discours; et de même que lady Macbeth, pour animer ses paroles de l'accent le plus pathétique, devait s'écrier : « J'ai allaité des en- « fants; » de même aussi, et dans le même but, Mac- duff devait dire : « Il n'a pas d'enfants ! »

« En général, quand il s'agit du pinceau d'un peintre ou de l'expression d'un poëte, il ne faut pas y regarder de si près et à la loupe. Au contraire, quand il s'agit d'une œuvre d'art, exécutée avec la hardiesse et l'in- dépendance du génie, il faut, autant que possible, la contempler et la goûter dans le même esprit.

« C'est ainsi qu'il y aurait sottise à tirer de ces pa- roles de Macbeth : « Ne m'enfante point de filles, » cette conclusion, que son épouse est dans la première jeunesse et qu'elle n'est pas encore devenue mère. Il y aurait ineptie tout aussi bien, si l'on voulait aller plus loin, et prétendre que lady Macbeth doit être repré- sentée sur la scène sous les traits d'une personne toute jeune.

« Shakspeare ne met nullement ces paroles dans la bouche de Macbeth pour établir la jeunesse de la femme; ces expressions, comme celles de lady Macbeth et de Macduff rapportées plus haut, ne sont là que dans un but oratoire. Elles ne servent à rien prouver, sinon que le poëte fait dire par ses personnages, et à chaque fois, ce qui convient à une situation donnée, ce qui est bon et susceptible de produire de l'effet, sans s'inquiéter beaucoup, sans se tourmenter, sans calculer si ces paroles peuvent se trouver en contradiction apparente avec celles de tel autre passage.

« Il est difficile d'admettre en général que Shakspeare, dans la composition de ses drames, ait songé qu'on les étudierait un jour comme lettre écrite, qu'on en ferait le compte, qu'on les comparerait ensemble pour en déterminer la valeur. Bien plus, la scène était présente à ses regards, lorsqu'il composait. Il considérait ses pièces comme des créations vives et animées qui, du haut des planches, devaient parler rapidement aux yeux et aux oreilles; comme des œuvres qu'on ne retiendrait pas, qu'on n'irait point examiner scrupuleusement, et dans lesquelles il s'agissait uniquement d'impressionner et de frapper les esprits au moment même. »

31

L'excellente traduction des œuvres dramatiques de Gœthe, par Stapfer, a été, l'année dernière, dans la feuille parisienne le *Globe*, et de la part de M. J. J. Ampère, l'objet d'une appréciation pareillement remarquable, et à laquelle Gœthe a été tellement sensible qu'il y est revenu maintes fois. Il en a parlé, à plusieurs reprises, avec une grande satisfaction.

« Le point de vue, a-t-il dit, auquel se place M. Ampère est très-élevé. Tandis que les critiques allemands, dans les occasions de ce genre, prennent volontiers la philosophie pour point de départ, et, quand il s'agit de considérer et de discuter une production poétique, procèdent de telle sorte que les éclaircissements qu'ils fournissent ne sont accessibles qu'aux philosophes de leur propre école, mais sont remplis pour le commun des hommes de plus de ténèbres que l'œuvre même qu'ils veulent commenter, M. Ampère, par un système opposé, s'y prend d'une manière tout à fait pratique et lucide. En homme qui connait de haute main son métier, il montre l'affinité qui existe entre l'œuvre et l'auteur, et juge les diverses productions poétiques comme les fruits variés de périodes distinctes de la vie de l'écrivain.

« Ce dualisme alternatif de mes œuvres écrites et de ma vie morale a été pour lui l'objet de profondes études. Telle a été sa pénétration, qu'il a vu même ce que je n'avais pas dit, ce qui, en quelque sorte, ne pouvait se lire qu'entre les lignes. Avec quelle justesse il a observé que, pendant les dix premières années de mon service et de ma vie à la cour de Weimar, mon œuvre entière pouvait se réduire à rien ! D'après lui, le désespoir m'aurait poussé en Italie ; là, travaillé par un besoin nouveau de produire, je me serais attaché à l'histoire du Tasse, et, traitant un sujet approprié à la nature de mon esprit, j'aurais cherché à m'affranchir des impressions et des souvenirs douloureux, accablants, dont Weimar m'importunait encore.

« Ensuite, à propos du *Faust*, il émet une opinion qui n'est pas moins profonde, lorsqu'il caractérise comme parties constitutives de ma nature non-seulement cette activité sombre, insatiable, du personnage principal, mais encore ce persiflage, cette âpre ironie de Méphistophélès. »

Telle est, ou à peu près, la manière dont Goethe s'est exprimé très-souvent, et en connaissance de cause, sur le compte de M. Ampère, qui nous inspirait un intérêt marqué. Nous cherchions à deviner ce qu'il était, et, quoique cela ne nous réussît guère, nous étions pourtant d'accord sur ce point que ce devait être un homme d'âge moyen, pour entendre si bien cette influence réciproque de la vie et de la poésie l'une sur l'autre.

Aussi avons-nous été fort surpris lorsque, il y a quelques jours, M. Ampère, étant arrivé à Weimar, s'est présenté. Nous avons vu un homme de vingt et quelques années; notre surprise n'a pas été moindre lorsque, pendant le cours de la conversation, nous avons appris, de sa propre bouche, que le groupe des collaborateurs du *Globe*, dont nous avions souvent admiré la sagesse, la modération et la haute culture intellectuelle, se composait uniquement de jeunes gens comme lui.

« Je comprends bien, ai-je dit, qu'un homme jeune produise des œuvres considérables, et qu'il puisse écrire à vingt ans, comme Mérimée, d'excellents ouvrages; mais que, à un âge aussi peu avancé, on ait tant de coup d'œil, de pénétration, que l'on arrive à cette hauteur de jugement que nous rencontrons chez les rédacteurs du *Globe*, c'est une chose complétement nouvelle.

— En votre pays de landes, a repris Goethe, la chose

ne vous a pas été aussi facile, et nous autres, dans l'Allemagne centrale, nous avons été obligés d'acquérir péniblement notre petite provision de sagesse. En définitive, nous menons tous une misérable vie d'isolement. Le peuple proprement dit nous présente très-peu de culture ; nos hommes de talent et de mérite sont disséminés sur tout le sol germanique. Tel habite Vienne, tel autre Berlin, celui-ci Kœnigsberg, celui-là Bonn ou Dusseldorf, tous à une distance de cinquante à cent milles les uns des autres, en sorte que le contact des personnes et un échange oral d'idées constituent une aventure assez rare. Lorsque des hommes, comme Alexandre de Humboldt, passant par cette ville, viennent me voir, je sens, soit dans les recherches que je fais, soit dans les choses qu'il m'est indispensable de connaître, qu'ils me font avancer beaucoup plus vite en un jour qu'il ne m'eût été possible en poursuivant, pendant des années, ma route solitaire.

« Et maintenant imaginez-vous une ville comme Paris, où les hommes les plus remarquables d'un grand empire sont réunis sur un seul point et en rapport journalier, où les luttes et l'émulation amènent la réciprocité des lumières et des progrès ; une ville où ce qu'il y a de plus parfait dans tous les règnes de la nature, dans les arts de l'univers entier, est journellement offert en spectacle public ; représentez-vous cette métropole du monde, où chaque pas que l'on fait sur un pont, sur une place publique, rappelle quelque grand événement du passé ; où chaque coin de rue a servi de théâtre à quelque épisode historique. Et, pour compléter cet ensemble, faites surgir devant vos yeux non pas ce Paris d'une époque de ténébreux obscurantisme, mais bien le Paris du dix-neuvième siècle, dans lequel, depuis trois générations d'hommes, et grâce à des génies comme Molière, Voltaire, Diderot et leurs pareils, une telle abondance d'esprit a été mise en circulation que, sur la surface entière du globe, on n'en retrouverait plus autant en un seul point, et vous comprendrez qu'une intelligence aussi heureuse que celle de M. Ampère, au milieu de tant de ressources, lui permette d'être quelque chose même à vingt-quatre ans.

« Toutefois, vous disiez tout à l'heure, a poursuivi Gœthe, que vous pouviez fort bien vous imaginer comment un homme de vingt ans, tel que Mérimée, était capable de composer de si bons ouvrages. A cela je n'ai rien à objecter, et je partage pleinement votre opinion. Oui, sans doute, il est plus facile à la jeunesse de produire quelque chose de bon que de juger avec maturité. En Allemagne cependant, il faut bien qu'un auteur renonce à faire, à l'âge de Mérimée, ce dont celui-ci a été susceptible dans son théâtre de *Clara Gazul*. Schiller, j'en conviens, était fort jeune lorsqu'il écrivit les *Brigands*, *Intrigue et amour*, *Fiesco*; mais, si nous voulons être sincères, tous ces drames sont plutôt des manifestations d'un talent extraordinaire que des preuves palpables de maturité chez l'auteur. La faute n'en est cependant pas à Schiller, mais bien à l'état où se trouvait la culture intellectuelle de son pays, à la grande difficulté que nous éprouvons tous pour nous tirer d'embarras dans nos voies isolées.

« Prenez, au contraire, *Béranger*. C'est le fils de parents pauvres, le descendant d'un tailleur pauvre; puis, un pauvre imprimeur apprenti, plus tard un petit employé dans quelque bureau. Il n'a fréquenté aucune école savante, suivi les cours d'aucune faculté, et pourtant on reconnaît dans ses chansons une perfection, une grâce et un esprit tels, une finesse d'ironie si grande, un art si achevé, une langue dont il est tellement maître, qu'il est devenu un sujet d'admiration non-seulement pour la France, mais encore pour toute l'Europe cultivée.

« Représentez-vous, d'autre part, ce même Béranger voyant le jour non pas à Paris, non pas dans cette métropole du monde, mais fils d'un pauvre tailleur d'Iéna ou de Weimar; laissez-le poursuivre sa pénible carrière dans l'une ou l'autre de ces petites villes, et demandez-vous à vous-même quels fruits pourrait bien avoir portés ce même arbre, croissant sur un pareil sol, au milieu d'une telle atmosphère?

« Ainsi, mon cher, je le répète, il faut que dans une nation se trouve beaucoup d'esprit infus, un développement bien marqué, pour qu'un talent se déploie rapidement et prenne un libre essor.

« Nous admirons les tragédies de l'antiquité grecque; mais, tout bien débattu, nous devrions admirer davantage l'époque et le peuple où elles furent possibles, et bien moins les auteurs en particulier... Car, quoiqu'il existe une certaine différence entre chacune de ces pièces, et que tel de ces poëtes nous paraisse un peu plus grand, un peu plus irréprochable qu'un autre, leurs œuvres, considérées collectivement, n'en portent pas moins une empreinte unique et générale. Elles ont le cachet du grandiose, de l'intelligence, d'une raison saine, d'une parfaite connaissance de l'homme, d'une sagesse mûrie par l'expérience de la vie, d'une manière sublime de penser, d'une intuition spontanée et puissante, de toutes ces qualités enfin dont l'énumération est superflue... Or, si nous rencontrons toutes ces qualités non-seulement dans les poëtes dramatiques, dont les œuvres sont arrivées jusqu'à nous, mais encore dans les compositions épiques et lyriques ; si nous les retrouvons chez les philosophes, les orateurs, les historiens ; si elles se montrent à nous à un degré aussi élevé dans les monuments qui nous restent de l'art plastique, il faut bien se convaincre alors, une fois pour toutes, que de tels mérites n'étaient point l'apanage exclusif des individus, mais bien qu'ils étaient le caractère commun de l'époque où ils avaient cours.

« Prenez Burns. Par quoi est-il grand, sinon par ces vieilles chansons qui se perpétuaient dans la bouche du peuple, en sorte qu'elles lui étaient répétées dès le berceau? Enfant, il grandissait au milieu de ces rhythmes. La haute supériorité de ces modèles devenait partie tellement intégrante de lui-même, qu'il avait en eux une base vivante, par quoi il pouvait aller plus avant... Et ce qui a contribué encore à le rendre grand, c'est que ses propres chants trouvaient à l'instant même, dans le peuple, des oreilles préparées à les entendre ; c'est que soudain faucheurs et moissonneurs aux champs, gais compagnons aux guinguettes, les faisaient retentir à son approche et pour sa bienvenue. Alors, assurément, il était possible de faire quelque chose.

« Quel pitoyable contraste, chez nous autres Allemands! De ces vieux chants d'une importance plus ou moins considérable, quels sont ceux qui, à proprement parler, vivaient en ma jeunesse dans la bouche du peuple? Herder et ses successeurs durent commencer les premiers à les recueillir, à les arracher à l'oubli; alors, du moins, les bibliothèques en possédèrent les monuments imprimés. — Et, plus tard, quels chants ne composèrent pas Voss et Bürger? Qui oserait prétendre que leurs productions furent inférieures à celles de l'excellent Burns et moins dignes de devenir populaires? Elles ont été écrites et imprimées; on les a classées dans les bibliothèques. Elles ont eu, de tout point, le sort commun aux poëtes allemands. Quant à mes propres chants, quels sont, à tout prendre, ceux qui vivent? Sans doute, une fois par hasard, tel ou tel d'entre eux est interprété au piano par quelque gentille jeune fille; mais le peuple proprement dit observe un mutisme complet. Quels sentiments n'éprouvé-je pas lorsque je me reporte au temps où des pêcheurs italiens me chantaient des passages du Tasse!

« Nous ne datons que d'hier. Sans doute nous avons bravement perfectionné depuis un siècle; mais il faudra bien encore deux cents ans avant que l'esprit et le progrès intellectuel pénètrent et se généralisent assez chez nos compatriotes, pour qu'ils rendent à la beauté un hommage égal à celui que lui rendaient les Grecs, pour qu'une belle chanson les remplisse d'enthousiasme,

pour qu'enfin l'on puisse dire à propos d'eux : « Du
« temps qu'ils étaient barbares !... »

32

4 mai.

En l'honneur d'Ampère et de son ami Stapfer, grand
dîner chez Gœthe. La conversation a été bruyante, gaie,
très-variée. Ampère a donné à Gœthe beaucoup de détails sur Mérimée, Alfred de Vigny et autres talents considérables. On s'est encore entretenu fort longtemps de
Béranger, dont les chansons incomparables sont toujours présentes à l'esprit de Gœthe. On s'est demandé
si les riantes chansons d'amour de Béranger ne méri-
teraient point d'être placées au-dessus de celles que la
politique lui a inspirées. A ce propos Gœthe a développé
son idée, qu'en général un thème essentiellement poétique est aussi supérieur à un sujet politique, qu'une
vérité empruntée aux lois absolues, éternelles de la
nature l'est au point de vue des partis.

« Du reste, a-t-il dit en poursuivant, Béranger s'est
montré, dans ses compositions politiques, le bienfaiteur
de son pays. Après l'invasion des alliés, les Français
trouvèrent en lui l'interprète le plus vrai de leurs sentiments comprimés. Il les releva en leur rappelant sous
diverses formes ce qu'avait été la gloire de leurs armes
avec cet Empereur dont le souvenir était encore vivant
dans chaque chaumière, et dont le poëte adore les
grandes qualités, sans toutefois souhaiter le retour de

sa domination despotique. Aujourd'hui, sous les Bourbons, il semble être mal à l'aise; convenons-en, c'est une race abâtardie! Le Français de notre époque veut que le trône soit occupé par un homme de grande capacité, quoique au fond il se sente assez disposé lui-même à partager le pouvoir et à se mêler un peu des affaires. »

Après le dîner, la compagnie s'est dispersée dans le jardin, et Gœthe m'a invité par un signe à une promenade en voiture autour du bois.

En voiture il a été bon et très-aimable. Il se félicitait d'avoir noué avec Ampère de si charmantes relations, et il s'en promettait les plus beaux résultats pour la propagation de la littérature allemande en France.

« Ampère, a-t-il ajouté, est un homme tellement supérieur par son instruction que les préjugés nationaux, les appréhensions de l'esprit borné d'un grand nombre de ses compatriotes sont bien loin derrière lui; et que, par son génie, il est bien plus un cosmopolite qu'un enfant de Paris. Du reste, je vois venir les temps où il y aura en France des milliers de gens qui penseront comme lui. »

33

6 mai.

Nouvelle réunion chez Gœthe à table : mêmes invités que l'avant-veille. Longue discussion sur *Hélène* et le *Tasse*. Gœthe nous a raconté ensuite comment il avait en l'idée, en 1797, de traiter en hexamètres la légende de *Tell* et d'en faire une épopée.

« Je visitai, a-t-il dit, pendant le cours de cette année, les petits cantons et le lac des Quatre-Cantons. Cette magnifique nature, si ravissante et si grandiose, m'impressionna tellement que je me sentis amené à reproduire dans quelque poëme la variété et l'ampleur de cet incomparable paysage. Cependant, afin de donner à mon tableau plus de charme, d'intérêt et de vie, je crus opportun d'en relever le fond et le plan par de grandes figures d'hommes : voilà comment la tradition de Tell était pour moi un thème très-heureux.

« Je me représentai Guillaume Tell comme un homme primitif, un puissant héros, satisfait de sa condition, naïf comme l'enfant. Il porte des fardeaux, allant d'un canton à l'autre, connu, aimé en tous lieux, secourable à tous, attentif à l'entretien de sa femme et de sa famille, exerçant paisiblement sa profession, et ne s'inquiétant pas de savoir qui est maître ou valet.

« Gessler, au contraire, se montrait à moi sous les traits d'un tyran, mais non d'un tyran grossier ; faisant tantôt le bien, tantôt le mal, et toujours par caprice ; du reste, la prospérité du peuple ou ses souffrances lui sont choses si complétement indifférentes, que la multitude semble n'avoir jamais existé pour lui.

« Ce qu'il y a de plus élevé, de plus honorable dans la nature humaine : amour du sol natal ; besoin de liberté, de sécurité sous la protection de lois nationales ; honte d'être asservi ; et parfois malmené par un voluptueux que nous impose une main étrangère ; enfin, résolution, mûrie par une volonté énergique, de secouer un joug si odieux : telles étaient les idées dont je voulais animer les généreuses figures de ces hommes célèbres, Walter Fürst, Stauffacher, Winkelried et quelques autres. C'étaient là mes véritables héros, les sublimes personnages que je faisais agir avec la conscience d'eux-mêmes, tandis que Tell et Gessler, tout en prenant part à l'action, quand l'occasion le comportait, étaient plutôt des caractères passifs.

« J'étais tout plein de ce beau sujet, et mes lèvres avaient déjà murmuré tout bas quelques hexamètres. Je contemplais ce lac dominé par l'astre paisible des nuits, ces lumineux brouillards qui s'engouffraient dans les montagnes. Ce lac, je le revoyais resplendissant des plus beaux reflets de la pourpre matinale : c'était l'allégresse et la vie dans les bois, dans les prés; ensuite je peignais une tempête, un ouragan qui, se déchaînant de ces gorges, s'abattait sur les flots. Je n'avais garde d'oublier le silence des nuits et les mystérieux rendez-vous aux ponts et passerelles.

« Je fis part de tout cela à Schiller : il aperçut aussitôt dans mes personnages et mes sites les moyens d'un drame. J'avais autre chose à faire, je tardais toujours à mettre mon plan à exécution; enfin je cédai entièrement mon sujet à Schiller, et là-dessus il composa son admirable poëme. »

Quelqu'un a porté ensuite la conversation sur le Tasse et sur l'idée que Goethe avait cherché à mettre en lumière dans cette pièce.

« *Une idée!* a dit Goethe. Il ne s'agit pas d'une idée,

que je sache. J'avais devant moi la vie du Tasse, j'avais ma propre vie ; et tandis que je fondais en un tout ces deux figures singulières, avec leurs caractères particuliers, l'image du Tasse se dessina ; j'y opposai, à titre de contraste prosaïque, le personnage d'Antonio. Ici encore les originaux ne manquaient pas. Quant aux accessoires, une cour, les scènes de la vie, des intrigues amoureuses, Weimar m'en offrait le tableau tout aussi bien que Ferrare ; en sorte que, parlant de mon œuvre, je suis fondé à dire : « C'est la chair de ma « chair, ce sont les os de mes os. »

« Au fait, les Allemands sont d'étonnantes gens ! Avec leurs pensées et leurs idées profondes, qu'ils cherchent et introduisent partout, ils se rendent la vie plus pénible qu'il n'est juste. Mais ayez donc, une bonne fois pour toutes, le courage de vous abandonner à vos impressions. Laissez-vous charmer, attendrir ou transporter ; souffrez qu'on vous instruise, qu'on vous enflamme, qu'on vous anime aux grandes choses ; mais n'allez pas sans cesse vous imaginer que tout ce qui ne renferme pas une idée abstraite n'est que frivolité pure.

« Les voilà qui viennent et me demandent quelle idée j'ai voulu personnifier dans mon *Faust*, comme si je le savais moi-même et pouvais en donner la formule. *Du ciel aux enfers, en passant par le monde ;* voilà, à la rigueur, une définition : mais ce n'est pas là une idée ; c'est la marche de l'action. En outre, le diable perdant son pari, un homme s'efforçant de sortir du bourbier de l'erreur, aspirant au bien et qu'il s'agit de racheter, voilà qui constitue sans doute une pensée heureuse, féconde, propre à expliquer bien des mystères, mais ce n'est pas une *idée* qui serve de base à la composition en général, à chaque scène en particulier. Certes, je serais arrivé à un beau résultat, si j'avais voulu réduire aux mesquines proportions d'une idée constante et unique une vie aussi riche, aussi multiple et aussi largement incidentée que celle dont le Faust est l'image vivante!

« Somme toute, a continué Goethe, mon procédé, comme poëte, ne consistait point à présenter des abstractions sous une forme concrète. Mon âme s'ouvrait à des impressions, mais à des impressions d'une nature sensible, vivante, aimable, diverse, multiple à l'infini, selon que mon imagination mise en jeu me les offrait. Poëte, il ne me restait plus qu'à invoquer l'art à mon aide, pour arrondir, pour perfectionner ces aperceptions, ces impressions; pour les reproduire sous une forme tellement saisissante, que chacun en ressentît les mêmes effets, lorsqu'il viendrait à entendre ou à lire mon œuvre.

« Si pourtant je voulais, une fois par hasard, user de la poésie pour interpréter une idée, j'avais recours à des compositions de courte haleine, qu'on pouvait embrasser d'un seul coup d'œil et dans lesquelles il fût possible de faire prédominer une unité bien caractérisée, telles que la *Métamorphose des bêtes*, celle des *plantes*, le *Legs* et beaucoup d'autres. La seule production de quelque étendue, dans laquelle j'ai conscience d'avoir travaillé à revêtir d'une forme sensible une idée générale et continue, ce seraient mes *Affinités électives*.

Ce roman est facilement intelligible, mais je ne veux pas dire qu'il en soit meilleur. Au contraire, voici mon opinion : « Plus une production poétique échappe à la « mesure et à la portée commune de l'intelligence, « meilleure elle est. »

34

Ce qui est admirable chez *Carlyle*, c'est que, dans ses appréciations de nos écrivains d'Allemagne, il s'attache au fonds intellectuel et moral, comme étant la chose vraiment essentielle. C'est un homme de grand avenir ; l'on n'oserait prédire jusqu'à quel point son action et son influence sont susceptibles de s'étendre.

35

J'ai dit que j'avais lu dernièrement le *Caïn* de lord Byron, et que j'avais particulièrement admiré le troisième acte, ainsi que la manière dont le meurtre était motivé.

« N'est-ce pas? a répliqué Gœthe : voilà qui est supérieurement motivé. C'est d'une beauté tellement unique qu'on n'en verra pas un second exemple dans le monde.

— Le *Caïn*, ai-je repris, était cependant interdit en Angleterre dans le principe ; mais à présent chacun le lit, et les jeunes Anglais qui voyagent portent avec eux un Byron complet.

— Aussi bien c'était folie, a reparti Gœthe; car, au fond, il n'y a, dans le Coin entier, rien qui ne soit enseigné par les évêques anglais eux-mêmes. »

36

« J'ai été assez heureux dans ces derniers temps, a dit Gœthe, pour acheter, sans grande dépense, bon nombre de dessins originaux de maîtres célèbres. Ces dessins sont inestimables, non-seulement parce qu'ils interprètent l'intention abstraite de l'artiste, mais bien encore parce qu'ils nous transportent immédiatement au milieu de la situation d'esprit dans laquelle il se trouvait au moment de la composition. Ce dessin de l'école italienne, l'*Enfant Jésus dans le temple*, exprime en toutes ses lignes la grande clarté, la sereine et calme assurance qui remplissait l'âme de l'artiste, et cette bienfaisante disposition s'empare de nous, à mesure que nous contemplons l'image. En outre, l'art plastique jouit d'une grande prérogative : sa nature est purement objective ; il nous attire invinciblement à lui, sans exciter trop vivement nos sensations. Dès qu'une œuvre de ce genre nous apparaît, elle nous laisse complétement froids, ou bien elle agit sur nous d'une manière tout à fait décisive. Une pièce de vers, au contraire, produit une impression infiniment plus vague, et elle éveille des sentiments qui diffèrent selon l'indivécu, en raison du tempérament et des facultés de celui qui l'entend.

— J'ai lu dernièrement, ai-je dit, l'excellent roman anglais de Smollet, *Roderik Random*. L'impression qui en résultait se rapprochait beaucoup de celle d'un bon dessin à la main. Une exposition immédiate, aucune trace d'un penchant quelconque au genre sentimental, mais bien la vie réelle telle qu'elle est, souvent assez repoussante et odieuse, voilà ce que j'avais sous les yeux ; en somme, l'impression est agréable, à cause de la réalité qui ressort d'une manière bien tranchée.

— J'ai souvent entendu louer le *Roderik Random*, a repris Gœthe, et j'ai foi dans ce que vous m'en rapportez ; cependant je ne l'ai pas lu. Connaissez-vous le *Rasselas* de Johnson ? Lisez-le aussi à votre tour, et dites-moi ce que vous en pensez. »

J'ai promis de le faire.

« Dans lord Byron aussi, ai-je continué, je trouve fréquemment des tableaux de la vie prise sur le fait, et qui nous rendent exactement l'objet, sans produire sur l'âme une impression autre que celle qui résulte d'un dessin à la main, copié d'après nature par un peintre habile. Le *Don Juan* surtout est riche en situations de ce genre.

— Oui, a dit Gœthe ; c'est en cela que Byron est grand. Ses peintures sont esquissées d'une manière si facile, qu'on les croirait improvisées. Je suis peu familiarisé avec le *Don Juan* ; mais, de ses autres poëmes, il m'est resté en mémoire des passages analogues, surtout de celles qui ont trait à la mer. L'on y voit poindre çà et là une voile, si bien que l'on croit même sentir les brises de la mer; ce sont des poëmes hors rang.

— Dans son *Don Juan*, ai-je dit, j'ai surtout admiré sa description de la ville de Londres; il semble qu'on la distingue, en effet, du milieu de ses vers légers. Là, il ne se soucie pas le moins du monde de savoir si un sujet est poétique ou non; il s'en empare. Il fait servir tout ce qui se présente à sa vue, jusqu'aux perruques frisées de l'étalage des coiffeurs, jusqu'aux hommes qui entretiennent l'huile des réverbères.

« Nos auteurs d'esthétiques, en Allemagne, s'évertuent à classer les sujets propres ou impropres à la poésie, et, à certains égards, ils n'ont pas entièrement tort; au fond pourtant, nul sujet emprunté à la vie réelle n'est rebelle aux muses dès qu'un poète en sait tirer un parti convenable. »

Nous avons parlé ensuite des *Deux Foscari*, ce qui m'a conduit à observer que Byron trace d'admirables types de femmes.

« Ses femmes sont bien, a répondu Goethe; aussi c'est là le seul moule qui nous soit resté à nous autres modernes pour couler notre idéalisme. Des hommes il n'y a rien à faire. Par son Achille et son Ulysse, le plus brave et le plus sage, Homère a tout accaparé.

— Les *Deux Foscari*, ai-je ajouté, sont si remplis de tortures que la pièce en devient pénible, et l'on s'explique difficilement que Byron ait pu se mouvoir si longtemps dans un milieu de douleurs pareilles pour arriver à son dénoûment.

— Mais c'était là le véritable élément de Byron, a dit

Gœthe ; il se torturait lui-même sans relâche, et les sujets de ce genre étaient bien ses thèmes favoris, comme vous pouvez vous en convaincre par tout ce que nous avons de lui, où vous ne rencontrez pas un seul sujet riant. Néanmoins, les tableaux des *Foscari* ne sont-ils pas également dignes d'éloges?

— Ils sont supérieurs, ai-je répliqué. Chaque parole est énergique, significative et va au but ; du reste, je n'ai pas trouvé jusqu'à présent dans Byron une seule ligne languissante. Plus je le lis, plus j'admire la grandeur de son talent, et je suis heureux de voir que vous lui élevez dans votre *Hélène* un éternel monument de votre affection.

— Pour représenter la période poétique contemporaine, a repris Gœthe, je ne pouvais employer que lui ; sans conteste, il doit être regardé comme le talent le plus marquant du siècle. Et puis, Byron ne relève ni de l'antiquité ni du romantisme ; c'est l'actualité même. Il était l'homme dont j'avais besoin ; c'était encore celui qui convenait le mieux, à cause de sa nature mécontente et de ses tendances belliqueuses, qui amenèrent sa mort à Missolonghi. Il n'est ni commode ni prudent d'écrire une dissertation sur Byron ; mais l'honorer dans l'occasion et reproduire isolément quelques-uns de ses traits, c'est à quoi je ne manquerai pas dorénavant. »

37

Les critiques français oublient que l'imagination a

des lois propres, auxquelles la raison ne peut ni ne doit toucher. Si la fantaisie n'enfantait pas des créations destinées à rester pour la raison des problèmes éternels, son domaine serait bien restreint. C'est par là que la poésie se distingue de la prose, laquelle est, peut et doit être le patrimoine de la raison.

58

On ne triomphe d'une grossièreté que par une autre qui la dépasse.

59

9 juillet.

Le chancelier a amené la conversation sur la lutte entre l'opposition et le parti ministériel à Paris, en nous récitant presque mot pour mot le discours énergique qu'un démocrate très-avancé avait, pour sa défense, prononcé devant les tribunaux et contre les ministres. Entre le chancelier et Gœthe il s'est établi une discussion sur cette affaire, et notamment sur les restrictions apportées à la liberté de la presse; thème fécond. Gœthe, comme toujours, se montrait aristocrate modéré, tandis que son ami semblait pencher, aussi comme toujours, du côté du peuple.

« Je ne suis inquiet sous aucun rapport pour les Français, a dit Gœthe; leurs vues générales sont tellement hautes que l'esprit ne saurait être comprimé en même manière. La loi de répression n'aura qu'un effet bienfaisant, attendu surtout que les restrictions n'affectent rien d'important et n'ont en vue que les personnes. Une opposition qui n'a pas de limites tombe à plat. Or les réflexions de prudence la contraignent à devenir sensée, et c'est là un fort grand avantage. Exprimer son opinion, directement et crûment, ne saurait être excusable et avantageux que lorsqu'on a raison. Mais un parti n'a pas raison absolument par cela même qu'il est un parti, et vous concevez ainsi, par voie indirecte, en quoi les Français ont été de tout temps de grands modèles. Je dis sans préambule à mon domestique : « Jean, tire-moi mes bottes; » il comprend cela. Mais, si je suis avec un ami et si je souhaite qu'il me rende ce service, je ne puis employer une formule aussi impérative. Je dois donc réfléchir à une tournure aimable, amicale, par laquelle je l'engage à ce service de complaisance. La nécessité aiguise l'esprit, et c'est pour ce motif, je le répète, que les limites imposées à la liberté de la presse me sont même agréables. Les Français ont joui jusqu'à ce jour de la réputation du peuple le plus spirituel, et ils méritent de la conserver. Nous autres Allemands, nous accouchons volontiers et sans façon de notre opinion, et les périphrases ne nous sont pas encore bien familières.

« Les partis parisiens, a continué Gœthe, pourraient être encore plus grands qu'ils ne sont s'ils étaient plus libéraux, plus indépendants, s'ils se faisaient plus de concessions. Ils ont des vues humanitaires plus élevées que les Anglais, dont le parlement est un composé de forces puissantes, agissant les unes contre les autres et se paralysant réciproquement, un milieu dans lequel les vues larges de l'individu ont peine à se faire jour. »

40

Le roman de Manzoni dépasse tout ce que nous connaissons en ce genre. Je n'ai qu'une chose à dire, c'est que le fond, tout ce qui sort de l'âme du poète, est absolument parfait, et que la forme, tout ce qui tient à la description des lieux et le reste n'est nullement au-dessous de ces grandes qualités intimes. Et c'est là un mérite. L'impression qu'on éprouve à cette lecture est telle, que l'on passe sans cesse de l'attendrissement à l'admiration, et de l'admiration à l'attendrissement, si bien que l'on est constamment sous l'une ou l'autre de ces deux impressions. C'est dans ce roman que l'on commence à voir clairement ce qu'est Manzoni. Ici se révèle cette âme accomplie qui, dans ses productions dramatiques, n'avait aucune occasion de se développer. J'ai l'intention de lire sans désemparer le meilleur roman de Walter Scott, *Waverley*, par exemple, que je ne connais pas encore, et je verrai quelle figure fera Manzoni, à côté de ce grand écrivain anglais. L'éducation morale de Manzoni apparaît ici à un si haut degré, qu'il ne peut être facilement égalé par quoi que ce soit : elle nous ravit comme un fruit d'une maturité complète. Et dans la manière de traiter et de présenter chaque détail il y a une clarté pareille à celle du ciel de l'Italie. Il a du sentiment sans aucun sentimentalisme, il sent les situations d'une manière virile et pure.

Aristote dit, en parlant de la tragédie, que pour être bonne, elle doit exciter la terreur. Ceci s'applique non-seulement à la tragédie, mais encore à toute autre espèce d'œuvre d'imagination. Cette terreur peut être d'un double genre : elle peut consister dans l'angoisse ou dans l'anxiété. Cette dernière se produit en nous, lorsque nous voyons un mal moral qui menace d'attaquer les personnages mis en action ou de fondre sur eux, comme dans les *Affinités électives*. L'angoisse naît chez le lecteur ou le spectateur, lorsque les acteurs sont menacés d'un danger matériel, dans les *Galériens* et le *Freyschütz*, par exemple. Bien plus, dans la scène du Val du Loup, ce n'est pas seulement de l'angoisse, c'est un abattement complet, pour tous ceux qui en sont témoins.

C'est de ce genre-là que Manzoni fait usage, et avec un rare bonheur, en donnant pour issue l'attendrissement, qui nous mène à l'admiration. Le sentiment de l'angoisse est inhérent au sujet; il se produira chez tout lecteur. Quant à l'admiration, elle est le résultat de la supériorité avec laquelle on voit que l'auteur s'est conduit dans chaque cas, et le connaisseur aura seul l'heureux privilége de ce sentiment. Que dites-vous de mon esthétique? Si j'étais plus jeune, je composerais quelque chose d'après cette théorie, sans toutefois me permettre un ouvrage aussi étendu que celui de Manzoni.

Je suis réellement très-curieux de savoir ce que diraient de ce roman les rédacteurs du *Globe*; ils sont assez intelligents pour en distinguer les excellentes qualités; de plus par la tendance générale de cet ouvrage, c'est comme si on parlait d'or devant ces libéraux, quoique Manzoni se soit renfermé dans les limites d'une extrême modération. Il est rare pourtant que les Français accueillent un ouvrage avec un désintéressement aussi affectueux que nous; ils n'acceptent pas volontiers le point de vue de l'écrivain : au contraire, même chez le meilleur, ils trouvent aisément quelque chose qui n'est point dans leurs idées, et que l'auteur aurait dû traiter différemment.

Manzoni possède quatre qualités essentielles, qui ont contribué puissamment à la supériorité de son œuvre. Il est d'abord un historien distingué : par là sa composition a acquis cette élévation, ce mérite intrinsèque, qui la met bien au-dessus de ce qu'on se représente ordinairement sous le nom de roman. En second lieu, il tire avantage de la religion catholique, d'où ressortent une multitude d'affinités poétiques, qu'il n'aurait point devinées s'il avait été protestant. Ce qui, sous un troisième rapport, constitue un bénéfice pour son œuvre, c'est que l'auteur a souffert beaucoup dans les froissements révolutionnaires. S'il n'a pas été personnellement impliqué dans les embarras de ce genre, ses amis du moins en ont souffert; quelques-uns d'entre eux y ont succombé. Enfin, quatrième raison, ce qui est favorable à ce roman, c'est que l'action se passe dans cette délicieuse contrée du lac de Côme, dont les impressions se sont gravées dès sa jeunesse dans l'âme du poëte, et qu'il connaît aussi jusqu'au dernier recoin. De là résulte également un mérite capital pour l'ouvrage, c'est-à-dire la clarté et des détails admirables dans les peintures locales.

Voici pourtant une restriction à ce que je disais :

C'est à propos d'une description de guerre, de famine et de peste, toutes choses qui, repoussantes par elles-mêmes, deviennent insupportables par les minuties d'un style de chronique sèchement descriptive. Le traducteur allemand doit chercher à éviter ce défaut. Il réduira la description de la guerre et de la famine d'une bonne moitié, et des deux tiers celle de la peste, de manière à ce qu'il en reste juste le nécessaire, pour y introduire les personnages en action. Si Manzoni avait eu à ses côtés un conseiller ami, il aurait pu facilement échapper à ce défaut. Mais, en sa qualité d'historien, il a eu un respect excessif de la réalité. C'est déjà pour lui une source de difficultés dans ses œuvres dramatiques, où il se tire toutefois d'affaire en rejetant dans les notes le surplus de sa science. Mais, aussitôt que les personnages du roman reparaissent, le poëte se redresse dans toute sa splendeur et nous contraint de lui rendre notre admiration.

On aurait peine à comprendre, comment un poëte, qui s'entend à faire une si admirable composition, a pu pécher un seul instant contre la poésie. Cependant la chose est simple, la voici :

Comme Schiller, Manzoni est poëte de naissance. Mais notre époque est si ingrate que, dans le cercle des hommes qui l'entourent, le poëte ne rencontre plus une seule nature dont il puisse tirer parti. Or, afin de monter dans une région plus noble, Schiller eut recours à deux grands leviers : la philosophie et l'histoire; Manzoni à l'histoire seulement. Le *Wallenstein* de Schiller est si grand, qu'on ne verra plus rien de pareil en ce genre. Vous reconnaîtrez néanmoins que ces deux puissantes machines, l'histoire et la philosophie, sont, en divers endroits, préjudiciables à l'ouvrage, et font obstacle à sa marche purement poétique. Comme lui Manzoni plie sous un excédant de bagage historique.

41

Les poëtes nous entretiennent tous des souffrances et des tribulations de la terre, ainsi que des joies d'outre-tombe : mécontents comme ils le sont tous, ils se surexcitent les uns aux autres dans cette voie du mécontentement. C'est là un véritable abus de la poésie, dont le bienfait nous a été accordé pour aplanir les petites aspérités de la vie, pour réconcilier l'homme avec le monde et sa condition. Mais la génération actuelle redoute tout ce qui est force véritable, la faiblesse seule avive son âme et réchauffe sa verve.

J'ai inventé une expression propre à châtier ces messieurs. J'appelle leur genre : la poésie de lazareth. En revanche je désigne sous le nom de fille légitime de Tyrtée, non-seulement celle qui entonne les hymnes de bataille, mais celle aussi qui inspire à l'homme le courage nécessaire pour affronter les combats de la vie.

2

Nous rencontrons le mystère sur tous nos pas. Nous sommes entourés d'une atmosphère, au milieu de laquelle s'agite un monde que nous ne connaissons que d'une manière fort imparfaite et dont il est bien difficile d'apprécier la corrélation avec celui de nos idées. Toutefois ce qu'il y a de sûr, c'est que, dans certaines conditions, notre âme est douée d'une sensibilité qui lui permet d'aller au delà des limites assignées au corps, et qu'il lui est donné d'avoir un pressentiment, je dis plus, de jeter dans l'avenir un coup d'œil plein de certitude.

Il peut même arriver qu'une âme agisse sur l'autre d'une manière décisive, par le simple effet de la présence et sans qu'un mot soit échangé : je pourrais en citer de nombreux exemples. Il m'est souvent arrivé, en me promenant avec un ami, d'être vivement préoccupé d'une idée et de voir celui-ci amener brusquement la conversation sur ce qui faisait l'objet de ma secrète pensée. J'ai même connu une personne qui, sans prononcer la moindre parole, et par l'effet d'un simple ascendant moral, avait le pouvoir de couper court aux joyeux propos d'une compagnie quelconque. Elle était même susceptible de produire un tel désaccord que chacun se sentait mal à l'aise.

Nous avons tous en nous un certain degré de forces électriques et magnétiques, et comme l'aimant, nous avons une puissance d'attraction et de répulsion, selon que nous sommes en contact avec des objets conformes ou contraires à notre nature. Il est possible, il est probable même, que si une jeune fille se trouvait renfermée à son insu dans une chambre obscure avec un homme qui aurait contre elle des intentions homicides, cette présence, dont elle ne serait du reste pas instruite, éveillerait en elle une impression de trouble, et qu'elle en éprouverait un sentiment d'angoisse, qui la forcerait à quitter l'appartement et à se réfugier auprès de ses compagnes. C'est surtout chez les amoureux que cette force magnétique agit d'une manière particulièrement puissante et exerce ses effets, même à une fort grande distance. J'ai eu plusieurs fois occasion dans ma jeunesse d'être pris au milieu de mes promenades solitaires des désirs les plus ardents pour telle jeune fille que j'aimais : il m'arrivait de penser à elle, jusqu'au moment où elle s'offrait réellement à mes yeux. « Je me suis sentie inquiète dans ma petite chambre, me disait-elle; et, ne pouvant plus résister, je suis, sans le vouloir, venue ici. »

45

18 octobre.

HEGEL.

Au fond, la dialectique n'est rien de plus que l'esprit de contradiction réglé, perfectionné par la méthode; esprit qui est un don départi à chaque individu et montre sa grandeur dans cette distinction du vrai d'avec le faux.

GŒTHE.

Ce serait fort bien, si l'on n'abusait point de ces artifices, de cette souplesse de la métaphysique, pour revêtir le faux de l'apparence du vrai, et le vrai des couleurs du faux.

HEGEL.

C'est là ce qui arrive parfois, mais aux gens dont la raison est malade.

GŒTHE.

Aussi bien j'estime particulièrement l'étude de la nature. Celle-ci ne permet point à une pareille maladie de se produire. Car avec la nature nous sommes en rapport avec le vrai, l'infini, l'éternel, qui repousse à l'instant, comme incapable, quiconque ne procéderait pas, dans ses observations et dans l'art de traiter son sujet, avec les intentions les plus pures et les plus franches. Je suis même certain, que plus d'un homme atteint du mal dialectique, trouverait dans l'étude de la nature un remède salutaire.

·

Le génie créateur ne s'applique pas uniquement aux
vers ou au théâtre : il y a aussi une productivité des
actes, qui, dans plus d'une circonstance, est d'un
ordre bien autrement supérieur. Productivité, génie,
ce sont là deux choses qui se touchent de bien près.
Qu'est-ce en effet que le génie, si ce n'est une force
productive, de laquelle résultent des actes qui peuvent
affronter les regards de Dieu et de la nature, et, par
cela même, ont une suite et une durée. Toutes les
œuvres de Mozart sont dans ce genre; il y a en elles
une force génératrice qui exerce sa puissance d'âge en
âge et qu'on ne saurait épuiser ni consumer de sitôt.
Cela s'applique aux autres grands artistes et compositeurs. Combien Phidias et Raphaël ont eu d'influence
sur les siècles postérieurs à eux, combien Dürer et

Holbein! Celui qui, le premier, trouva les formes et les proportions de la vieille architecture gothique, de telle sorte qu'avec le cours du temps une cathédrale de Strasbourg ou de Cologne devint chose possible, celui-là fut aussi un génie; car ses idées ont conservé sans interruption leur vertu productive, et elles agissent encore à l'heure qu'il est. Il y avait en Luther un génie considérable; son influence date déjà de si loin, et il est impossible de calculer le nombre des jours où il cessera, dans les siècles futurs, d'être productif. Lessing se refusait à accepter le titre auguste de génie; mais son influence constante témoigne contre lui-même. En revanche, nous avons en littérature d'autres noms, des plus marquants, portés avec éclat par des hommes que, de leur vivant, on considérait comme de grands génies, et dont l'action s'est bornée au temps de leur existence. Ceux-ci par conséquent furent au-dessous de leur propre opinion et de celle d'autrui. En effet, comme je l'ai dit, il n'y a pas de génie sans une puissance de productivité posthume et durable. En outre, peu importe le métier, l'art ou l'ordre d'affaires que poursuit l'individu : tout cela revient au même. Que l'on se montre créateur dans les sciences, comme Humboldt et Oken; ou dans la guerre et la politique, comme Frédéric, Pierre le Grand et Napoléon; ou bien que l'on compose une chanson, comme Béranger, c'est la même chose; il faut seulement que l'idée, l'aperçu, l'acte aient un caractère vivant et soient susceptibles d'une influence permanente.

Ce n'est point au nombre des ouvrages et des actes

que l'on reconnaît les hommes créateurs. Nous avons en littérature des poëtes qui ont la réputation de l'être beaucoup, parce qu'ils font succéder les volumes de vers aux volumes. Mais, d'après mon point de vue, ces gens-là devraient être qualifiés d'une épithète tout à fait contraire; car ce qu'ils ont fait n'offre aucun signe de vie ni de durée. Goldsmith, au contraire, a écrit si peu de poésies que le nombre en est insignifiant. Mais si je l'envisage comme poëte, je dois le déclarer créateur, dans le sens absolu du terme, précisément parce que le peu qu'il a composé est animé d'une vie intérieure capable de se conserver.

2

Il fut un temps en Allemagne où l'on se représentait un homme de génie sous la forme d'un petit être chétif, voire même bossu; quant à moi j'aime à rencontrer le génie dans un corps doué d'une constitution convenable.

3

C'est par milliers que l'histoire nous offre les noms des hommes capables, qui, soit dans le cabinet, soit sur les champs de bataille, ont réussi dans leur jeunesse et se sont couverts de gloire dans les plus grandes entreprises.

Si j'étais prince, je ne choisirais jamais pour mes premiers emplois des gens qui ne devraient leur avancement qu'à l'ancienneté et qui, dans leurs vieux jours, se traînent lentement et à leur aise dans leur ancienne ornière, ce qui, convenons-en, ne mène à aucun résultat satisfaisant. Ce sont des jeunes gens que je voudrais avoir. Mais il faudrait que ce fussent des capacités, douées d'un esprit lucide et énergique et joignant à cela la meilleure volonté, le caractère le plus noble. Ce serait alors un plaisir que de régner et de faire progresser son peuple. Vous me citez quelques-uns de nos Allemands qui, dans une position élevée, conservent encore, malgré leur grand âge, cette énergie nécessaire et cette activité de jeunesse qui les rendent propres aux affaires les plus considérables et les plus diverses; de tels hommes et leurs pareils sont des êtres de génie, qui constituent une classe à part : chez eux, la puberté se produit une seconde fois, tandis que d'autres ne sont jeunes que pour un temps.

En effet, toute force active est une portion de l'éternité, et les quelques années pendant lesquelles elle est unie au corps ne la vieillissent pas. Si cette force, cette entéléchie, est d'une espèce secondaire, elle jouira d'une autorité médiocre tant que le corps la tiendra dans l'ombre. Il y a plus; celui-ci prédominera, et, à mesure qu'il vieillira, elle pourra moins le contenir et l'arrêter. Mais si elle est d'une nature supérieure, — et c'est le cas de tous les hommes de génie, — le corps étant imbu par elle de l'influx vital, non-seulement elle exercera sur son organisme un ascendant qui le rendra fort en l'épurant, mais encore elle cherchera sans relâche, en vertu de sa prépondérance morale, à faire prévaloir les prérogatives de sa continuelle jeunesse. Voilà pourquoi nous constatons sans cesse, chez les hommes supérieurement doués, et même durant leur vieillesse, des époques de renaissance dans la productivité; mais ce qui est jeune est jeune, et quelque puissante que se montre une force intellectuelle, elle ne parviendra jamais à se rendre complètement maîtresse de la nature : aussi bien la différence est-elle énorme, selon que le corps est son allié ou son adversaire.

4

Toute productivité d'un genre supérieur, tout aperçu considérable, chaque invention, chaque grande pensée qui porte des fruits et a des résultats, ne dépend jamais de qui que ce soit et se dérobe à toute autorité de ce monde. C'est pourquoi l'homme doit les considérer comme des dons inattendus d'en haut et comme enfants de la Divinité; il est tenu de les accueillir et de les vénérer avec une joyeuse reconnaissance. Ils sont en affinité avec le démon intérieur, qui nous dirige impérieusement selon ses caprices et auquel nous nous abandonnons sans réflexion, tout en croyant céder à notre impulsion propre. En pareil cas il faut souvent regarder l'homme comme l'instrument d'un pouvoir supérieur qui conduit le monde, comme un vase jugé digne de contenir l'influx divin. Je vous dis ceci parce que je considère combien une seule pensée a suffi maintes fois pour transformer des siècles entiers, pour prouver combien de simples individus ont su, grâce à leurs œuvres, imprimer à leur époque un cachet que l'on a reconnu dans les générations suivantes et dont la bienfaisante marque s'est perpétuée.

— En dehors de cette productivité, il en est une d'un autre genre, plus susceptible déjà des influences matérielles et sur laquelle l'homme exerce plus d'empire; quoique dans ce cas encore, il ait toujours à s'incliner sous une main divine. Je fais entrer dans cette classe tout ce qui sert à l'exécution d'un plan, tous ces anneaux intermédiaires de la chaîne des idées, dont les extrémités se montrent lumineuses à nos regards; je range dans cette catégorie tout ce qui constitue la forme visible, le corps proprement dit d'une œuvre d'art.

C'est ainsi que la première idée de son *Hamlet* vint à Shakspeare, comme une pure inspiration d'en haut et sur laquelle il n'eut aucune action directe, quoique la possibilité d'un aperçu de ce genre supposât toujours un esprit comme le sien. En effet, le sentiment de l'ensemble fut pour lui une impression qui s'empara de son âme d'une manière inattendue, en sorte qu'il entrevit d'un seul coup d'œil et dans un moment d'enthousiasme chacune des situations, chaque caractère en particulier et le dénoûment de l'œuvre. Quant à l'exécution ultérieure des scènes prises en détail, quant aux discours qu'il mettait dans la bouche de ses personnes, il en était parfaitement maître, en sorte qu'il pouvait y travailler chaque jour, à toute heure et pendant des semaines entières, selon que le cœur lui en disait. Aussi bien, dans tout ce qu'il a livré, reconnaissons-nous toujours la même force de production, et, dans toutes ses pièces, nous ne rencontrons pas un seul passage dont on puisse dire qu'il ne répond pas à la situation et qu'il n'émane pas d'un écrivain en pleine possession de son talent. Quand nous le lisons, l'impression qu'il produit sur nous est l'impression d'un homme toujours et absolument robuste et vigoureux, tant au point de vue de l'esprit qu'à celui du corps.

Mais en supposant que la constitution physique d'un poète dramatique ne soit ni forte ni supérieure; en admettant qu'il est plutôt sujet à de fréquentes défaillances, assurément la productivité nécessaire à l'exécution quotidienne des scènes qu'il compose lui manquerait très-souvent, et lui ferait même défaut plus d'une fois pendant des journées entières. Si maintenant l'envie lui prenait de faire violence, par l'emploi des spiritueux, à la productivité qui l'abandonne et de suppléer par là à son insuffisance, ce serait un moyen qui serait, à la rigueur, de quelque effet, mais on le remarquerait, à son grand désavantage, dans toutes les scènes qu'il aurait créées ainsi comme par force.

Voilà pourquoi je donne le conseil de ne rien forcer, mais de passer de préférence dans les distractions et le sommeil ces heures et ces jours où la veine est rebelle, plutôt que d'aller travailler à une œuvre qu'on verra plus tard avec déplaisir.

5

La vérité pourrait se comparer à un diamant dont les feux rayonnent non pas sur un seul côté, mais sur un grand nombre de côtés.

6

Vous savez que j'ai dit dans mon *Divan* : « Le buveur regarde Dieu en face plus hardiment. » Il y a sans doute dans le vin une vertu qui incite fort le mouvement de l'esprit ; mais encore tout dépend-il des circonstances, du temps, de l'heure, en sorte que ce qui sert à l'un est nuisible à l'autre. La productivité est, en outre, le résultat du repos, du sommeil, aussi bien que du mouvement lui-même. Ces puissances créatrices existent dans l'eau, et tout particulièrement dans l'atmosphère. L'air frais de la pleine campagne est le milieu qui nous convient spécialement. Il semble là que Dieu effleure l'homme d'un souffle immédiat et qu'une force divine lui fait sentir son influence. Un des hommes les plus productifs qui aient jamais vécu, lord Byron, passait au grand air bon nombre d'heures de sa journée, tantôt parcourant à cheval le rivage de la mer, tantôt sur un esquif, voiles déployées ou la rame à la main, tantôt encore se plongeant dans les flots et fortifiant son corps par la natation.

7

Vous trouverez, en général, que l'homme arrivé au milieu de sa course éprouve assez souvent un revirement subit; et de même que, dans sa jeunesse, tout lui était favorable et propice, de même, et d'un seul coup, tout change complétement de face pour lui, si bien que malheurs et fatalités se succèdent sans désemparer.

Savez-vous comment je m'explique cela? Le voici : il faut que l'homme succombe après avoir été grand. Une certaine mission qu'il a à remplir est dévolue à tout homme extraordinaire. Quand sa tâche est accomplie, il cesse d'être nécessaire comme tel sur cette terre, et la Providence le fait servir à d'autres desseins. Mais, comme tout ici-bas s'effectue par les voies ordinaires, les démons lui tendent un piége après un autre jusqu'à ce qu'enfin il soit abattu. Tel fut le sort de Napoléon et de bien d'autres. Mozart mourut à trente-six ans; Raphaël au même âge ou à peu près. Byron dépassa à peine ce terme. Mais chacun d'eux avait rempli sa mission de la manière la plus complète, et il était temps qu'ils s'en allassent, afin qu'il restât quelque chose à faire à d'autres en ce monde établi pour une longue durée.

8

Il y a dans la nature humaine de merveilleuses ressources, et, au moment où nous y comptons le moins, elle tient quelque chose de bon à notre disposition. J'ai eu des époques en ma vie où je m'endormais dans les larmes ; mais, pour me consoler et me rendre heureux, j'avais dans mes songes les images les plus charmantes, et le lendemain je me trouvais sur pied, dispos et joyeux.

Du reste, pour nous autres Européens, la vie du cœur est chose plus ou moins défectueuse. Nos rapports sont trop artificiels, trop compliqués ; notre nourriture, notre manière de vivre s'écartent trop de la nature ; nos relations sociales sont, à proprement parler, dénuées d'amour et de bienveillance. On est civil et poli ; personne n'a le courage de s'abandonner, d'être sincère, en sorte qu'un galant homme qui se laisse aller à son penchant à la bienveillance, à ses bonnes intentions, se fait une position très-fâcheuse. On souhaiterait souvent d'être né dans une des îles de la mer du Sud, d'être ainsi qualifié de sauvage, afin de jouir, ne serait-ce qu'une fois, sans aucun mélange trompeur, et dans toute sa pureté, d'une existence d'homme.

Lorsque, aux heures de sombre mélancolie, on pénètre dans les misères de notre temps, il semble plus d'une fois que le monde, après avoir passé par divers degrés, est mûr pour sa ruine, et que le mal devient plus intense de génération en génération. Ce n'est point assez que nous ayons eu à souffrir des fautes de nos ancêtres; il faut encore que nous transmettions à nos descendants ces vices héréditaires, augmentés de nos propres infirmités.

Notre population des campagnes s'est maintenue constamment, j'en conviens, dans un état de force convenable. J'espère qu'elle sera encore longtemps à même non-seulement de nous fournir de solides dragons, mais aussi de nous préserver d'une décadence, d'une ruine totale. Il faut la considérer comme un dépôt destiné à compléter, à renouveler sans cesse les forces de cette humanité dont le niveau tend à baisser. Mais entrez une fois dans nos grandes cités, et vous éprouverez des sentiments contraires. Promenez-vous dans l'une d'elles, en compagnie d'un second *diable boiteux* ou d'un médecin de grande pratique, et il vous glissera dans l'oreille quelques-unes de ces histoires qui vous feront frissonner à l'idée de la misère, qui vous frapperont d'étonnement à l'aspect des infirmités, auxquelles la nature humaine est assujettie et dont souffre la société.

9

Vous le savez, il ne se passe pas de jour que je ne reçoive la visite de quelque étranger de passage; mais je mentirais si j'étais obligé de convenir que j'éprouve une satisfaction marquée à la vue de telles personnes, et, en particulier, de ces jeunes savants d'Allemagne, qui nous arrivent d'une certaine zone du nord-est.

Pâles, myopes, la poitrine déprimée, jeunes sans jeunesse, tel est le portrait de la plupart d'entre ceux qui se font présenter à moi. Dès que j'entame avec eux une conversation, je puis m'apercevoir tout de suite qu'ils regardent comme trivial et sans importance ce qui fait notre bonheur à tous ; que l'idée est leur élément exclusif, et que, seuls, les problèmes les plus ardus de la spéculation sont propres à les intéresser. Chez eux pas la moindre trace d'une organisation saine, de plaisir éprouvé à la vue des choses sensibles. Les sentiments, les joies de la jeunesse sont étouffés en eux, bannis sans retour. Lorsqu'un homme n'est pas jeune à vingt ans, comment le serait-il à quarante ?

10

Je ne puis approuver qu'on exige, de la part de ceux qui étudient pour se consacrer au service de l'État, tant de connaissances théoriques, tant de science ; c'est là ce qui épuise ces jeunes gens au physique et au moral. S'ils entrent ensuite dans une carrière où il faut faire de la pratique, ils posséderont sans doute une provision immense de savoir et de philosophie ; mais ils ne peuvent mettre tout cela en usage et sont forcés, en conséquence, de le rejeter à titre de bagage inutile. En revanche, ils ont perdu ce qui leur était le plus nécessaire : il leur manque cette énergie morale et physique dont ils auraient besoin, et qui leur est absolument indispensable s'ils veulent faire une entrée convenable dans la vie réelle.

Et puis, considéré dans sa manière de vivre et de traiter les hommes, un fonctionnaire de l'ordre civil doit-il être exempt d'affection et de bienveillance? Comment pourra-t-il se sentir, se montrer bienveillant, s'il ne se trouve pas bien lui-même? Or tous ces gens-là ont le cœur malade. Le tiers de ces savants, de ces serviteurs de l'État courbés sur leur table de travail, est atteint de maux physiques et livré au démon de l'hypocondrie. C'est ici qu'il faudrait régénérer la société dans ses parties supérieures, afin, du moins, de préserver les générations futures d'une pareille décrépitude.

Espérons cependant; peut-être, au bout d'un siècle, aurons-nous assez gagné pour cesser d'être des savants abstraits et des philosophes, et pour devenir, au contraire, des hommes.

11

Aristote a eu de la nature une intuition plus certaine qu'aucun des modernes; mais il formulait trop vite ses opinions. Si l'on veut conquérir quelque chose sur la nature, il faut procéder envers elle avec lenteur et patience.

12

5 octobre.

Ce matin je me suis entretenu avec Gœthe du Combat poétique de la Wartbury par Fouqué; il m'avait engagé à lire cet ouvrage. Nous sommes tombés d'accord sur ce point, que l'auteur s'est occupé pendant le cours de sa vie entière d'études sur la vieille littérature germanique, et qu'il n'a su en retirer, en fin de compte, aucun profit pour son éducation poétique.

« Nous avons aussi peu à retirer de cette époque sombre du vieux germanisme, a dit Gœthe, que nous avons gagné aux chants serbes et aux poëmes populaires et naïfs du même genre. Sans doute, on lit ces productions et l'on s'y intéresse un certain temps, mais c'est uniquement pour les oublier et pour les laisser derrière soi. Les passions de l'homme et sa destinée l'entourent en général d'assez de ténèbres, sans qu'il soit nécessaire d'ajouter celles d'un passé barbare. Il a besoin de lumière et de sérénité; c'est donc pour lui une obligation de se tourner vers ces époques de l'art et de la littérature, où des natures d'élite sont parvenues à une telle supériorité de la forme, qu'elles s'en trouvent heureuses et sont en mesure de faire participer les autres à leur propre fortune.

« Si vous voulez concevoir une opinion favorable de Fouqué, lisez son *Ondine*, qui, en vérité, est charmante. Le sujet, j'en conviens, était avantageux, et l'on n'oserait même affirmer que le poëte en a tiré tout ce qu'il comportait. Néanmoins *Ondine* est une œuvre réussie et elle vous plaira.

— La littérature contemporaine en Allemagne, ai-je repris, ne m'apparaît point sous un brillant aspect.

— En regard des grands écrivains étrangers, a dit Gœthe, nos auteurs allemands contemporains ne peuvent, je l'avoue, soutenir l'épreuve. Mais il est bon pour vous de vous familiariser successivement avec tout ce qui se produit au dedans et au dehors, afin de voir où l'on peut acquérir, à proprement parler, cette culture générale et supérieure, qui est indispensable au poëte.

« La *Fair maid of Perth* de Walter Scott n'est-elle pas une œuvre réussie? Quelle sûreté de touche! quel pinceau! Voyez quelle solidité dans le plan, et comme dans les détails chaque trait va au but! Quelle finesse! quelle perfection égale dans le dialogue et dans les descriptions! Les scènes et les situations ressemblent à des peintures de Téniers. Elles décèlent dans leur ordonnance générale le point où l'art atteint ses limites: les figures, prises à part, sont d'une vérité frappante, et, dans leur exécution, l'artiste, s'attachant à elles jusqu'aux moindres minuties, ne nous dérobe pas une seule hachure.

« Dans ce livre, tout repose sur la réalité comme base, et la réalité la plus frappante en ressort aussi comme conséquence. Partout, dans le dessin de Walter Scott, vous apercevez la justesse unie à la profondeur. C'est un effet de la connaissance étendue qu'il a du monde réel. Il y est parvenu par des études, des observations poursuivies durant une existence entière par une analyse journalière des phases les plus importantes de la vie. Ajoutez à cela son immense talent, sa personnalité colossale. Il vous souvient de ce critique anglais, qui compare les poëtes avec des voix humaines de chanteurs. Quelques-uns n'ont à leur disposition qu'un petit nombre de bonnes notes, tandis que d'autres déminent en maîtres absolus l'échelle des sons, depuis le plus grave jusqu'au plus aigu. C'est à cette dernière famille qu'appartient Walter Scott. Dans la *Jolie fille de Perth* vous ne trouverez pas un seul endroit faible où vous pourriez sentir que, par ses connaissances ou son talent, il ait été en dessous de lui-même. Il est sous tous les rapports à la hauteur de son sujet. Le roi, le frère du roi, le prince royal, le chef du clergé, la noblesse, la magistrature, le bourgeois, l'artisan, le montagnard, chacun est dessiné d'une main également sûre, et rendu avec une égale vérité. »

13

D'ordinaire, les femmes lisent un livre pour y trouver un aliment à leur cœur, un héros qu'elles puissent aimer. Ce n'est point ainsi qu'il faut lire : il ne s'agit point de savoir si c'est tel ou tel caractère, mais bien le livre qui plaira.

14

En Allemagne, nous ne sommes tous que des unités isolées : chacun se renferme dans les opinions de sa province, de sa cité, de son propre *moi*; de longtemps nous n'arriverons à une espèce de travail commun.

15.

7 octobre.

On s'est entretenu du théâtre, et l'on a beaucoup discuté le dernier opéra de Rossini, son *Moïse*. On a critiqué le sujet; on a loué et blâmé la musique. Gœthe a dit :

« Mes chers enfants, je ne comprends pas comment vous pouvez séparer et goûter isolément le sujet et la musique. Le sujet n'a aucune valeur, prétendez-vous, mais vous vous en êtes consolés par un régal d'excellente musique. J'admire que la nature vous ait ainsi organisés, que votre oreille puisse écouter des sons charmants, tandis que la vue, le plus parfait de nos sens, est tourmentée par des objets absurdes.

« Vous ne nierez point que votre *Moïse* ne soit en effet par trop absurde. Au lever du rideau voilà nos gens qui prient. Cela est fort inconvenant. « Lorsque « tu voudras prier, dit l'Écriture, rentre dans ta chambre « et ferme la porte sur toi. » Donc, au théâtre, point de prière.

« Quant à moi, je vous eusse donné un *Moïse* tout différent. D'abord je vous aurais montré les enfants d'Israël, accablés de mille corvées odieuses et souffrant de la tyrannie des gouverneurs de l'Égypte. De cette sorte, vous eussiez saisi ensuite plus facilement les mérites de Moïse à l'égard de son peuple, qu'il a su délivrer d'une honteuse oppression. »

Alors Gœthe s'est mis à reconstruire, avec une facilité supérieure, l'ensemble de l'opéra, qu'il suivait pas à pas, scène par scène, acte par acte, procédant toujours avec esprit, avec animation, dans le sens historique du sujet, à la satisfaction, à l'étonnement de toute la compagnie, qui ne se lassait pas d'admirer le flux irrésistible de ses pensées et la gracieuse abondance de son invention. Les idées passaient trop vite devant nous pour que j'aie pu les retenir. Cependant il m'est resté en mémoire une danse d'Égyptiens, que Gœthe intercalait après la disparition des ténèbres. C'était une manifestation de leur joie pour la lumière qu'ils venaient de recouvrer.

16

L'entretien étant tombé sur les diverses races humaines, la noire, la brune, la jaune et la blanche, qui peuplent les régions terrestres, on s'est demandé à la fin s'il faut réellement admettre que tous les hommes descendent d'un couple unique, Adam et Ève.

M. de Martins tenait pour la tradition biblique, et, en sa qualité de naturaliste, il cherchait à la corroborer par cette proposition, que la nature procède dans ses œuvres avec une économie extrême.

« Je ne saurais admettre cette opinion, a dit Gœthe. Je soutiens, au contraire, que la nature se montre constamment large et prodigue, et qu'on est infiniment plus dans son esprit lorsqu'on suppose qu'au lieu d'un seul misérable couple, elle a fait surgir les hommes par douzaines et par centaines.

« En effet, lorsque la terre fut parvenue à un certain point de maturité; lorsque les eaux se furent écoulées et que le sol asséché se fut couvert d'une verdure suffisante, alors survint l'époque de la création de l'homme, et les hommes, partout où le sol le permettait, s'élevèrent par la toute-puissance de Dieu, d'abord sur les plateaux, selon toute vraisemblance. Telle est l'hypothèse que je regarde comme rationnelle. Mais se creuser la tête pour savoir comment cela s'est produit, c'est un travail oiseux que nous laisserons à ceux qui s'occupent de problèmes insolubles et qui n'ont rien de mieux à faire. »

17

C'est à Rome seulement, je peux le dire, que j'ai senti ce que c'est que d'être un homme, dans le vrai sens du mot... Cette élévation de sentiments, cette félicité que j'éprouvais alors, je n'ai pu y atteindre dans la suite. Lorsque je compare mon état actuel à celui dans lequel je vivais à Rome, j'affirme que mon bonheur a été perdu à tout jamais.

18

En général l'intelligence de l'art est très-développée dans Walter Scott. Voilà pourquoi nous et ceux qui, comme nous, pénètrent le mécanisme d'une œuvre, nous ressentons un double intérêt pour ses productions et en retirons le plus grand profit.

Quand vous en aurez terminé avec la *Fair maid of Perth*, il faut que vous lisiez immédiatement après *Wawerley*. Ici, Walter Scott présente, sans contredit, un tout autre genre, et l'on peut sans hésitation placer ce roman à côté de ce qui a été de mieux écrit au monde. On voit bien que c'est le même homme qui a créé la *Fair maid of Perth*, mais il avait à conquérir la faveur du public et prenait ses précautions pour ne point hasarder un seul trait qui ne fût excellent. En revanche, la plume qui a écrit la *Fair maid of Perth* a plus de liberté ; l'auteur est déjà sûr de son public, et commence à s'abandonner un peu...C'est dans *Wawerley* que l'illustre écrivain a montré ce dont il était capable, et dans la suite il n'a rien composé qui fût supérieur ni même égal à cette première publication.

19

Mes ouvrages ne sont point susceptibles de devenir populaires. Je n'ai point écrit pour les masses, mais pour une classe d'hommes, dont la volonté, les études et les tendances ont de l'analogie avec les miennes.

20

17 octobre.

Les efforts de Cousin et de son école ont à mes yeux une importance particulière. Ces hommes sont sur la voie pour opérer un rapprochement entre la France et l'Allemagne ; ils créent une langue dont la qualité essentielle est de faciliter aux deux nations le commerce des idées.

21

Que signifie un fatras de vieilles règles froides et surannées? Qu'est-ce que tout ce bruit à propos de classiques et de romantiques? Le point essentiel, c'est qu'une œuvre soit, d'un bout à l'autre, bonne et bien faite; elle ne manquera pas alors d'être classique.

22

GŒTHE.

Le monde ne doit pas arriver au but aussi vite que nous le pensons, que nous le souhaitons. Les démons du retard sont là, qui partout interviennent, partout s'opposent, en sorte que l'ensemble progresse, sans doute, mais fort lentement. Si vous continuez à vivre, vous serez à même de voir que j'ai raison.

ECKERMANN.

Le développement de l'humanité semble s'opérer sur une échelle de proportions qui compte plusieurs milliers d'années.

GŒTHE.

Qui sait? Peut-être des millions; mais laissons l'humanité subsister tant qu'elle voudra : elle ne manquera pas d'obstacles qui lui donneront de la besogne, ni de difficultés de tout genre, propres à développer ses forces. Elle deviendra plus avisée, plus perspicace, mais non pas meilleure, plus heureuse, plus capable d'action, sauf, tout au plus, à certaines époques. Je vois approcher le temps où Dieu cessera d'avoir en elle son plaisir, où il sera forcé d'abattre tout et de procéder à un rajeunissement de la création. Je suis convaincu que tout est disposé à ce point de vue et que, dans les pages lointaines de l'avenir, le temps, l'heure est marquée où cette rénovation doit s'opérer. Mais, pour sûr, un bon intervalle nous sépare de ce moment, et nous pouvons encore nous livrer, pendant bien des milliers d'années, à toute espèce d'amusements en ce bas monde, si vieux et si charmant.

25

On prétend que les Grecs, dans les représentations d'animaux, sont restés beaucoup en dessous de la nature, et que les taureaux, les chevaux, les béliers, tels qu'on les voit sur les bas-reliefs, ne sont que des animaux roides, informes, imparfaits. Je n'en disconviens pas; mais, au préalable, il faut distinguer de quelle époque et de quel artiste émanent ces ouvrages. Si l'on établit les différences nécessaires, on pourra faire voir une multitude de chef-d'œuvres où les artistes grecs, représentant des animaux, ont non-seulement égalé la nature, mais l'ont même surpassée. Les Anglais, les premiers connaisseurs en chevaux qu'il y ait au monde, sont forcés d'avouer à présent, au sujet de deux têtes de chevaux antiques, qu'elles sont d'une telle perfection de formes, qu'on en chercherait vainement le modèle dans les races actuellement existantes. Ces têtes datent de la plus belle époque grecque; et si des œuvres pareilles nous remplissent d'étonnement, nous admettrons, non pas que ces artistes aient travaillé d'après une nature plus parfaite que celle d'aujourd'hui, mais qu'ils traitaient la nature dans la liberté de leur grandeur personnelle.

24

Il faut être quelque chose pour produire quelque chose. Dante nous paraît grand, mais il avait par-devers lui le bénéfice des travaux accomplis par les siècles précédents. La maison Rothschild est opulente, mais il a fallu plus d'une génération pour accumuler les trésors qu'elle possède. Toutes ces raisons se touchent de plus près qu'on ne pense. Nos artistes naïfs qui ressuscitent la vieille Allemagne ignorent cela : ils se tournent vers l'imitation de la nature avec leur faiblesse personnelle et leur impuissance artistique, et ils s'imaginent qu'ils font beaucoup. C'est en dessous de la nature qu'ils sont. Or, quiconque cherche à produire une œuvre grande, doit avoir élevé son éducation à un tel niveau, qu'il soit à même, comme les Grecs, d'attirer dans les hautes régions de son génie la chétive réalité que lui offre la nature, et de donner une existence réelle aux choses qui, dans les phénomènes de la nature, sont restées à l'état d'intention, soit par faiblesse inhérente, soit à cause d'obstacles extérieurs.

25

C'est un plaisir de voir à quelle hauteur, à quel degré de capacité s'élèvent aujourd'hui les critiques anglais. Plus de traces de l'ancien pédantisme, auquel succèdent de grandes qualités[1].

26

Les Allemands ne peuvent se débarrasser de l'esprit bourgeois. Les voilà qui épiloguent et qui se querellent aujourd'hui, au sujet de certains distiques imprimés dans les œuvres de Schiller et dans les miennes. Ils s'imaginent qu'il y a de l'importance à fixer quels sont ceux qui appartiennent en propre à l'un ou à l'autre, comme s'il y avait là quelque chose à gagner, comme s'il ne suffit pas que les choses elles-mêmes existent.

Schiller et moi, unis comme nous l'étions par une affection de plusieurs années, ayant des intérêts identiques, des rapports journaliers, échangeant en commun nos pensées, nous vivions dans une telle intimité, qu'il ne saurait être question le moins du monde, à pro-

---

[1] Gœthe estimait particulièrement Carlyle; c'est lui qu'il a surtout en vue.

pos de quelques idées, de la part qui revient à celui-ci ou à celui-là. Nous avons composé un assez grand nombre de distiques en collaboration. Souvent j'étais le père de l'idée, Schiller l'auteur des vers; parfois c'était le contraire qui avait lieu, ou bien encore c'était Schiller qui faisait le premier vers et moi le second. Comment pourrait-il être ici question du mien et du tien? Il faudrait en vérité être soi-même un pédant achevé, si l'on pouvait mettre la moindre importance à lever de pareils doutes.

Ces puériles recherches sont fréquentes dans le monde littéraire, lorsque par exemple on met en doute l'originalité de tel ou tel homme célèbre, lorsqu'on tente de remonter aux sources d'où il a puisé son instruction. C'est le comble du ridicule. On pourrait avec une égale raison demander à un homme robuste quels bœufs, quelles brebis, quels porcs il a consommés et l'ont rendu vigoureux. Sans doute nous naissons avec des aptitudes. Quant à notre développement, nous en sommes redevables à ces mille influences du vaste monde; nous nous en assimilons ce que nous pouvons, ce qui est conforme à notre nature. Je dois beaucoup aux Grecs et aux Français; ma dette envers Shakspeare, Sterne et Goldsmith est immense. Mais ce ne sont point là les sources exclusives de mon instruction. Pour les connaître il faudrait chercher à l'infini et ce serait peine superflue. La chose essentielle, c'est d'avoir une âme qui aime le vrai et s'ouvre à lui là où elle le trouve.

En général, le monde est maintenant si vieux, tant

d'hommes marquants ont vécu et pensé depuis des siècles, qu'il ne reste que bien peu de choses nouvelles à découvrir et à dire.

27

Il faut répéter constamment les choses vraies, parce que l'erreur renouvelle sans cesse autour de nous ses prédications, et qu'elle a pour organes non pas de simples individus, mais les masses.

28

Je vois paraître, dans les sciences naturelles, une génération d'élite, et je la contemple avec bonheur. Quelques-uns commencent bien, mais ils ne se maintiennent pas. Leurs idées préconçues les dominent et les induisent en erreur. D'autres s'attachent trop aux faits; ils en recueillent une infinité, mais sans en rien conclure. En somme, ce qui manque, c'est un esprit de théorie capable de remonter aux phénomènes primitifs et de dominer les faits partiels.

29

A vrai dire, tout ce qui est sorti de la plume de Voltaire est bon, quoique je ne sois point disposé à lui laisser passer toutes ses témérités. Mais ses poésies détachées doivent être mises parmi les choses les plus charmantes qu'il ait écrites. On n'y trouve pas une seule ligne qui ne soit pleine d'esprit, de clarté, de gaieté et de grâce. Il avait le ton du meilleur monde.

Malgré son indépendance et sa hardiesse il a su constamment rester dans les limites des convenances. L'impératrice m'a répété bien souvent que dans les poésies adressés par Voltaire à des princes il ne s'est pas une seule fois écarté du respect.

Et puis, a-t-on jamais vu un autre poète à qui son talent ait aussi bien obéi à toute heure? Une fois, Voltaire venait de passer quelque temps en visite chez son amie madame du Châtelet; au moment du départ et comme la voiture était à la porte, il reçoit d'un certain nombre de jeunes filles, élèves d'un couvent du voisinage, une lettre qui lui exprimait leur intention de représenter, pour le jour de naissance de leur abbesse, la *Mort de César* et qui lui demandait un prologue. L'aventure était trop piquante pour que Voltaire pût refuser. Sans tarder, il prend une plume et du papier, et, debout, il écrit sur le chambranle d'une cheminée les vers qu'on réclame de lui. Il y en a une vingtaine, tous achevés pour la forme et le fond, s'adaptant à la circonstance, bref, de la meilleure facture. C'est par centaines qu'il a composé des poésies de ce genre; sans doute il en existe plus d'une dans des collections particulières.

Lord Byron appréciait extraordinairement Voltaire; il a dû le lire beaucoup, l'étudier, le mettre à contribution. C'est que lord Byron savait à merveille où il y avait quelque chose à prendre. Il était trop intelligent pour ne pas aller puiser aussi à cette source commune de lumières.

30

La conversation a roulé sur Byron et sur quelques-uns de ses ouvrages. Gœthe a fréquemment réitéré, à propos de ce grand talent, les marques d'une vive admiration.

« Je m'incline, ai-je repris, devant le jugement de Votre Excellence. Mais, quelque considérable et grand que soit le talent de ce poëte, je me permets de douter que l'homme en retire un avantage marqué pour son éducation morale proprement dite.

— Et je m'inscris en faux, a répliqué Gœthe. La hardiesse, les témérités, le grandiose de Byron, tout cela ne nous forme-t-il point?... Il faut se garder de ne rechercher notre culture que dans ce qui est exclusivement pur et moral... Tout ce qui est grand contribue à notre éducation. »

1829

—

I

Schubert est en vérité un homme considérable ; il exprime même plus d'une idée excellente quand on la traduit en un autre langage. La tendance générale de son livre est celle-ci : « Il existe un point de vue en dehors de la philosophie, celui du sens commun. La science et l'art, indépendants de la philosophie, ont toujours prospéré, grâce à la libre action des forces dont la nature a doué l'homme. » Voilà qui me donne raison. J'ai constamment répudié le despotisme de la philosophie pour m'en tenir au sens commun.

Les côtés faibles de Schubert, c'est que, chez lui, la science de certaines choses est plus forte que l'expression, et qu'il n'aborde pas toujours les questions avec franchise. Comme Hegel, il attire le christianisme dans la philosophie ; celle-ci n'a pourtant rien à y voir. La religion chrétienne est en soi un être plein de puissance, dans lequel l'humanité défaillante et misérable a constamment trouvé un soutien à certaines époques ; si on lui concède ces effets, elle est au-dessus de toute philosophie et n'a rien à emprunter de ce côté. C'est ainsi que le philosophe, à son tour, n'a pas besoin du crédit de la religion pour établir certaines doctrines, celle, par exemple, de l'immortalité de l'âme. L'homme doit croire en une durée éternelle, il en a le droit ; ce droit est conforme à sa nature. Il est admis à s'en reposer sur les promesses de la religion. Mais si le philosophe, pour établir l'immortalité de notre âme, invoque une légende, sa démonstration est très-faible et n'a pas grande importance. La conviction de la durée de notre être résulte pour moi de l'idée de l'activité. En effet, si j'agis sans relâche jusqu'à ma dernière heure, la nature est obligée de m'assigner une nouvelle forme d'existence, dès que la forme actuelle est impuissante à contenir plus longtemps mon esprit.

2

4 février.

Gœthe s'est fait apporter un carton qui contenait des dessins et des gravures. Après en avoir contemplé et retourné en silence quelques feuilles, il m'a présenté une belle gravure d'après un tableau d'Ostade. « Tenez, m'a-t-il dit, voilà la scène de notre *Good man and good wife*. » J'ai considéré cette feuille avec un grand plaisir.

Je voyais l'intérieur d'une habitation de paysan : cuisine, salon, chambre à coucher, tout n'était qu'une seule et même pièce. Le mari et la femme étaient assis en face et fort près l'un de l'autre ; la femme filait, le mari tordait du fil. Un petit garçon jouait à leurs pieds. Dans le fond on distinguait un lit et des ustensiles de ménage. La porte donnait de plain pied sur la campagne. Cette composition rendait parfaitement l'idée du bonheur dans la médiocrité. Le contentement, le bien-être et une certaine ivresse amoureuse se lisaient sur les physionomies de l'homme et de la femme, qui se regardaient. « Plus on examine cette gravure, ai-je dit, plus on se sent d'aise ; elle a un charme tout particulier. — C'est celui du sentiment, a répondu Gœthe. Il n'est aucun art qui puisse négliger ce charme, et, dans les sujets de ce genre, il se montre dans toute son étendue. Au contraire, dans les compositions d'un ordre plus élevé, dès que l'artiste prend son essor vers l'idéal, il lui est difficile d'y introduire une dose suffisante de sensibilité et de ne point rester sec et froid. A cet égard la jeunesse ou l'âge avancé peuvent être un moteur ou une entrave, et l'artiste doit, en conséquence, tenir compte de ses années et y subordonner le choix de ses sujets. Mon *Iphigénie* et mon *Tasso* m'ont réussi parce que j'étais assez jeune pour animer surabondamment, au moyen de ma sensibilité, ce que la matière offrait d'idéal. Aujourd'hui, à mon âge, je serais au-dessous de semblables sujets, et je crois bien faire en choisissant ceux dans lesquels la matière comporte d'elle-même une certaine sensibilité. Une œuvre dramatique, sur le papier, ne signifie absolument rien. Le poëte doit connaître les moyens de représentation et tailler ses rôles sur le patron des acteurs qui doivent les jouer.

« Écrire pour le théâtre, c'est un travail spécial, et quiconque ne s'y rend pas promptement familier fera bien d'y renoncer. Chacun s'imagine qu'un fait intéressant en soi-même le sera aussi sur les planches; il n'en est rien. Certaines choses peuvent être charmantes à la lecture, qui, représentées sur la scène, ont un tout autre air et semblent froides. Quand on lit *Hermann et Dorothée*, on croit que cela produirait bon effet au théâtre. Topffer s'est laissé entraîner à mettre ce sujet en comédie; mais quel air cela a-t-il? Quel en est l'effet, surtout quand les acteurs ne sont pas d'un mérite transcendant? Écrire pour le théâtre, c'est un métier qu'il faut connaître, c'est un talent qu'on doit posséder. Ces deux choses sont rares, et, quand elles ne sont pas réunies, il est difficile qu'il en sorte rien de bon. »

3

Le célèbre mathématicien *Lagrange* était un bon cœur, et par là il était grand; car, lorsqu'un homme joint à la bonté le talent, il exerce toujours une influence salutaire et morale sur le monde, comme artiste, poëte, naturaliste, etc..

4

L'Italie m'a donné, en architecture, l'idée de ce qui

est sérieux et grand, mais sans me rendre habile. Je suis redevable de mes progrès à la construction du château de Weimar. J'étais forcé de mettre la main à l'œuvre; je fus même dans la nécessité de dessiner des corniches. Je l'emportais jusqu'à un certain point sur les gens du métier, parce que je voyais les choses avec plus de dégagement.

5

Tout ce qui est grand et distingué appartient aux minorités. On a vu des ministres qui avaient contre eux la nation et le roi, et qui, à eux seuls, menaient leurs plans à bonne fin. Il ne faut jamais s'attendre à ce que la raison devienne l'apanage du peuple. Les passions et les sentiments peuvent bien descendre dans le domaine du peuple, mais la raison ne sera jamais la chose propre que d'un petit nombre d'élus.

6

La plante pousse nœud par nœud; elle a le couronnement de sa vie dans la fleur et la semence. Pour le monde animal il n'en est pas autrement; la chenille, le tænia procèdent par anneaux et se terminent par une tête. Dans les animaux d'un ordre plus relevé et dans l'homme, ce sont les vertèbres qui se superposent les unes aux autres; vient ensuite la tête, dans laquelle se concentrent les facultés.

La loi qui se manifeste dans l'individu, on la constate

également chez l'espèce entière. Les abeilles agglomérées aboutissent à constituer, comme la tête de leur communauté, une reine des abeilles. La manière dont cela a lieu est un mystère qu'il est difficile d'exposer; je puis dire pourtant que j'ai mes idées à cet égard.

Ainsi un peuple produit ses héros, qui, pareils à des demi-dieux, se placent à sa tête pour le défendre et le sauver. C'est ainsi encore que les forces poétiques des Français se sont résumées en Voltaire. Ces capitaines d'un peuple sont grands dans la génération au milieu de laquelle ils opèrent. Plusieurs survivent à cette génération; la plupart sont remplacés par d'autres et oubliés de la postérité.

Il faut posséder d'ailleurs des sommes assez rondes pour suffire aux frais de ses études et de ses expériences. J'ai bien laissé tomber de mes mains un demi-million de ma fortune pour payer mon savoir actuel, non-seulement toute la fortune de mon père, mais aussi mon traitement et le produit considérable de mes ouvrages depuis plus de cinquante ans. En outre, j'ai vu dépenser, pour de grandes entreprises, un million et demi par de hauts personnages avec lesquels j'étais intimement lié, et dont je partageais les démarches, les succès, les désappointements.

Il ne suffirait pas d'avoir du talent; il faut quelque chose de plus pour devenir un homme distingué : il faut vivre dans un milieu d'élite et de là trouver l'occasion de jeter un coup d'œil sur les cartes que tiennent les joueurs de l'époque, de prendre part soi-même aux chances de perte ou de gain.

Toutefois, sans mes recherches dans les sciences naturelles, je n'eusse jamais appris à connaître les hommes tels qu'ils sont. Dans les autres branches d'étude, il n'est point aussi facile de se rendre compte de l'observation pure et de la réflexion, des erreurs des sens et de l'entendement, des faiblesses et de la force des caractères ; les objets ont tous, plus ou moins, une souplesse, une incertitude, qui permet, jusqu'à un certain point, de composer avec eux. Mais la nature, elle, n'entend pas raillerie, celle-là ; elle est constamment vraie, constamment grave et rigoureuse. Elle a constamment raison. Les fautes et les erreurs émanent toutes de l'homme. Elle dédaigne ce qui est insuffisant ; elle n'ouvre son sein, elle ne révèle ses secrets qu'aux efforts persévérants, sincères et honnêtes.

L'entendement seul est impuissant à s'élever jusqu'à elle. L'homme doit prendre son essor vers la raison suprême pour toucher à la Divinité, présente sous le voile des phénomènes primordiaux du monde moral et du monde physique, derrière lesquels elle séjourne et dont elle est le point de départ.

Or, la Divinité agit dans ce qui est vivant et non dans ce qui est mort ; elle pénètre ce qui naît et ce qui se transforme, et non ce qui a conquis entièrement l'existence ou ce qui en est sorti. C'est pourquoi la raison, dans sa tendance vers la Divinité, a le rôle de s'occuper de ce qui est à naître, de ce qui tend à vivre ; l'entendement n'entre en rapport qu'avec ce qui est en repos ou a cessé d'exister.

La minéralogie est, en conséquence, une science qui

ressortit de l'entendement et de la pratique. Les objets dont elle traite sont quelque chose d'inerte qui n'a plus à se produire; inutile de songer ici à une synthèse. Quant à la météorologie, voilà, j'en conviens, un ensemble vivant, qui chaque jour agit et crée sous nos yeux; cela suppose la synthèse. Mais le mécanisme est tellement compliqué, que l'homme n'est point de taille à embrasser une pareille synthèse, si bien qu'il se consume en observations, en recherches superflues. Nous recourons bien aux hypothèses, aux voyages imaginaires, mais la synthèse proprement dite, en cette partie, restera probablement une terre inconnue. Et cela ne me surprend pas lorsque je considère combien il a été difficile, même en des matières aussi simples que la plante et la couleur, d'arriver à une certaine vue d'ensemble.

7

Lavater croyait à Cagliostro et à ses miracles. Lorsqu'on eut démasqué cet imposteur, Lavater soutint que c'était un autre Cagliostro, et que le magicien Cagliostro était un saint personnage.

Lavater avait le cœur excellent, mais il avait d'étranges illusions, et la vérité, dans toute sa rigueur, n'était point son affaire. Il en imposait à lui-même et aux autres.

8

17 février.

Dans leurs leçons, Guizot, Villemain, Cousin se placent au point de vue le plus noble; ils envisagent chaque chose par un côté libéral et neuf; ils vont toujours droit au but. La science était comme un jardin où l'on arrive par des détours et des sinuosités; mais ces hommes hardis, indépendants, en abattent la muraille, ouvrent un large passage à l'endroit par où l'on communique de plain-pied avec les plus larges allées.

La philosophie indoue, si nous devons ajouter foi aux détails fournis par Colebrooke, ne renferme rien d'absolument bizarre; au contraire, en elle reviennent les époques que nous traversons nous-mêmes une à une. Nous sommes sensualistes tant que dure notre enfance; idéalistes quand nous aimons, quand nous attribuons à l'objet aimé des qualités qu'il n'a pas effectivement. L'amour chancelle, nous doutons de la fidélité, et nous sommes sceptiques avant d'y avoir songé. L'indifférence remplit le reste de la vie; nous la laissons aller comme elle peut, et nous finissons par le quiétisme, tout comme les philosophes de l'Inde[1].

9

Dans la philosophie allemande, il y aurait encore

[1] Le lecteur reconnaît ici une idée que M. Cousin reprenait et développait dans son cours de 1828 à la Sorbonne.

deux grands résultats à obtenir. Kant a donné la critique de la raison pure ; c'est un pas immense, mais le cercle n'est point décrit complétement. Un homme capable et dont le nom serait une autorité, devrait écrire à présent la critique des sens et de l'entendement humain[1]. Et si un égal succès couronnait l'entreprise, nous n'aurions guère plus rien à souhaiter dans la philosophie allemande.

10

Hegel a publié sur Hamann, dans les *Annales de Berlin*, un article que je lis et relis depuis quelques jours, et qui mérite largement mes éloges. Les jugements de Hegel, comme critique, ont toujours été bons.

11

Villemain occupe aussi dans la critique une place très-élevée. Les Français, il est vrai, ne reverront jamais un talent qui puisse rivaliser avec celui de Voltaire. Mais, quant à Villemain, on peut dire que le caractère spiritualiste de son point de vue le met au-dessus de Voltaire, dont il a pu ainsi apprécier en juge les qualités et les défauts.

---

[1] Gœthe oublie sans doute que Kant lui-même a rempli ce cadre.

12

Admirer en jouissant de son propre étonnement, c'est pour l'esprit le suprême degré de son élévation ; lorsqu'il rencontre un phénomène primitif qui peut produire en lui cet effet, l'homme doit s'estimer heureux et ne pas chercher une jouissance plus haute ; aussi bien serait-ce inutile. Mais d'ordinaire l'aspect du phénomène primitif ne nous suffit point ; nous nous ingénions à passer outre, et nous ressemblons aux enfants qui, après s'être regardés dans un miroir, le retournent à l'instant même, afin de voir ce qu'il y a de l'autre côté.

13

Merk[1] possédait des collections considérables d'objets d'histoire naturelle, et comme il était de tous points un homme des plus complets, il aimait également les arts. Sa passion allait loin sous ce rapport. S'il apprenait qu'un bourgeois avait entre les mains une belle œuvre, sans être à même de l'apprécier, il employait tous les moyens pour la faire entrer dans sa collection. En pareille affaire, Merck n'avait pas de conscience ; tout procédé lui était bon ; il ne reculait pas devant une

[1] Merk était un homme remarquable, dont l'influence sur la jeunesse de Goethe est appréciée avec vérité par M. Alfred Hédouin dans son importante étude intitulée : *Gœthe, sa vie et ses œuvres*. (V. *Revue germanique*, 31 octobre 1861.)

escroquerie grandiose, quand il ne pouvait réussir autrement.

14

C'était, en somme, un bon temps que celui où j'étais jeune. La littérature allemande était encore une toile vierge, sur laquelle on espérait avec délices pouvoir peindre de bonnes choses. Aujourd'hui elle est tellement barbouillée et salie, qu'on n'a point de plaisir à la regarder et qu'un homme intelligent est en peine pour y trouver place à loger une esquisse.

15

Il en est de nous autres écrivains comme des femmes. Pendant l'accouchement, elles protestent qu'elles n'auront plus de rapports avec leurs maris; mais avant qu'on s'en soit avisé, les voilà de nouveau enceintes.

16

23 mars.

Gœthe m'a dit aujourd'hui : « Dans mes papiers j'ai retrouvé une feuille où j'appelle l'architecture une musique rigide. Et, en vérité, c'est un peu cela. Les dispositions dans lesquelles l'architecture nous jette ont de l'analogie avec les effets de la musique.

13

« Les édifices et les appartements somptueux sont pour les princes et les riches. On éprouve du calme à vivre dedans; on est satisfait; on ne veut rien de plus.

« Ma nature y répugne totalement. Une demeure opulente comme celle que j'avais à Carlsbad me rend lourd et paresseux. En revanche, un logis modeste, comme la mauvaise chambre où nous sommes, où l'ordre est un peu le désordre, une chambre quelque peu bohème, c'est là ce qui me va. Elle laisse à ma nature intime une complète liberté d'agir et de tirer quelque chose de mon propre fonds. »

Nous avons parlé des lettres de Schiller, de la vie qu'ils avaient menée ensemble, des travaux auxquels ils s'excitaient et se poussaient réciproquement. « Schiller aussi, ai-je dit, semblait prendre au *Faust* un intérêt particulier. C'est chose charmante de voir comme il vous stimule, comme il se laisse entraîner par affection à cette idée de poursuivre lui-même les créations du *Faust*. J'ai remarqué à cette occasion qu'il y avait dans sa nature un peu de précipitation.

— Vous n'avez point tort, a répondu Goethe; c'est ainsi qu'il était, comme tous les hommes qui s'appuient trop sur l'idée. En outre il n'avait point de relâche, il ne savait jamais finir, ainsi que vous le voyez par les lettres sur le *Wilhelm Meister*, qu'il voudrait modifier tantôt d'une manière, tantôt d'une autre. C'était pour moi une besogne de chaque jour que de résister, que de sauvegarder et de mettre à l'abri de pareilles influences ses conceptions et les miennes.

— J'ai lu dans la matinée, ai-je dit, son chant funèbre d'un Nadoessis[1], et j'ai admiré cet excellent poëme.

— Vous voyez, a répondu Gœthe, quel grand artiste était Schiller, et comment il savait saisir le monde objectif, quand il l'entrevoyait par la tradition. Assurément le chant funèbre d'un Nadoessis est une de ses meilleures poésies, et je voudrais qu'il en eût composé une douzaine de ce genre. Vous imagineriez-vous cependant que ses plus proches amis l'ont blâmé pour ce poëme, sous prétexte qu'il n'y avait pas mis suffisamment l'empreinte de son idéalisme habituel? — Oui, mon cher, nous avons eu à souffrir de nos amis. Humboldt lui-même ne reprochait-il pas à ma Dorothée d'avoir pris les armes et d'avoir frappé d'estoc et de taille, lors de l'invasion des guerriers? Et pourtant, si vous supprimez ce trait, le caractère de cette extraordinaire jeune fille, tel qu'il convenait à cette époque et dans de pareilles circonstances, est annihilé du coup, et elle redescend au niveau commun[2]. — Au fur et à mesure que vous avancerez dans la vie, vous reconnaîtrez combien est restreint le nombre des hommes d'un esprit assez élevé pour comprendre ce qui doit être; combien,

---

[1] Ce chant est de 1797. Schiller en avait pris l'idée dans le voyage de l'Anglo-Américain Th. Carver, qui, vers le milieu du dix-huitième siècle, avait passé sept mois chez les Nadoessis, tribu sauvage de l'Amérique du Nord. (V. *Œuvres de Schiller*, traduction nouvelle par Ad. Régnier, t. I, p. 217).

[2] Voy. le chant intitulé *Clio*; c'est le sixième du poëme. — Humboldt avait-il absolument tort contre Gœthe? Dorothée abat un soldat d'un coup de sabre et met en fuite tout un peloton; c'est peut-être beaucoup.

au contraire, la masse ne loue et ne soutient que les seules œuvres qui sont à sa portée. Ceux dont je vous ai parlé étaient des premiers et des plus notables : jugez d'après cela les opinions de la foule.

« Si dans les arts plastiques, dans mes études sur la nature, je n'avais pas eu de base, je me serais difficilement maintenu à fleur d'eau dans ces temps ingrats et sous leurs influences de chaque jour. Mais c'est là ce qui m'a défendu; c'est par là aussi que je venais au secours de Schiller. »

17

« Plus un homme est élevé, a dit Gœthe, plus il est placé sous l'influence des démons[1], et son attention doit être constamment en éveil, pour empêcher son libre arbitre de faire fausse route.

« C'est ainsi qu'une nécessité surnaturelle présida à ma liaison avec Schiller. Notre rapprochement pouvait s'effectuer plus tôt et plus tard. Mais ce qui a été de quelque importance, ce qui amena de féconds résultats pour l'un et pour l'autre, c'est que notre liaison ait daté justement de l'époque où j'en avais fini avec mon *Voyage en Italie*[2], où Schiller commençait à être fatigué des spéculations philosophiques. »

[1] Ce mot est pris dans le sens ancien.
[2] C'est-à-dire sans doute à une époque où les principes esthétiques de Gœthe étaient fixés.

18

3 avril.

Gœthe me disait aujourd'hui : « Capodistrias ne peut demeurer long-temps à la tête des affaires en Grèce; c'est faute d'une qualité indispensable dans un tel poste : il n'est pas soldat. Nous n'avons pas d'exemple d'un homme de cabinet qui ait pu organiser un État en révolution et soumettre à son autorité l'armée et ses chefs. Lorsqu'on a le sabre au poing, lorsque l'on dispose de forces militaires, on est admis à commander, à dicter des lois, et l'on peut compter sur l'obéissance : s'il n'en est pas ainsi, la position devient critique. Que Napoléon n'eût pas été soldat, il n'aurait jamais pu monter au rang suprême. Capodistrias ne saurait donc se maintenir à la première place; loin de là, son rôle deviendra promptement un rôle secondaire. Ainsi le veut la nature des choses. »

Gœthe s'est étendu ensuite sur les Français, notamment sur Cousin, Villemain et Guizot : « Grande, a-t-il dit, est la pénétration, la profondeur, la sagacité de ces hommes. Ils joignent à une parfaite connaissance du passé l'esprit du dix-neuvième siècle, lequel, il faut en convenir, produit des merveilles. »

De ceux-ci nous avons passé aux poètes français les plus nouveaux et à la signification des termes *classique* et *romantique*. « Il m'est venu à l'esprit, a dit Gœthe, une expression neuve, qui ne spécifie pas mal ce rapport. J'appelle classique ce qui est sain, et romantique ce qui est maladif. C'est ainsi que les *Nibelungen* sont aussi classiques qu'Homère : il y a là une valeur intrinsèque et la santé. La plupart des œuvres récentes ne sont point romantiques parce qu'elles sont récentes, mais parce qu'elles sont faibles, maladives et malades. Si nous distinguons le classique et le romantique par ces qualités, nous saurons bientôt à quoi nous en tenir. »

19

C'est un grand et vaste chapitre à traiter que celui des influences morales qui agissent sur nous ; en fin de compte, tout est influence, si tant est que nous ne soyons pas cela nous-mêmes. Il faut pourtant que le meilleur de notre *moi* se maintienne vigoureusement et n'accorde pas au démon plus de pouvoir qu'il ne convient.

C'est avec raison qu'on a supposé dans les végétaux d'un pays la propriété d'influer sur l'humeur de ses habitants. Certes, celui qui vivrait au milieu de chênes austères et majestueux deviendrait un autre homme que celui qui se promènerait chaque jour entre des riants bouleaux. Sans doute nous ne devons pas perdre de vue que les hommes, en général, ne sont pas d'une trempe très-délicate, et qu'en somme ils vivent bravement au jour le jour, sans laisser prendre beaucoup de puissance aux impressions extérieures : il n'en est pas moins certain qu'en dehors du principe constitutif de la race, le sol comme le climat, la nourriture aussi bien que le genre d'occupations contribuent à compléter le caractère d'un peuple. Considérons également que les peuplades primitives prenaient possession pour la plupart du sol qui était à leur convenance et où, par conséquent, la contrée s'adaptait déjà à l'humeur naturelle des hommes.

20

Contre les catholiques toutes les mesures de précaution sont superflues. Le saint-siége a des intérêts auxquels nous ne pensons point, et pour les mener à bonne fin, il possède des ressources dont nous n'avons nulle idée.

21

3 avril.

Cousin, Villemain et Guizot, laissant de côté le genre léger et superficiel de Voltaire, se sont rendus savants comme on ne l'était jadis qu'en Allemagne. Et, avec cela, quelle intelligence! quelle pénétration! quel art de développer un sujet! Cela est admirable. On dirait qu'ils foulent le raisin sous le pressoir. Tous trois sont des hommes supérieurs; mais c'est Guizot qui m'est le plus cher.

22

Un grand prince, pour être populaire, n'a besoin que de sa grandeur. Si ses efforts et ses travaux ont rendu ses États prospères à l'intérieur, respectés au dehors, il peut s'étaler en voiture de gala et revêtu de tous ses insignes, ou se faire traîner dans un méchant carrosse, le cigarre à la bouche, la pelisse sur le dos, peu importe. Il a conquis une fois pour toutes l'amour de son peuple; il continue à jouir de la même considération. Mais si la grandeur personnelle manque à un prince; s'il ne sait pas conquérir par des bienfaits l'affection de ses sujets, c'est à lui d'aviser à d'autres moyens de se rallier le peuple, et, parmi ceux-ci, il n'en est pas de meilleur ni de plus efficace que la religion et que la participation aux mêmes sacrements, aux mêmes exercices, aux mêmes pratiques. Paraître chaque dimanche à l'église, abaisser ses regards sur les fidèles et s'offrir à leurs yeux pendant une petite heure, tel est, pour capter la popularité, le moyen le plus infaillible que l'on puisse conseiller à chaque jeune souverain, et que n'a pas dédaigné Napoléon lui-même, nonobstant toute sa puissance.

23

Le clergé catholique dispose d'une vaste influence, et son action peut s'exercer dans l'ombre. Un jeune publiciste de Hanau, dans un journal qu'il avait fondé, s'était permis récemment quelques plaisanteries sur le rosaire. Cette feuille, grâce à l'influence du clergé dans les diverses paroisses, fut obligée de suspendre sa publication. Peu de temps après la publication de *Werther*, il en parut à Milan une traduction italienne. Bientôt l'édition fut épuisée; on n'en voyait plus un seul exemplaire. L'évêque avait chargé ses ecclésiastiques des diverses paroisses de tout acheter. Je n'en fus point fâché; je riais de la présence d'esprit de ce prélat, qui avait entrevu sur-le-champ que le *Werther* était un mauvais livre pour les catholiques, et qui recourait sans retard aux moyens les plus efficaces pour en débarrasser le monde sans le moindre esclandre.

24

GOETHE.

L'auteur d'une épopée récente a pris beaucoup de peine pour obtenir dans les journaux des jugements favorables sur son travail. Ces jugements ont paru en effet un peu partout; mais voici la *Gazette littéraire de Halle* qui arrive à son tour; elle exprime sans ménagements ce qu'il faut penser du poëme, et réduit à néant ce verbiage louangeur des autres feuilles. Quiconque, de nos jours, ne marche pas droit est promptement deviné; le temps n'est plus où l'on se moquait du public, où on l'égarait.

ECKERMANN.

Ce qui m'étonne, c'est que les hommes se morfondent si cruellement pour acquérir un peu de réputation, au point de recourir même aux moyens obliques.

GOETHE.

Mon cher enfant, un nom, ce n'est pas peu de chose. Napoléon n'a-t-il pas, pour un grand nom, bouleversé la moitié du monde?... La puissance de la vérité est grande. Cette auréole, ce prestige dont les journalistes, les historiens, les poëtes ont entouré Napoléon, tombe devant l'effrayante réalité du livre que voici[1]; mais le héros n'en est point rapetissé; loin de là, il s'élève à mesure qu'il se rapproche davantage du vrai.

ECKERMANN.

Sa présence devait exercer une sorte de fascination pour qu'il pût soumettre les hommes en un clin d'œil, se les attacher et les conduire.

GOETHE.

Assurément sa personnalité était d'un ordre supérieur. Mais, le point essentiel, c'est que les hommes étaient certains d'atteindre leur but avec lui. Voilà pourquoi ils devenaient ses partisans, comme ils le sont de quiconque leur inspire une pareille confiance. Les comédiens ne s'attachent-ils pas à un régisseur dont ils espèrent obtenir de bons rôles? C'est là une vieille histoire qui se renouvelle sans cesse; la nature humaine est ainsi faite une fois pour toutes. Nul ne sert son prochain spontanément; mais, si l'on croit se servir soi-même, on n'hésite pas. Napoléon connaissait bien les hommes, et il savait tirer de leurs faiblesses un parti convenable[2].

----

[1] Les *Mémoires de Bourrienne*.

[2] Ces paroles rappellent ce que disait Courier, à la fin d'une de ses

25

La mesure découle à notre insu de la disposition poétique. Si l'on voulait y réfléchir, lorsqu'on écrit une pièce de vers, on y perdrait la tête ; il n'en sortirait rien de raisonnable.

26

6 avril.

Je continue à lire les leçons de Guizot ; elles se soutiennent admirablement. Celles de cette année vont jusqu'au huitième siècle environ. Guizot possède plus de profondeur, plus de pénétration que je n'en ai rencontré chez aucun historien. Des choses auxquelles on ne songe pas acquièrent à ses yeux une importance majeure, en tant que sources d'événements considérables. Par exemple, l'influence qu'a exercée sur l'histoire la prédominance de certaines opinions religieuses, telles que la doctrine du péché originel, de la grâce, des bonnes œuvres ; les transformations qu'elles ont fait subir à certaines époques, voilà ce qu'il sait déduire et démontrer avec clarté. Le droit romain lui-même, cet

let très (mai 1804) : « ... Voilà nos nouvelles ; mande-moi celles du pays où tu es et comment la farce s'est jouée chez vous. A peu près de même sans doute.

« Chacun baise en tremblant la main qui nous enchaîne.

« Avec la permission du poëte cela est faux. On ne tremble point, on veut de l'argent, et on ne baise que la main qui paie. »

ensemble indestructible, qui, pareil à un plongeur, disparait, il est vrai, par intervalles, mais ne se perd jamais complétement et revient toujours plein de vie à la surface de l'eau, tel est aussi l'objet de ses études intelligentes dans lesquelles il ne néglige pas l'occasion de rendre une entière justice à notre excellent Savigny.

Lorsque Guizot traite des influences qu'ont exercées jadis sur les Gaulois les nations étrangères, ce qu'il dit des Allemands m'a particulièrement frappé. Je le cite : « Les Germains nous ont apporté l'idée de la liberté individuelle, caractère distinctif de ce peuple. » En même temps que cela est aimable pour nous, n'est-ce pas complétement exact? Cette idée n'a-t-elle pas été féconde parmi nous de tout temps et jusqu'à ce jour? La réformation n'en dérive-t-elle pas, ainsi que la conspiration des étudiants à la Wartbourg, le bien comme le mal? Et ce salmigondis de notre littérature; cette manie d'originalité chez nos poëtes, dont chacun s'imagine devoir frayer de nouvelles routes; ce besoin qu'éprouvent nos savants de vivre à part et dans l'isolement; ces individualités qui ne relèvent que d'elles-mêmes, qui n'agissent qu'à leur point de vue, tout remonte à ce principe. Les Français et les Anglais, au contraire, ont infiniment plus de cohésion ; ils se règlent les uns sur les autres. Il y a chez eux une certaine parité dans les vêtements et dans la conduite. Ils répugnent à se distinguer de la foule par crainte de se faire remarquer ou même de devenir ridicules. Quant aux Allemands, chacun procède à sa guise ; chacun recherche sa propre satisfaction ; on ne s'inquiète point d'autrui, car l'individu porte en soi, comme l'a justement démontré Guizot, l'idée de la liberté personnelle, et celle-ci en effet inspire d'excellentes choses mais aussi bon nombre d'absurdités.

27

Napoléon traitait le monde comme Hummel son piano. Leur manière semble, à tous deux, impossible ; nous comprenons aussi peu l'une que l'autre, et pourtant on ne peut en nier les effets.

La grandeur de Napoléon consistait particulièrement à être le même à toute heure. Avant et pendant une bataille, après une victoire ou une défaite, il était dans son assiette ordinaire ; il avait la même lucidité, la même résolution. Il était toujours dans son élément, toujours à la hauteur des circonstances, d'une situation quelconque, de même que Hummel n'éprouve aucun embarras, qu'il ait à jouer un adagio ou un allegro, un contralto ou un soprano. Telle est la facilité qui se trouve partout où un talent réel existe, dans les arts de la paix comme dans ceux de la guerre, au piano comme derrière des batteries.

28

Napoléon a réellement visité les pestiférés de Jaffa, pour enseigner par son exemple qu'on peut triompher de la peste quand on est capable de triompher de la peur. Et il a raison. J'ai à citer dans ma propre vie un cas de fièvre putride, où je fus inévitablement exposé à la contagion et n'échappai au fléau que par l'énergie de ma volonté. La puissance du moral en de pareilles conjectures est incroyable. La volonté sature, pour ainsi dire, le corps; elle lui imprime une activité qui repousse toutes les influences malignes. La crainte, au contraire, est un état de faiblesse et d'émotion qui nous paralyse; il devient aisé à chacun de nos ennemis de s'emparer de nous. C'est ce que Napoléon connaissait fort bien, et il savait qu'il ne risquait rien en donnant à son armée un imposant exemple.

29

L'ouvrage de Bourrienne renferme une liste des livres que Napoléon emportait avec lui en Égypte; dans le nombre se trouve *Werther*. Ce qu'il y a de remarquable dans cette liste, ce sont les titres sous lesquels ces livres étaient classés. Dans la section *Politique* étaient catalogués l'Ancien Testament, le Nouveau, le Coran, d'où l'on peut juger à quel point de vue Napoléon envisageait les choses de la religion.

30

Le roi de Bavière m'a tourmenté plus d'une fois pour entendre de ma bouche la vérité sur tel ou tel épisode de mes *Élégies romaines*, qui, sous sa forme poétique, semblait inspiré par quelque réalité sans défaut. Mais l'on oublie que le poëte sait, le plus souvent, convertir de très-minces sujets en merveilles.

31

Notre grand-duc avait réglé mathématiquement l'estimation des honoraires dus pour restaurations de tableaux au compte de son trésor. « Ils seront payés, disait-il dans l'ordonnance, d'après le nombre de pieds. Si un tableau restauré mesure douze pieds carrés, l'indemnité sera de douze thalers; quatre pieds, quatre thalers. » C'était ordonnancer en prince, non en artiste. Tel tableau de douze pieds carrés peut, en effet, se restaurer sans beaucoup de peine en un jour. En revanche, une toile de quatre pieds se trouvera dans un tel délabrement, que le zèle et les efforts d'une semaine entière suffiront tout au plus à la remettre en état. Mais, en vrais militaires, les princes aiment les appréciations mathématiques; ils invoquent volontiers et majestueusement à leur aide les mesures et les nombres.

32

« J'ai eu en ma possession, a dit Gœthe, des dessins d'après Raphaël et le Dominiquin, sur lesquels Meyer a émis une opinion judicieuse que je vais vous soumettre.

« Ces dessins, selon son opinion, trahissent le manque d'habitude ; mais on voit que celui qui en est l'auteur avait un sentiment délicat et juste des œuvres qu'il copiait. Ce sentiment, le crayon l'a traduit, et avec une fidélité si scrupuleuse, que l'original se révèle à notre âme. Si un artiste de nos jours copiait ces tableaux, il en dessinerait les détails infiniment mieux et plus correctement. Toutefois on pourrait prétendre d'avance que ce sentiment intime de l'original lui ferait défaut, et que son travail, quoique meilleur, serait loin de nous donner une idée aussi nette, aussi pleine, de Raphaël et du Dominiquin.

« Cela n'est-il pas très-intéressant ? a continué Gœthe. On pourrait constater un fait analogue dans les traductions. Voss, par exemple, en a publié une d'Homère, qui certes est excellente ; mais il me semble que quelqu'un aurait pu posséder et exprimer un sentiment plus naïf, plus vrai, de l'original, sans être, en somme, un maître aussi habile que Voss. »

35

10 avril.

« En attendant le dîner, voici de quoi vous récréer la vue. » Telles sont les paroles amicales que m'adressait Gœthe, en ouvrant devant moi un volume qui renfermait des paysages de Claude Lorrain.

C'étaient les premiers que je voyais de ce grand maître. L'impression était extraordinaire ; ma surprise et mon ravissement augmentaient à mesure que je feuilletais le volume. La puissance des masses d'ombre, réparties un peu partout; cette chaude lumière qui, du fond, se répand dans l'air et se reflète dans l'eau; ces procédés d'où résulte toujours une impression nette et bien tranchée, voilà ce que j'ai senti comme la loi constante de cet éminent artiste. Ce que j'admirais encore avec bonheur dans chacun de ces tableaux, c'est qu'ils présentaient en réduction un monde où rien n'existait qui ne répondît à l'idée générale et ne la fît ressortir. Que ce fût un port de mer avec des navires au repos, des pêcheurs en mouvement, des édifices somptueux s'élevant au bord de l'eau ; qu'on eût sous les yeux une contrée solitaire et misérable, couverte de monticules sur lesquels broutent les chèvres, traversée par un petit ruisseau avec un pont, *relevée* par quelques broussailles et un arbre touffu, sous lequel un berger enfle ses pipeaux ; soit encore que l'on contemple dans le lointain un pays marécageux, avec des eaux dormantes, qui, au milieu des chaleurs intenses de la journée, nous procurent une agréable sensation de fraîcheur, la composition respire l'unité la plus absolue : nulle trace d'élément hétérogène et parasite.

« Vous avez là enfin un homme accompli, a dit Gœthe, un homme dont les conceptions sont aussi belles que les sentiments et dont l'âme renfermait un monde tel qu'il n'est point facile de le rencontrer. — Ces images sont de la plus haute vérité sans que ce soit nul vestige du réalisme. Claude Lorrain connaissait par cœur, dans les moindres détails, le monde réel, et il l'employait, comme moyen, pour exprimer cet autre monde dont sa belle âme était le siége. Tel est l'idéalisme légitime; il se sert de la réalité de manière que les parcelles visibles de vérité produisent l'effet de la réalité même.

« Suspendez cet examen, a continué Gœthe, et réservez-vous de le poursuivre après dîner. Cette suite de gravures a trop de mérite pour être examinée d'une seule haleine. C'est du moins ce que j'éprouve; une certaine crainte s'empare de moi chaque fois que je me dispose à tourner la feuille. L'appréhension qui me domine en face de ces beautés est d'un genre à part. Tel est aussi le sentiment que nous inspire un livre supérieur; l'abondance des passages remarquables nous oblige à nous arrêter, et c'est en hésitant que nous allons plus loin. »

34

Le génie seul découvre les véritables voies, pendant que tous les autres errent plus ou moins à l'aventure. Voyez les auteurs d'esthétiques; il n'en est pas un qui sache justement ce qu'on doit enseigner et qui ne contribue à troubler entièrement les jeunes poëtes. Au lieu d'aborder la réalité, ils nous entretiennent de l'idéal, et, loin de doter les adeptes des qualités qui leur manquent, ils jettent la confusion dans ce qui existe déjà. Celui qui, par exemple, a reçu de la nature l'esprit et l'enjouement obtiendra de ces facultés, j'en suis sûr, des succès bien plus éclatants s'il ignore presque qu'il en est doué. Qu'il médite, au contraire, les théories en vogue sur des matières si élevées, et voilà que, à l'instant, l'usage sans prétention qu'il faisait de ces facultés est arrêté et entravé; il sera paralysé par la conscience qu'il aura de son talent, et l'aide qu'il espérait deviendra pour lui un obstacle insurmontable.

35

Quand je songe à la manière dont Schiller compulsait les traditions, aux labeurs dont la Suisse devint pour lui l'objet lorsqu'il écrivit *Guillaume Tell*; quand je pense combien Shakspeare mettait les chroniques à contribution, et combien de passages entiers il en intercalait littéralement dans ses pièces, je pense qu'on serait en droit d'engager nos jeunes poëtes à les imiter l'un et l'autre. J'ai introduit dans mon *Clavijo* des fragments entiers des Mémoires de Beaumarchais.

36

On a dit et répété dans tous les temps que nos efforts doivent tendre à nous connaître nous-mêmes. C'est là une obligation étrange à laquelle, jusqu'à présent, personne n'a satisfait, et aussi ne satisfera complétement[*]. Les sens et l'attention de l'homme sont exclusivement

[*] Il est probable que c'est ici une boutade inspirée à Gœthe par l'ennui de voir une foule d'auteurs parler sans cesse d'eux-mêmes; il avait pris en dégoût les bavardages de la littérature *subjective*.

sollicités par le monde externe qui l'entoure, et c'est pour lui une assez rude besogne que de le connaître et de l'asservir à ses desseins. L'homme n'a conscience de lui-même que dans le plaisir et la souffrance, qui lui révèlent son *moi* et les choses qu'il doit rechercher ou éviter. D'ailleurs l'homme est un être obscur; il ignore d'où il vient, où il va; il est peu familier avec le monde, encore moins avec lui-même. Moi non plus, je ne me connais pas : Dieu me préserve de ce malheur !

37

ECKERMANN.

Comment reconnaître qu'on a un talent réel pour les arts plastiques?

GŒTHE.

L'homme d'un talent réel est si bien doué par la nature du sentiment de la forme, des proportions et de la couleur, que très-peu d'indications lui suffisent pour rendre tout cela avec fidélité. Il a d'ailleurs le besoin de reproduire les formes d'une manière palpable, au moyen de la lumière. Ce talent progresse même et grandit intérieurement quand on en laisse reposer l'usage.

38

ECKERMANN.

Un jeune artiste ne pourrait-il pas de nos jours se former d'après Claude Lorrain?

GŒTHE.

Celui qui aurait une âme semblable à la sienne gagnerait très-sensiblement avec lui; cela ne fait pas doute. Mais sinon il dérobera tout au plus à ce maître quelques détails dont il usera comme de fioritures.

33

GŒTHE.

Ce qu'il y a de fâcheux, quand on se voit avancer en âge, c'est d'avoir été entravé par les fausses tendances et de n'avoir reconnu son erreur qu'après un long temps.

ECKERMANN.

Mais à quoi peut-on distinguer qu'une tendance est fausse?

GŒTHE.

La fausse tendance n'est point productive, ou, si elle l'est, ce qu'elle a enfanté n'a aucune valeur. Il n'est pas malaisé de s'en apercevoir chez autrui : le découvrir sur soi-même est une opération à part qui exige une grande indépendance d'esprit. Il ne suffit pas toujours de le reconnaître; on hésite, on doute, on ne peut se résoudre; cela est aussi difficile que de se séparer d'une maîtresse dont l'infidélité est cependant toute prouvée. Je vous dis cela au souvenir de tant d'années qu'il m'a fallu pour voir enfin que ma tendance vers les arts plastiques était fausse, et du temps énorme que j'ai mis à m'en défaire après cette découverte.

ECKERMANN.

Et pourtant cette tendance vous a été si profitable qu'on aurait peine à la qualifier de fausse.

GŒTHE.

J'y ai gagné des lumières ; je puis donc me consoler à cet égard, et c'est l'avantage que nous retirons de toute fausse tendance. Celui qui étudie la musique avec un talent médiocre ne deviendra jamais un maître, sans doute ; mais il apprendra à discerner, à apprécier les œuvres de maîtres. En dépit de mes efforts je ne suis pas certes devenu un artiste, mais en m'essayant dans les diverses branches de l'art, j'ai appris à me rendre compte de chaque ligne tracée, et à distinguer ce qui a du mérite de ce qui est défectueux. Ce n'est point là un faible profit, de même qu'il est rare qu'une tendance fausse n'aboutisse à aucun résultat. Les croisades, par exemple, considérées au point de vue de la délivrance du saint sépulcre, ont été évidemment une tendance fausse : elles ont eu néanmoins ce bon côté d'affaiblir constamment les Mahométans et de les empêcher de devenir les maîtres de l'Europe.

40

La situation de Saint-Pétersbourg a été choisie avec une maladresse inexcusable, puisque, tout auprès de la ville, le terrain commence à s'élever. Le tsar aurait pu préserver entièrement la ville d'inondation, s'il l'avait construite un peu plus haut, et s'il eût laissé le port seulement dans la partie basse. Aussi un vieux matelot lui adressa des représentations, et lui prédit que la population serait submergée tous les soixante-dix ans. En effet, il y avait là un vieil arbre qui gardait les traces diverses de niveaux très-élevés atteints par les eaux. Mais tout fut inutile; le tsar voulut satisfaire son caprice; il ordonna de couper l'arbre, afin de supprimer un témoignage importun.

Vous conviendrez qu'un pareil procédé, de la part d'un si grand caractère, renferme bien quelque chose d'énigmatique. Mais savez-vous comment je me l'explique? L'homme est impuissant à effacer ses impressions de jeunesse, à ce point que les objets, même défectueux, au milieu desquels il a pris habitude et a vécu durant ces heureuses années, il les chérit et les estime jusqu'à sa fin; il en est comme ébloui et n'en remarque pas le côté imparfait. C'est ainsi que Pierre le Grand voulait renouveler le cher Amsterdam de sa jeunesse, dans une capitale assise aux embouchures de la Newa, de même que les Hollandais ont toujours éprouvé la tentation de fonder à plusieurs reprises un autre Amsterdam dans leurs possessions lointaines.

41

Le recueil que j'ai des paysages de Claude Lorrain a pour titre: *Liber veritatis*; il pourrait tout aussi bien s'appeler: *Liber naturæ et artis*, car ici la nature et l'art atteignent la perfection et se confondent dans la plus belle alliance.

Le maître le plus immédiat de Claude Lorrain fut Antonio Tasso; or celui-ci avait été l'élève de Paul Brill, si bien que l'école et les maximes de ce dernier furent, à vrai dire, la base de Claude Lorrain, et fleurirent, en quelque sorte, dans sa personne. Ce qu'il y a encore de sévère et de dur chez l'un et l'autre de ces maîtres prend sous les pinceaux de leur disciple l'air le plus riant, et affecte la plus gracieuse indépendance. Après lui il n'était pas possible d'aller plus loin.

Au surplus, quand il est question d'un talent qui s'est produit avec une telle gloire à une époque et dans un milieu si considérables, il est bien difficile de lui assigner des maîtres. Ces hommes d'élite promènent leurs regards autour d'eux, et s'assimilent les éléments conformes à leurs aspirations. Claude Lorrain est, sans contestation, tout aussi redevable de sa gloire à l'école des Carraches qu'à celle des maîtres immédiats qu'on lui donne.

C'est ainsi qu'on dit ordinairement : « Jules Romain fut élève de Raphaël; » mais on serait aussi bien admis à prétendre qu'il était l'élève du siècle entier. Guido Reni seul eut un disciple qui s'identifia tellement bien avec le génie, l'âme et l'art de son maître, qu'il devint presque un second lui-même et fit les mêmes choses ; c'est cependant un cas spécial qui ne s'est peut-être jamais reproduit. D'autre part, l'école des Carraches eut un cachet d'indépendance; aussi chaque talent s'y développa selon ses instincts naturels, et les maîtres qui en sortirent ne ressemblèrent point les uns aux autres. Les Carraches étaient nés en quelque façon pour devenir les maîtres de l'art. Ils parurent à une époque où des chefs-d'œuvre existaient dans tous les genres, où ils pouvaient, par conséquent, transmettre à leurs disciples les modèles les plus purs de toutes les écoles. Ils furent de grands artistes, des précepteurs illustres, mais je n'oserais affirmer qu'ils furent des hommes de génie dans le vrai sens du mot.

42

A l'article de Claude Lorrain, dans une biographie des artistes, on trouve imprimé ce beau jugement : « Son mérite principal résidait dans la palette. » Voilà qui prouve la forte instruction que l'on acquiert si, s'en tenant aux livres, on adopte leurs leçons !

43

Beaucoup de gens écrivent ou sans talent réel ou sur des matières qu'ils n'entendent pas. Voici pourquoi. Dans notre siècle, les lumières sont tellement répandues, qu'elles constituent en quelque sorte l'atmosphère où la jeunesse respire. Les idées poétiques et philosophiques vivent et s'agitent en elle; elle les a absorbées avec l'air qui l'entoure; elle y voit son bien, elle les proclame comme sa chose propre. Or, du moment que ces jeunes gens ont rendu au siècle ce qu'ils ont reçu de lui, ils tombent dans l'indigence. Ils ressemblent à une source d'où jaillit pendant quelques instants une eau qu'on y a versée, mais qui cesse de couler dès que la provision d'emprunt est épuisée.

44

Le doute au sujet de l'existence de Dieu a fait son temps : on ne doute pas plus de Dieu que de soi-même. Ajoutez que la nature de Dieu, l'immortalité, la constitution de notre âme et son union avec le corps sont des problèmes éternels que les philosophes ne nous aident pas à résoudre. Un philosophe français, des plus récents, ouvre bravement un chapitre en ces termes : « *Il est connu* que l'homme est un composé de deux parties, le corps et l'âme. Commençons en conséquence par le corps, nous traiterons ensuite de l'âme. » Fichte était un peu plus habile quand il dit : « Parlons de l'homme sous le rapport du corps et de l'homme sous le rapport de l'âme. » Il sentait qu'un tout si étroitement lié ne se laisse point séparer. C'est Kant qui nous a été incontestablement le plus utile, en traçant les limites jusqu'où l'esprit humain est capable de pénétrer, et en renonçant aux problèmes insolubles. Que de frais n'a-t-on pas faits en philosophie sur la question de notre immortalité! Et qu'y a-t-on gagné? Je ne doute pas de la continuité de notre existence, car la nature ne saurait se passer de l'entéléchie[1]. Mais nous ne sommes pas tous immortels à un égal degré, et, pour se manifester

[1] De la force active qui vit en soi et pour soi.

dans la vie future comme grande entéléchie, il faut en avoir été déjà une dans celle-ci.

Tandis que les Allemands se torturent pour résoudre les problèmes philosophiques, les Anglais se moquent de nous avec leur gros bon sens pratique, et ils conquièrent le monde. Qui ne connaît leurs déclamations contre la traite des nègres? Pendant qu'ils veulent nous imposer par leur étalage de maximes d'humanité, leur véritable motif n'est qu'un intérêt matériel ; sans cela ils n'agiraient point. C'est ce qu'on aurait dû savoir. Sur la côte occidentale d'Afrique, ils se servent eux-mêmes des noirs dans leurs possessions, et, si on les en exporte, l'Angleterre est lésée dans ses intérêts. Ils ont fondé en Amérique de grandes colonies de nègres très-lucratives, et qui leur fournissent chaque année un immense produit de noirs. C'est avec ceux-ci qu'ils satisfont aux besoins de l'Amérique du Nord. Pendant qu'ils exercent de la sorte un commerce très-avantageux, l'importation du dehors serait un obstacle sérieux à leur but mercantile. De là leurs prédications, bien légitimes à tout autre égard, contre ce commerce inhumain.

15

Les Français, aujourd'hui, commencent à juger sainement le classique et le romantisme qui, disent-ils, ont autant de valeur, autant de mérite l'un que l'autre : l'essentiel, à leur compte, est d'user de ces formes avec intelligence et d'être supérieur. Il est d'ailleurs possible de se montrer absurde dans tous les deux, et alors le premier est aussi misérable que le second.

46

ECKERMANN.

Il est singulier que l'on rencontre si fréquemment chez les hommes distingués, chez les poètes en particulier, une constitution faible.

GŒTHE.

Les résultats extraordinaires auxquels parviennent de tels hommes, supposent qu'ils ont reçu une organisation très-délicate pour qu'ils soient capables de sentiments exquis et pour qu'ils puissent entendre la voix des immortels. Or, une pareille organisation, lorsqu'elle entre en contact avec le monde et les éléments, s'altère aisément et s'affaiblit; à moins de joindre, comme Voltaire, une grande sensibilité à une ténacité extrême, on tombe facilement dans un état de langueur continue. Schiller aussi était toujours malade. Lorsque je fis sa connaissance, je crus qu'il n'avait pas quatre semaines à vivre. Mais il était doué également d'une certaine ténacité. Il se maintint bon nombre d'années encore, et, avec un régime plus hygiénique, il aurait pu vivre plus long-temps.

47

L'œuvre d'un artiste exerce sur nous l'influence qu'il

ressentait lui-même au moment du travail. S'il était animé d'un sentiment de liberté, il nous communique son indépendance; son cœur était-il oppressé? le nôtre à son tour souffrira. La liberté de l'artiste se manifeste ordinairement lorsqu'il est de tout point à la hauteur de son sujet; voilà pourquoi nous éprouvons tant d'aise devant les peintures flamandes, où d'illustres artistes retraçaient d'une main magistrale les scènes de la vie ordinaire. Si maintenant on veut que cette indépendance de l'esprit éclate chez le comédien, il faut que, par l'étude, par l'imagination, par le naturel, il soit absolument maître de son rôle; il faut que tous les moyens physiques soient à sa disposition, et qu'une certaine énergie de jeunesse vienne à son aide. L'étude est insuffisante si l'imagination ne s'y joint; l'une et l'autre ont peu de puissance sans le secours du naturel. L'imagination et le tempérament, chez les femmes, sont les deux grandes raisons de leur pouvoir.

1830

—

I

Il me passe de singulières idées par la tête, quand je songe que ce livre de *Faust* conserve encore quelque valeur dans une langue dont Voltaire était l'arbitre il y a cinquante ans[1]. Vous n'avez aucune idée de l'autorité dont Voltaire et ses illustres contemporains jouissaient pendant ma jeunesse, de la souveraineté qu'ils exerçaient sur tout le monde civilisé. Ma biographie ne fait pas assez ressortir l'influence que ces hommes ont exercée sur ma jeunesse, les efforts qu'il m'en a coûté pour me prémunir contre eux, pour garder mon équilibre et m'unir à la nature dans une relation plus étroite[2].

Quant à la traduction de Gérard, bien que la plu-

[1] Gœthe venait de lire la traduction de *Faust* publiée par Gérard de Nerval.

[2] Gœthe, en 1830, savait encore par cœur et récitait une des plus remarquables productions de Voltaire, les *Systèmes*. Il l'avait apprise dans sa jeunesse.

grande partie soit en prose, elle est fort réussie. Je n'éprouve plus de plaisir à lire le *Faust* en allemand; mais, dans cette traduction française, chacun des détails reprend sa fraîcheur, sa nouveauté, son esprit.

Le *Faust* est au fond une œuvre que l'on ne peut mesurer tout entière; toute tentative pour en donner l'intelligence complète doit échouer. Il faut de plus tenir compte d'une chose, c'est que la première partie est l'expression d'une pensée que les ténèbres assiégent encore. Ces ténèbres mêmes exercent une attraction sur les hommes, et ils s'efforcent d'en triompher, comme de tout problème insoluble.

·2

Il est à regretter qu'un mysticisme pusillanime ait de bonne heure arrêté chez Lavater l'élan de son génie.

·3

On peut reprocher à Walter Scott d'avoir, dans son *Histoire de Napoléon*, de grandes inexactitudes et une partialité non moins visible; mais, à mes yeux, ce double défaut donne précisément à son ouvrage une valeur toute particulière. Le succès du livre en Angleterre a dépassé toute idée, et l'on voit bien ainsi que Walter Scott, précisément par cette haine qu'il avait conçue contre Napoléon et les Français, a été l'interprête, le vrai représentant du sentiment national anglais. Son livre ne sera en aucune façon un document pour l'histoire de France : il en sera un pour celle d'Angleterre. A tout prendre, c'est une voix qui ne devait pas rester muette dans cet important procès historique.

En général il m'est agréable d'entendre sur le compte de Napoléon les opinions les plus opposées. Je lis en ce moment l'ouvrage de Bignon[1], et ce travail me paraît singulièrement précieux.

*4

Le choix d'un sujet montre toujours quel homme est celui qui se le propose. Sans doute on n'oserait exiger d'un esprit qu'il soit assez universel pour traiter avec bonheur et talent toute espèce de sujets. Pourtant je conçois déjà une haute opinion de l'auteur qui a eu l'intention, la volonté de traiter certaines matières importantes et diverses.

*5

Bien des gens ont la présomption de vouloir lire, sans études préalables, sans connaissances préliminaires, toute espèce d'ouvrages.

[1] Son *Histoire de France*, qu'il n'a pu conduire que du 18 brumaire à la paix de Tilsitt, est rédigée dans une pensée d'apologie napoléonienne. Le testament de Sainte-Hélène lui avait attribué un legs considérable pour l'encourager à cette œuvre.

Ils ne savent pas le temps et la peine qu'il en a coûté à tel individu pour *apprendre à lire* : j'y ai consacré quatre-vingts ans, et ne puis pas dire encore que je sois arrivé au but.

6

Je sais fort bien que la science ne retire pas des congrès de savants le profit que l'on en espère ; mais les réunions de ce genre sont excellentes, en ce que l'on apprend à se connaître réciproquement et à s'aimer ; forcément on y laisse aux hommes marquants le droit de produire leurs théories, et ceux-ci, à leur tour, sont disposés à reconnaître et à favoriser nos efforts dans une autre partie. En tout cas, ces conférences sont quelque chose, et personne ne saurait prévoir tout ce qui en peut résulter.

7

Au fond, sans cette précieuse faculté de l'imagination, il n'y a pas de naturaliste d'un mérite réel. Et par imagination je n'entends pas les vagues caprices, la supposition de faits sans réalité, mais bien une puissante intuition qui n'abandonne jamais le monde des idées concrètes, et procède, avec la mesure du réel et du connu, à ce qu'elle a pressenti, présumé. C'est alors qu'elle examine si ce qu'elle a deviné appartient au domaine du possible et n'est pas en contradiction avec d'autres lois dont elle a pleine connaissance. Une telle imagination suppose un esprit à la fois large et calme, en état de dominer du regard le vaste ensemble de la création et des lois qui la régissent.

8

Le *Samson* de Milton est conçu dans l'esprit des anciens comme nul autre ouvrage d'un poëte moderne. Milton est très-grand, et sa propre cécité l'a heureusement servi pour représenter l'état de Samson avec une entière vérité. Milton était réellement un poëte, et il faut avoir pour lui un souverain respect.

9

Un Anglais avait nourri dans de grandes volières plusieurs centaines d'oiseaux vivants. Quelques-uns étant morts, il les fit empailler. En cet état ceux-ci lui plurent tellement, qu'il se demanda s'il ne vaudrait pas mieux tuer tout pour les empailler, et il les tua tous sur-le-champ.

10

Guizot est un homme tel que je les veux : il est solide. Il possède de profondes connaissances qui s'allient à un libéralisme éclairé: s'élevant au-dessus des partis, il poursuit sa propre route. Je suis curieux de voir le rôle qu'il jouera dans les Chambres, où il vient d'être envoyé. On lui reproche je ne sais quel air de pédant. Reste à savoir quelle sorte de pédantisme on lui reproche. Tous les hommes considérables qui usent dans leur conduite d'une certaine régularité et tiennent à leurs principes, tous ceux qui ont réfléchi beaucoup et ne regardent point les évènements de la vie comme un jeu, peuvent très-facilement paraître des pédants aux yeux des personnes superficielles. Guizot est un esprit clairvoyant, calme, mais ferme, et qu'on ne saurait assez apprécier, si on le compare à la mobilité française; c'est précisément l'homme qu'il faut à la nation.

Villemain est peut-être plus brillant comme orateur, il possède à fond l'art des amplifications ingénieuses; i n'est jamais à court de trait, et par là il captive l'attention, il enlève les applaudissements de l'auditoire. Mais il est moins profond que Guizot; il a l'esprit beaucoup moins pratique.

Quant à Cousin, je conviens qu'il ne peut guère nous donner grand'chose, à nous autres Allemands. La philosophie qu'il enseigne à ses compatriotes comme science nouvelle est connue de nous depuis nombre d'années; il a pourtant une grande importance pour les Français. Il les conduira dans une voie tout à fait nouvelle.

Cuvier, le grand naturaliste, est admirable par son talent d'exposition et son style. Personne n'expose les faits mieux que lui. Mais il ne possède à peu près au-

cune philosophie. Il fera peut-être des élèves fort in-
struits, mais il en aura peu de profonds.

*11

Le vrai libéral cherche à produire, par tous les
moyens qui sont à sa disposition, autant de bien qu'il
lui est possible : mais il se garde de vouloir extirper à
l'instant, par le fer et le feu, des imperfections souvent
inévitables. Il met ses soins à faire disparaître peu à
peu et par des gradations habilement ménagées, les
vices dont la masse est affectée, évitant de détruire en
même temps, comme cela arrive souvent par l'emploi
de mesures violentes, une somme presque aussi forte
de bien.

*12

Gozzi soutenait que le nombre des situations tragiques possibles au théâtre est de trente-six, pas davantage. Schiller se donna toutes les peines imaginables
pour en trouver davantage, mais il n'en découvrit pas
même autant que Gozzi.

*13

C'est une grande faute chez un critique s'il s'arroge
le droit de tracer au poëte la route que celui-ci aurait dû

suivre; c'est une faute parce qu'en procédant ainsi, on n'arrive point à corriger un poëte. En général, rien n'est plus stupide que de dire à un poëte : « Vous auriez dû faire ceci de telle manière, cela de telle autre. » Je parle en vieux connaisseur. On ne fera jamais d'un poëte autre chose que ce que la nature a voulu qu'il fût. Si vous prétendez le contraindre à devenir autre, vous l'annihilez.

*14

Il est presque impossible de trouver encore de nos jours une situation qui soit neuve, dans le sens absolu du mot. Le point de vue sous lequel on la considère, l'art avec lequel on la développe, peuvent seuls constituer une nouveauté; encore est-on menacé sans cesse d'avoir quelque réminiscence involontaire.

*15

Une des saillies familières au Polichinelle de Naples, c'était de paraître oublier de temps à autre qu'il était sur la scène. Faisant comme s'il était rentré chez lui, il causait familièrement avec les siens, leur donnait des détails sur la pièce où il avait joué, de celle dans laquelle il allait avoir un rôle. Même il ne se gênait point pour laisser un libre cours à certains besoins naturels. « Mais, cher époux, lui criait soudain sa moi-

tié, tu parais t'oublier tout à fait; songe donc à l'estimable société, en présence de laquelle tu te trouves.
— C'est vrai, c'est vrai, *e vero, e vero,* » reprenait alors Polichinelle en revenant à lui, et il rentrait dans son rôle aux grands applaudissements des spectateurs. Au reste, le théâtre de Polichinelle jouit d'une telle réputation, que nul de ceux qui fréquentent la bonne compagnie ne se vante d'y avoir mis le pied. Les dames, comme on peut bien se l'imaginer, n'y vont jamais; on n'y rencontre que des hommes.

Le Polichinelle est de règle une espèce de gazette vivante. Tout ce que la journée a produit d'extraordinaire à Naples, on peut, le soir même, l'entendre de sa bouche. Toutefois, cet intérêt purement local, joint au bas dialecte de la classe populaire, rend l'intelligence des scènes à peu près impossible pour l'étranger.

16

A l'époque de la Révolution où Grimm, croyant ne pouvoir plus vivre sûrement à Paris, revint en Allemagne et s'établit à Gotha, — nous étions un jour à table chez lui. Je ne sais à quel propos Grimm s'écria tout d'un coup : « Je parie que nul monarque en Europe ne possède une paire de manchettes aussi précieuses que les miennes; non, aucun d'eux n'en a payé au même prix.» Je laisse à penser si nous manifestâmes d'une manière bruyante notre incrédulité et notre surprise, particulièrement les dames, et si tous nous fûmes avides de voir cette paire de merveilleuses manchettes. En conséquence Grimm se leva et alla chercher dans sa petite armoire deux dentelles d'un si grand luxe que la compagnie entière en témoigna la plus vive admiration. Nous essayâmes d'en estimer la valeur, ne pouvant toutefois la porter plus haut qu'à cent ou deux cents louis d'or. Grimm en rit et s'écria : « Vous êtes loin de compte; je les ai payées deux cent cinquante mille francs, heureux encore de pouvoir tirer si bon parti de mes assignats. » Ceux-ci le jour d'après n'avaient plus cours [1].

17

L'amour ne se ressemble jamais; il est toujours original et se modifie constamment d'après le caractère et la nature de la personne que nous aimons. Car ce n'est pas en nous seulement qu'est l'amour; il est encore dans l'objet qui nous attire. En outre, ce qu'il ne faut pas perdre de vue, le Démon y survient en tiers, le démon puissant qui se plaît à accompagner chaque passion, et qui trouve dans l'amour son élément particulier.

[1] Gœthe a conservé toute sa vie, peut-être par suite de cette anecdote, une grande défiance contre le papier-monnaie. (Voy. la 2e partie du *Faust*.)

18

Les douze volumes des *Mémoires* de Saint-Simon qui m'ont mené jusqu'à la mort de Louis XIV m'ont vivement intéressé, surtout par le contraste des caprices du maître avec le naturel aristocratique du serviteur. Mais du moment où ce monarque s'en va, et lorsque paraît sur la scène un nouveau personnage d'un ordre tellement inférieur que Saint-Simon s'amoindrit dans ce voisinage, la lecture a cessé de m'en faire plaisir; le dégoût m'est venu, et j'ai quitté le livre alors que le despote me quittait.

19

Il n'est pas bon que l'homme soit seul et surtout qu'il travaille seul : il a besoin de sympathie et d'encouragement s'il veut réussir à quelque chose.

20

11 mars.

La conversation s'est portée sur la littérature française, notamment sur les nouvelles tendances ultra-romantiques de quelques talents qui ne sont pas à dédaigner. Gœthe pensait que la révolution poétique qui se prépare est souverainement profitable aux lettres, mais qu'elle est préjudiciable à ceux d'entre les écrivains qui cherchent à la propager.

« Au milieu d'une révolution quelconque, a-t-il dit, il est impossible d'éviter les extrêmes. Dans les bouleversements politiques, on ne veut d'abord, selon l'habitude, que la suppression d'une multitude d'abus ; mais, avant qu'on y ait pris garde, on a le pied dans le sang et l'horrible. C'est ainsi que les Français d'aujourd'hui n'ont prétendu, dès le principe, par cette révolution littéraire, qu'à l'indépendance de la forme ; mais à présent ils n'en resteront pas là. Avec la forme, ils rejetteront également ce qui, jusqu'à ce jour, constituait le fond. On commence déjà par déclarer fastidieuse la peinture des sentiments et des actes généreux, et l'on s'essaie à traiter toute espèce de monstruosités. Les diables, les sorcières et les vampires usurpent la place de ces nobles sujets empruntés à la mythologie grecque, et les héros sublimes des anciens temps cèdent le pas aux fripons et aux forçats. Aussi, dès que le public a goûté cette nourriture de haut goût et en a pris l'habitude, il en réclame sans cesse davantage et de plus mordante. Un jeune talent qui veut agir et se faire connaître, et qui n'est pas assez grand pour marcher dans une voie qui lui soit propre, doit s'accommoder au goût du jour, chercher même à renchérir dans l'effrayant et l'horrible sur ceux qui l'ont devancé. Dans cette poursuite de l'effet par les moyens extérieurs, toute étude un peu approfondie, tout développement graduel et sérieux du talent et de l'homme moral est complétement négligé. C'est là le plus grand dommage que puisse éprouver le talent, quoique, d'une manière générale, la littérature ait à gagner à ces tendances actuelles.

— Mais comment, ai-je reparti, une mode qui ruine les talents individuels peut-elle être favorable en général à la littérature?

— Ces extrêmes et ces difficultés que j'ai signalés, a repris Gœthe, disparaîtront peu à peu; il en résultera ce grand avantage : à côté d'une plus grande indépendance de la forme on aura obtenu un fonds plus riche, plus varié; on ne frappera plus d'ostracisme, comme exempt de poésie, aucun des sujets empruntés aux scènes multiples de la vie, au vaste théâtre du monde. Je compare l'époque littéraire actuelle à un état de fièvre intense, qui sans doute n'est ni bon ni désirable en lui-même, mais qui a pour conséquence heureuse de rétablir la santé. Ces monstruosités effectives qui, de nos jours, constituent souvent tout le fond d'une œuvre poétique, n'entreront désormais qu'à titre d'ingrédient avantageux; je dis plus : on recherchera bientôt et avec un désir d'autant plus vif, cette pureté, cette noblesse momentanément bannies.

— Ce qui me frappe, ai-je reparti, c'est que Mérimée lui-même, un de vos favoris pourtant, soit entré aussi dans cette voie ultra-romantique par les peintures repoussantes de sa *Guzla*[1].

---

[1] La *guzla* est la lyre à une seule corde composée de crins entortillés dont s'accompagne le Morlaque récitant le *pismé* ou chant héroïque. M. Mérimée publia, en 1827, un recueil de prétendus chants illyriens sous ce titre de la *Guzla*; il les attribuait à Hyacinthe Maglanowski.

— Mérimée a de tout autres procédés que ses émules. Sans doute les œuvres qu'il publie ne manquent pas de motifs propres à donner le frisson, tels que cimetières et carrefours mal hantés la nuit, fantômes, vampires; mais toutes ces images dégoûtantes ne touchent point l'âme du poëte : loin de là, il les relègue à une certaine distance objective avec une teinte d'ironie. Il procéde tout à fait en cela comme un artiste, pour qui c'est un divertissement d'aborder une fois des tableaux de ce genre. Je vous l'ai dit, il a si complétement dépouillé son caractère de Français, il s'est si bien caché lui-même, que, dans les commencements, on a pris ses poëmes de la *Guzla* pour des chants populaires et authentiques de l'Illyrie, et qu'il s'en est peu fallu que son plan de mystification ne réussît.

« Mérimée est assurément un artiste consommé; tant il est vrai qu'en général étant donné un sujet à traiter d'une manière objective, il faut plus de puissance et de génie qu'on ne pense. C'est un honneur pour Byron que d'avoir su, lui aussi, empêcher parfois son caractère personnel de paraître, — et cependant la personnalité était en lui un sentiment bien puissant. — Jugez de sa réserve par quelques-unes de ses pièces dramatiques, notamment *Marino Faliero*. On oublie tout à fait, en lisant cet ouvrage, qu'il a été écrit par Byron, par un Anglais. Nous y vivons au sein même de Venise, abso- lument à l'époque où l'action se passe. Les personnages s'y expriment d'une manière conforme de tout point à leurs idées et à leur condition, sans refléter en rien les sentiments personnels, les pensées et les opinions du poëte. Tels sont les vrais procédés de l'art. Nos jeunes romantiques français du genre *ultra* ne méritent pas un semblable éloge. Dans tout ce que j'ai lu d'eux, poésies, romans, œuvres dramatiques, tout porte une teinte de personnalité trop vive; ils ne laissent jamais oublier que l'auteur est un Parisien, un Français. Bien plus, quoique les sujets soient empruntés à l'étranger, ils ne cessent pas eux-mêmes d'habiter la France et Paris, de s'y absorber dans les désirs, les besoins, les conflits et la fermentation que chaque jour amène avec soi.

« Béranger n'a été, lui aussi, que l'interprète des sentiments de la grande ville et de ses propres convictions, mais sa nature est des plus heureusement douées. Fidèle aux principes qu'il trouve en lui-même, n'étant redevable de ses progrès qu'à lui-même, il ne présente dans toute sa conduite qu'un harmonieux ensemble. Il n'a jamais demandé : « Que dit la mode ? Qu'est-ce qui « produit de l'effet aujourd'hui ? Qu'est-ce qui plaît ? « Que font les autres ? » Ne voulant pas imiter les autres, il a tiré toute son influence du fond même de son propre cœur, sans chercher à savoir ce que le public, ce que tel ou tel parti pouvait attendre. Sans doute, dans maintes circonstances critiques il a prêté l'oreille aux aspirations, aux vœux et aux besoins du peuple. Aussi bien cette étude n'a fait que fortifier ses principes en lui donnant à connaître que ses propres sentiments étaient en harmonie avec ceux de la foule ; mais elle ne l'a pas égaré au point de lui faire exprimer d'autres pensées que celles qui animaient déjà son cœur.

« Vous savez que je ne suis pas en somme un grand

partisan de ce qu'on appelle les chants politiques, mais lorsqu'ils ont pour auteur un Béranger, je ne les dédaigne pas. Celui-ci ne s'en va pas se perdre dans les nues; chez lui point d'intérêts fictifs ou chimériques; il ne vise jamais à un but imaginaire : loin de là, les sujets qu'il traite sont toujours nettement dessinés et d'une haute importance. Cette admiration passionnée pour Napoléon, ces idées de gloire héroïque rappelées dans un temps où de tels souvenirs sont une consolation pour les Français un peu opprimés, son aversion pour la *calotte* devenue souveraine et contre l'obscurantisme menaçant des jésuites, tout cela constitue un ensemble de causes d'inspirations très-favorables. Et quelle supériorité dans les manifestations de chacun de ces motifs! Comme il tourne et façonne un sujet dans son esprit, avant de lui donner la forme définitive! Puis, quand tout est mûr, quelle finesse, quel talent, quelle ironie, quel persiflage! que de cœur, de naïveté et de grâce! Ses chansons, bon an mal an, ont rendu heureuses des milliers de personnes ; elles sont à la portée de tous, même des classes laborieuses, tout en s'élevant assez au-dessus du niveau ordinaire, pour que le peuple, en communication familière avec un aussi charmant esprit, s'habitue à penser d'une manière plus noble et plus pure. Que voulez-vous davantage? et quel plus bel éloge pourrait-on faire d'un poète?

« Celles de ses chansons qui ont trait à la politique offrent certaines parties obscures pour un étranger, à cause des allusions et de détails tout spéciaux ; mais aussi ne sont-elles pas écrites pour des étrangers.

« Un chant politique, en général et dans la supposition la plus heureuse, est l'expression déterminée du caractère d'une nation et même, la plupart du temps, d'un parti ; mais, en revanche, s'il est bon, cette nation et ce parti l'accueilleront avec enthousiasme. En outre, un chant politique ne doit être regardé que comme exprimant telle ou telle actualité : or l'actualité est passagère de sa nature ; aussitôt qu'elle a disparu, elle fait perdre pour l'avenir à l'œuvre du poète la valeur qu'elle emprunte du sujet. Au reste, Béranger avait beau jeu. Paris est la France ; tous les intérêts majeurs de sa grande patrie se concentrent dans la capitale ; c'est là qu'ils ont leur écho, leur vie, et enfin le poëte était plus que l'organe d'un parti ; il était la voix du peuple. Chez nous, en Allemagne, pareille chose n'est pas possible. Je ne sache pas de ville, pas même de pays, duquel on pût jamais demander avec certitude d'obtenir une réponse affirmative : « Est-ce ici l'Allemagne ! » Si nous le demandons à Vienne, on nous répondra : « C'est ici l'Autriche. » « C'est ici la Prusse, » nous répondra-t-on à Berlin. Il y a seize ans seulement que l'Allemagne fut partout, lorsque nous voulûmes enfin nous débarrasser des Français. C'est alors qu'un poëte politique eût pu exercer une influence générale. Mais il n'en fut pas besoin ! Le sentiment de la misère et de la honte communes s'était emparé de la nation comme un esprit surnaturel. Ce feu de l'enthousiasme, que le poëte aurait pu allumer, brûlait déjà de lui-même sur tous les points. Toutefois je n'oserais nier que Arndt, Kœrner et Rückert n'aient produit quelque effet.

« On m'a reproché de n'avoir pas, durant cette grande époque, pris moi-même les armes, ou du moins de n'être pas intervenu comme poëte.

« Comment aurais-je pu courir aux armes, moi qui n'avais pas de haine; et comment aurais-je pu haïr quand je n'étais plus jeune? Si cet événement m'eût surpris dans ma vingtième année, assurément je ne fusse pas resté le dernier; mais il a trouvé en moi un homme qui venait déjà de dépasser la soixantaine.

« Et puis, nous ne pouvons pas tous servir la patrie de la même manière; mais chacun fait de son mieux, selon que Dieu lui en a donné le pouvoir. Je me suis imposé d'assez rudes labeurs pendant un demi-siècle. J'ose dire que dans les œuvres dont la nature m'avait prescrit la tâche, j'ai travaillé nuit et jour, sans me permettre la moindre distraction : loin de là, mes efforts, mes recherches, mon activité, tout a été aussi consciencieux qu'il dépendait de moi. Si chacun peut en dire autant de soi, cela ira bien pour tous [1]. »

21

Que de peines Molière n'a-t-il pas eues à souffrir! Et Rousseau et Voltaire! Les mauvaises langues forcèrent Byron à quitter l'Angleterre : il aurait fini par s'exiler aux confins du monde si une mort prématurée ne l'avait soustrait aux philistins et à leur animosité.

[1] Cf. Saint-René Taillandier, *Revue des deux mondes*, 1er septembre 1860. Le savant critique s'est montré justement frappé de ces paroles.

Encore si c'était le vulgaire stupide qui persécutât les grands hommes !... Mais non. Les aptitudes et les talents se font une guerre mutuelle. Platen harcelle Heine qui le lui rend ; chacun s'efforce de vilipender et de rendre odieux son émule, alors que le monde est assez grand, assez vaste, pour que chacun vive et agisse en paix. N'avons-nous pas en nous-même un ennemi qui nous donne une assez rude besogne ?

22

Composer des chants de guerre, tout en restant assis à un bureau ! C'était bien là mon caractère ! J'aurais pu y consentir en venant de quitter le bivouac, lorsque, pendant la nuit, on entend hennir les chevaux des avant-postes ennemis. En 1813, ce n'était plus dans mon genre de vie ni mon affaire, mais bien celle de Théodore Kœrner. Ses chants belliqueux lui conviennent parfaite-ment ; mais pour moi qui ne suis pas de guerrière nature et qui ne me sens aucune disposition pour le métier des armes, les hymnes de combat n'auraient été qu'une pose de théâtre.

Je n'ai jamais rien affecté en poésie. Je n'ai jamais exprimé ou revêtu de formes poétiques une idée qui ne fût empruntée de ma vie et dont je ne sentisse la vive obsession. J'ai composé des chants d'amour, alors seule-ment que j'étais amoureux. Et puis, entre nous, je ne haïssais pas les Français, quoique j'aie rendu grâces à Dieu, quand nous en fûmes affranchis. Comment pouvais-je, moi pour qui civilisation et barbarie sont des idées d'une importance exclusive, concevoir de l'antipathie pour une nation qui compte parmi les plus cultivées de l'univers et à qui je devais une si grande part de mon éducation personnelle?

En général, la haine nationale offre ce caractère particulier que vous la trouverez toujours plus intense, plus violente, à mesure que vous descendrez l'échelle de la culture intellectuelle. Mais il est un degré où elle disparaît complétement, où l'on domine en quelque sorte les nations, où l'on est sympathique au bonheur ou à l'infortune du peuple voisin, comme si c'étaient des compatriotes. Tel était le degré de culture qui convenait à mon caractère, le point auquel depuis long-temps j'avais pris position, avant d'avoir atteint ma soixantième année.

• 25

Je me réjouis toujours, lorsqu'il se produit une vraie nouveauté, où se trouvent l'originalité et le talent. Toutefois je ne suis jamais satisfait, lorsque je vois des auteurs dramatiques qui composent des pièces beaucoup trop étendues, pour qu'on puisse les représenter sous cette forme.

Schiller lui-même a péché sous ce rapport. Ses premières pièces surtout, celles qu'il a écrites dans toute l'ardeur de la jeunesse, ne peuvent jamais finir. Il avait trop de choses sur le cœur et trop à dire, pour qu'il lui fût possible de se dominer. Dans la suite, lorsqu'il eut conscience de ce défaut, il se donna une peine infinie et s'efforça d'en triompher par l'étude et le travail; cependant il n'a jamais pu y réussir complétement. Dominer convenablement son sujet, le tenir à distance, se borner à ce qui est strictement nécessaire, tout cela exige, il est vrai, les forces d'un géant de poésie.

24

Lord Bristol, évêque de Derby, passant par Iéna, eut le désir de faire ma connaissance et m'engagea à le visiter un soir. Il lui prenait parfois fantaisie de faire le grossier : mais quand on lui renvoyait ses grossièretés, il devenait d'excellente composition. Pendant le cours de notre entretien, il voulut me sermonner touchant *Werther* et me charger la conscience de ce que, par cet ouvrage, j'avais poussé les hommes au suicide. « Werther, dit-il, est de tous points un livre immoral et damnable. — Halte-là ! m'écriai-je; si vous parlez ainsi du pauvre Werther, quel ton prendrez-vous alors contre les grands de ce monde, qui, d'un seul trait de plume envoient en campagne cent mille hommes, dont quatre-vingt mille s'égorgeront et s'exciteront mutuellement au meurtre, à l'incendie et au pillage? Après de pareilles horreurs, vous rendez grâces à Dieu et vous entonnez le *Te Deum*. Que direz-vous lorsque, par vos prédications sur les terribles châtiments de l'enfer, vous avez tellement effrayé les âmes faibles de vos paroissiens, qu'ils en perdent la raison et terminent leur misérable existence dans une maison de fous? Ou bien encore lorsqu'au moyen de maintes propositions orthodoxes, qui ne tiennent pas devant la raison, vous jetez dans les cœurs de vos auditeurs chrétiens la semence funeste du doute, en sorte que ces esprits à moitié forts, à moitié pusillanimes, se perdent dans un labyrinthe, d'où ils ne trouvent l'issue que dans la mort? — Quels reproches ne devez-vous pas alors vous adresser à vous-même? Et vous prétendez rendre un écrivain responsable, parce qu'un de ses ouvrages, mal entendu par des intelligences bornées, a tout au plus purgé le monde d'une douzaine de sots et de vauriens incapables de rien faire de mieux que d'éteindre complétement le faible reste de leur pauvre lumière! Je pensais avoir rendu à l'humanité un véritable service, et m'être acquis des droits à sa reconnaissance, et maintenant voici que vous venez me faire un crime de ce petit exploit, tandis que vous autres, prêtres et princes, vous vous permettez de si grandes et si notables licences! »

Cette sortie produisit sur mon évêque un effet superbe. Il devint aussi doux qu'un agneau et, dès ce moment, se conduisit vis-à-vis de moi, durant le reste de notre entretien, avec la plus grande courtoisie et le tact le plus délicat. Je passai ensuite avec lui une très-bonne soirée. Lord Bristol, quelque grossier qu'il pût être, avait de l'esprit et pouvait, s'il le voulait, traiter avec politesse des matières les plus diverses. Lorsque je

pris congé, il m'accompagna, et chargea ensuite l'ec-
clésiastique qui voyageait avec lui de me continuer les
honneurs. Quand je fus descendu dans la rue avec
celui-ci : « Oh ! monsieur de Gœthe, que vous avez
bien parlé, me dit-il ; combien vous avez plu à Sa Sei-
gneurie ! Combien vous avez su trouver le mystérieux
chemin qui mène à son cœur ! Avec un peu moins d'â-
preté et de décision dans cette visite, vous n'en seriez
point revenu aussi satisfait qu'à présent. »

Dans la conversation que j'eus avec Napoléon sur
ce même sujet, en présence de Talleyrand, je n'eus
pas à me plaindre de l'Empereur; il fut extrêmement
aimable à mon égard, et traita la matière comme on
pouvait s'y attendre de la part d'un esprit aussi supérieur.

Il faudrait que les choses eussent tourné bien mal,
pour qu'un livre eût une influence plus contraire à la
morale que la vie elle-même, qui tous les jours révèle,
sinon à nos yeux, du moins à nos oreilles, une multitude d'aventures scandaleuses. Même pour un enfant, il
n'est pas nécessaire de trop s'inquiéter de l'action
qu'un livre ou une pièce de théâtre exerce sur lui. La
vie de chaque jour, comme je l'ai dit, est plus instruc-
tive que le livre le plus entraînant. On s'étudie, en présence des enfants, à ne point prononcer une parole
qu'on ne juge pas bon qu'ils entendent; cela est très-
louable, et je n'agis pas autrement; néanmoins j'estime
cette précaution absolument inutile. Les enfants, comme
les chiens, ont le flair si exercé et si fin qu'ils décou-
vrent et devinent tout, le mal principalement. Aussi

savent-ils toujours très-exactement quel est le degré d'intimité qui rapproche de leurs parents tel ami de la maison. Et comme, d'ordinaire, ils ne savent pas encore dissimuler, ils peuvent nous servir d'excellents baromètres, pour apprécier à quel degré, haut ou bas de l'échelle, nous sommes effectivement.

Un jour, dans une société, on avait mal parlé de moi. La chose me parut tellement grave qu'il devait m'importer assez de savoir d'où partait le coup. En général, on était dans cette maison-là très-bien porté pour moi. Je réfléchissais, sans pouvoir découvrir de quelle bouche ces propos injurieux étaient sortis. Tout à coup la lumière se fait. J'avais un jour rencontré dans la rue quelques enfants de ma connaissance, et n'en avais pas reçu de salut; c'était contre leur habitude. C'en fut assez pour moi ; par induction, j'eus bientôt découvert que c'étaient leurs chers parents dont la langue s'était si largement déliée à mes dépens.

25

La question du classique et du romantique en poésie, cette idée qui court le monde et qui est la source de tant de querelles, de tant de divisions, c'est à Schiller et à moi qu'elle remonte. J'avais adopté en poésie le principe du procédé objectif, et ne consentais à reconnaître que celui-là. Schiller qui n'agissait que sous l'influence subjective, considérait sa manière comme la seule bonne et, pour se défendre contre moi, il écrivit sa dissertation sur la poésie naïve et sentimentale. Il me prouva que j'étais moi-même, et contre mon gré, un romantique; il me démontra que mon *Iphigénie*, grâce à la prédominance du sentimentalisme, n'était nullement aussi classique, aussi conçue dans l'esprit de l'antiquité qu'on serait disposé à le croire. Les Schlegel s'emparèrent de l'idée et la poussèrent plus loin, si bien qu'aujourd'hui elle a fait son chemin partout.

26

Les personnes douées d'une nature robuste, au moral et au physique, sont, en règle générale, les plus modestes, tandis que les autres, celles particulièrement dont l'esprit est de travers, sont plutôt portées à la vanité. On dirait que la bonne nature, à titre de compensation amiable, dote de présomption et d'orgueil les gens qu'elle a traités un peu mesquinement d'ailleurs.

Chez les personnes d'une intelligence obscure et bornée, on rencontre la présomption, ce qu'on ne trouve jamais chez celles dont l'esprit est lucide et grandement-doué. On constatera tout au plus, dans les derniers, un heureux sentiment de leur force; or comme cette force est une réalité, ce sentiment n'est pas du tout de la présomption.

27

Les jeunes gens qui écrivent ressemblent presque

toujours à des arbres trop riches de sève, et, comme des pousses parasites, leurs idées, leurs sentiments naissent trop touffus. Ils ne sont pas maîtres de cette surabondance et ne savent que rarement finir à propos.

Il faut être vieux praticien pour entendre l'art de biffer sur les œuvres d'autrui. Schiller avait en cela un mérite particulier. Je l'ai vu une fois, à l'occasion de son *Almanach des Muses*, réduire à sept strophes une pièce de vers qui en comptait vingt-deux, et j'avoue que l'œuvre n'avait aucunement perdu à cette opération redoutable. Loin de là; les sept strophes renfermaient encore toutes les bonnes et vivantes idées des vingt-deux premières.

28

2 août.

Les nouvelles au sujet de la révolution qui vient de commencer à Paris sont arrivées aujourd'hui à Weimar et ont mis tout en émoi. Dans le courant de l'après-midi, je me suis rendu auprès de Gœthe. « Eh bien! s'est-il écrié, en me voyant, que pensez-vous de ce grand événement? Le volcan a éclaté enfin; tout est en flammes, et ce ne sera plus une affaire qu'on puisse traiter à huis-clos.

— Terrible affaire, ai-je repris! Mais à quoi pouvait-on s'attendre avec une telle situation et un pareil ministère, sinon à voir expulser la branche royale qui a occupé le trône jusqu'à présent?

— Mon cher ami, a reparti Goethe, il paraît que nous ne nous entendons pas. Je ne parle pas de ces gens-là : il s'agit pour moi de bien autre chose. Je veux parler de cette manifestation publique au sein de l'Académie, de cette discussion si importante pour la science entre Cuvier et Geoffroy Saint-Hilaire! »

Cette parole de Goethe était pour moi tellement inattendue, que je ne savais quelle réponse faire, et je ressentis pendant quelques minutes un temps d'arrêt dans la marche de mes idées.

« La chose est de la plus haute importance, a poursuivi Goethe, et vous ne pouvez vous faire aucune idée de ce que j'éprouve par suite de la nouvelle de la séance du 19 juillet. Maintenant nous avons dans Geoffroy Saint-Hilaire un allié pour longues années. Ce qui me donne à connaître combien grande est la part que le monde scientifique en France doit prendre à ce débat, c'est que, nonobstant cette terrible agitation politique, la séance du 19 juillet a eu lieu cependant avec salle comble. Mais ce qu'il y a de plus heureux c'est que ce système qui consiste à traiter la nature comme synthèse et que Geoffroy Saint-Hilaire a introduit en France, ne saurait plus à présent être relégué dans l'ombre. L'affaire est aujourd'hui devenue publique, grâce aux libres discussions ouvertes au sein de l'Académie et en présence d'un public nombreux : on ne peut plus la renvoyer aux commissions secrètes, la juger et l'étouffer entre quatre portes. Dès ce moment et dans l'étude de la nature, l'esprit dominera aussi en France et commandera à la matière. Les grands principes de la création et la mystérieuse officine de Dieu s'ouvriront aux regards. — A quoi sert, au fond, ce commerce avec la nature, si nous ne nous occupons par voie d'analyse que de certaines molécule matérielles, si nous ne ressentons pas ce souffle de l'esprit, qui marque pour la molécule la direction qu'elle doit prendre, et empêche ou sanctionne toute déviation au moyen d'une loi intérieure. »

29

L'erreur est le fonds propre des bibliothèques ; la vérité celui de l'esprit humain. Laissons les livres se multiplier par les livres, mais entrons hardiment en rapport avec les lois vivantes et premières au moyen de l'esprit : il s'entend à saisir le simple, à débrouiller ce qui est confus, à éclaircir les ténèbres.

· 30

20 octobre.

La tendance principale de la théorie saint-simonienne paraît être que chacun doit contribuer par son travail au bonheur général, comme condition indispensable du sien propre.

Il me semble que chacun devrait commencer par soi-même et faire d'abord son propre bonheur, d'où résultera à la fin et infailliblement celui de tous. Du reste, cette théorie me paraît être absolument imprafiable. Elle répugne de tout point à la nature, à l'expérience et à la marche que les choses ont suivie depuis des siècles. Si chacun, considéré seulement comme individu, accomplit son devoir; si chacun se montre honnête et capable dans la sphère de son activité immédiate; alors l'ensemble sera dans un état prospère. Dans ma profession d'écrivain, je n'ai jamais demandé : « Que veulent les masses, et comment serai-je utile au tout? » Loin de là, je me suis toujours efforcé de devenir par moi-même meilleur et plus éclairé, d'accroître la valeur de ma propre personnalité, et puis de ne dire jamais que ce que j'avais reconnu être bon et vrai. De tels procédés, j'ose le dire, n'ont pas été sans avoir de l'effet; ils ont été utiles : pourtant cette utilité n'était pas là; le but auquel j'avais pensé, c'était un *résultat* absolument nécessaire, tel qu'il se produit à la suite de toute influence émanant d'une force naturelle. Si je m'étais proposé les désirs de la multitude comme point de mire, si je me fusse attaché à les satisfaire, je lui eusse forcément raconté des historiettes et l'aurais prise pour dupe, comme le bienheureux Kotzebue.

34

Les lois devraient chercher à diminuer la somme du mal, plutôt que d'avoir la prétention de produire celle du bonheur.

1831

1

Je considère *Rouge et noir* comme le meilleur ouvrage de *Stendhal*[1]. Je ne nie pas qu'il ait traité d'une manière un peu aventureuse quelques-uns de ses caractères de femmes ; mais ils témoignent tous d'un grand esprit d'observation, d'une pénétration profonde, en sorte qu'on est tout disposé à pardonner à l'auteur ses invraisemblances de détail.

2

Le signe constant d'une époque stérile, c'est l'observation minutieuse de la théorie ; de même on reconnaîtra qu'un individu manque de fécondité, lorsqu'il s'adonne à des minuties.

[1] *La Chartreuse de Parme* n'a paru que plusieurs années après la mort de Gœthe.

Il est ensuite d'autres défauts qui sont autant d'entraves. Les conditions essentielles pour constituer un bon poëte existent, par exemple, chez le comte de Platen; il possède à un haut degré l'imagination, l'esprit, l'invention, la fécondité. On trouve également chez lui une science profonde des règles, une étude, une gravité peu communes ; néanmoins sa funeste tendance à la polémique est un obstacle à ses progrès.

Au milieu de ce grandiose entourage de Rome et Naples, il ne peut oublier les misères de la littérature allemande, cela n'est pas excusable avec un talent aussi distingué. L'*OEdipe romantique*, surtout dans ce qui touche à la versification, dénote que Platen était justement homme à écrire la meilleure tragédie allemande. Mais, après avoir parodié dans cette pièce les motifs tragiques, oserait-il aujourd'hui sérieusement composer une tragédie?

Et puis, chose à laquelle on ne réfléchit jamais assez : les querelles de ce genre envahissent l'âme; l'image de nos ennemis devient un fantôme, dont la présence importune étouffe en nous toute spontanéité et occasionne de graves désordres dans une nature délicate. Les tendances de lord Byron à la polémique ont contribué à sa perte.

5

12 février.

Dans le *Nouveau Testament*, lorsque le Christ marche sur la mer, Pierre vient à sa rencontre sur les flots, mais un moment après il est pris de défaillance et manque d'être englouti. C'est là une des plus belles légendes et je la préfère à toutes. Elle exprime cette sublime vérité que l'homme, dans les plus difficiles entreprises, triomphe par la foi et par l'énergie; au contraire, si le moindre doute l'assiége, il périra infailliblement.

4

Un conseil est chose délicate, et si l'on promène quelque temps ses regards sur ce monde où la sagesse la plus profonde ne se garantit pas des échecs, tandis que l'absurdité la plus révoltante est couronnée de succès, on revient de l'envie de donner des conseils à qui que ce soit. Demander un conseil est à vrai dire, d'un esprit borné; en donner un, c'est de l'arrogance. On ne devrait donner conseil que dans les affaires auxquelles on veut s'associer personnellement. Si quelqu'un réclame de moi un bon conseil, je n'hésite point à répondre que j'y suis tout disposé, mais à une seule condition, c'est que l'on ne se conformera pas à mon avis.

5

13 février.

ECKERMANN.

J'ai relu le passage où l'on voit Jésus-Christ marcher sur la mer pendant que Pierre vient à sa rencontre.

16

Lorsqu'on n'a pas revu depuis longtemps les Évangélistes, la grandeur morale des figures nous frappe toujours d'un étonnement nouveau. On trouve aussi une espèce d'impératif absolu dans ces prescriptions augustes imposées à notre volonté morale.

GŒTHE.

Vous y trouvez notamment l'impératif absolu de la foi, que Mahomet s'est chargé de pousser plus loin. —

ECKERMANN.

Du reste à les étudier de près, les Évangélistes abondent en divergences et en contradictions, et leurs livres doivent avoir subi d'étranges destinées, avant d'être réunis sous la forme où nous les avons.

GŒTHE.

C'est la mer à boire, vraiment, que de se livrer en cette matière à des recherches historiques et critiques. En tous cas, le mieux est de s'en tenir, sans trop de façons, à ce que nous avons et de nous en approprier ce qui peut servir à notre éducation, à notre force morale.

*

GŒTHE.

Depuis des siècles, le bien afflue tellement dans le monde qu'on n'oserait avec raison s'étonner qu'il agisse et produise le bien à son tour.

ECKERMANN.

Ce qu'il y a seulement de fâcheux, c'est qu'il existe

tant de fausses théories, et qu'un jeune talent ne sache à quel saint il doit se vouer.

GŒTHE.

Nous en avons la preuve dans ces générations entières qui se sont perdues par de faux principes, et nous en avons souffert nous-mêmes. De nos jours, quelle facilité à prêcher, à généraliser l'erreur sur-le-champ au moyen de l'imprimerie ! Qu'un critique d'une mauvaise école revienne, au bout de quelques années, à des idées plus saines, qu'il répande dans le public ses convictions amendées ; sa précédente doctrine aura cependant exercé son effet pernicieux, et désormais, pareille à l'ivraie, elle continuera son action en rivalité contre le bien. Ma seule consolation, c'est qu'un talent réellement grand ne saurait être égaré ni gâté.

Les maîtres des écoles modernes de peinture ont de la pureté, du charme ; leur éducation est assez forte ; ils possèdent à un haut degré du goût et de l'acquis. Néanmoins leurs œuvres pèchent toutes en un point, je veux dire le côté viril. Il manque à ces compositions une certaine vigueur irrésistible qui, dans les siècles précédents, éclatait partout, mais qui fait défaut à celui-ci, non-seulement dans les ouvrages de peinture, mais encore dans tous les autres arts. Il y a aujourd'hui affaiblissement dans la race humaine ; il est difficile d'affirmer où en est la cause, s'il faut l'attribuer à la génération ou bien à une éducation, à une alimentation moins substantielle.

Dans l'art comme dans la poésie la personnalité fait tout. Mais, pour sentir et pour honorer une grande individualité, il faut être soi-même quelque chose.

Tous ceux, par exemple, qui ont contesté le sublime à Euripide, n'étaient que de pauvres hères, incapables d'atteindre à une pareille hauteur, ou bien c'étaient des charlatans effrontés qui, par leur arrogance, visaient à paraître aux yeux d'un monde abâtardi et paraissaient en effet plus qu'ils n'étaient.

7

Le talent musical peut bien se révéler de la façon la plus précoce[1] ; car la musique est absolument un don naturel, inné, qui s'alimente peu du dehors et n'emprunte rien à l'expérience de la vie. J'en conviens néanmoins, une figure comme celle de Mozart n'en sera pas moins un prodige qu'on aura de la peine à expliquer. Mais où la divinité irait-elle chercher l'occasion de faire des prodiges, si elle ne l'essayait de temps à autre sur quelques individus hors ligne que nous regardons avec surprise, sans comprendre d'où ils viennent ?

8

La pièce de *Henri III* par Alexandre Dumas mérite de grands éloges ; elle est irréprochable.

---

[1] Mozart à cinq ans, Beethoven à huit, Hummel à neuf émerveillaient déjà ceux qui les écoutaient.

9

La fatale aventure du collier précéda immédiatement la Révolution française, et est en quelque sorte son point de départ. La reine perdit de sa dignité, et même sa considération déchut. Elle descendit, dans l'opinion du peuple, de la position qui la rendait inviolable. La haine ne nuit à personne; c'est le mépris qui renverse les hommes. Kotzebue fut longtemps haï; mais, pour qu'un étudiant osât diriger contre lui le poignard, il fallut que certains journaux l'eussent rendu d'abord méprisable.

10

On croit généralement que la raison est un bénéfice des années; mais, à mesure qu'on avance en âge, on a assez à faire pour conserver le peu de sagesse qu'on possédait. L'homme se modifie sans doute aux diverses périodes de son existence; mais il n'oserait affirmer qu'il devient meilleur, et, sur certains points, il peut avoir aussi bien raison à vingt ans qu'à soixante.

Certes, le monde se présente à nous sous un aspect différent, lorsque nous sommes en plaine, ou sur les hauteurs d'un promontoire, ou bien encore sur les glaciers d'une montagne antédiluvienne. Chacun de ces points nous permet de dominer le monde d'un peu plus haut, voilà tout, et l'on n'oserait prétendre que celui-ci ou celui-là offre plus de certitude. Si donc un écrivain laissé après lui des monuments qui attestent les périodes diverses de son existence, la chose essentielle pour lui sera de posséder une base naturelle. Il faudra que, dans chaque période, il ait vu et senti juste ; qu'il ait exprimé sans arrière-pensée, franchement et avec candeur, ce qui remplissait son âme. Ses écrits alors, pourvu qu'ils soient en harmonie avec la période où ils ont vu le jour, conserveront une valeur réelle, de quelque manière que l'auteur se développe et se modifie plus tard.

Ces jours-ci, il m'est tombé sous la main des épreuves d'imprimerie que j'ai lues. « Eh ! me disais-je à moi-même, voilà qui n'est point mal écrit ; je ne pense pas autrement, et, pour l'expression, je ne me serais pas beaucoup écarté de ceci. J'examine la feuille de près, c'était un fragment de mes propres œuvres. Comme je m'efforce d'aller sans cesse en avant, j'oublie ce que j'ai écrit, et bientôt je méconnais mon bien, le prenant pour celui des autres.

II

Une œuvre commencée finira par se grossir, si l'on y revient souvent, même avec des intermittences assez longues. Vieux, on connaît bien cette vérité-là, tandis que la jeunesse s'imagine qu'il faut tout expédier le jour même.

12

Le gouvernement est une très-importante affaire qui revendique l'homme tout entier. Aussi n'est-il point avantageux qu'un prince ait un goût immodéré pour des accessoires; qu'il ait, par exemple, une prédilection marquée pour les arts; il y sacrifierait son propre intérêt, et enlèverait à certaines choses plus nécessaires les forces de l'État. Une inclination exclusive pour les arts convient plutôt aux riches particuliers.

13

En général, on n'apprend jamais rien par simple audition, et quiconque, en certaines matières, ne met pas la main à l'œuvre, ne sait les choses que superficiellement et à demi.

14

Il est naturel à l'homme de se considérer comme le tout de la création, de ne voir dans toutes les autres choses que ce qui se rapporte à lui, ce qui peut lui rendre service, lui être utile. Il s'empare du règne végétal et du règne animal, et, tout en dévorant les autres créatures, aliments que réclame son organisation physique, il reconnaît son Dieu et célèbre cette bonté d'un père qui pourvoit à ses besoins. Il retire le lait de la vache, le miel de l'abeille, la laine de la brebis, et assignant comme but aux objets ses goûts personnels, il s'imagine qu'ils ont été créés pour cette fin. C'est par rapport à lui, pense-t-il, que les moindres brins d'herbe ont leur raison d'être, et alors même qu'il ne discerne pas comment cela est, il se croit assuré de l'apprendre dans l'avenir.

Cette manière de penser que l'homme emploie en général, il l'applique en particulier : il ne cesse de transporter aux sciences sa manière habituelle d'envisager la vie, ni de rechercher dans les diverses parties d'un être organique leur but et leur utilité.

Ce procédé est bon pour quelque temps et l'homme peut s'en accommoder jusqu'à un certain point dans les sciences. Mais bientôt il ira se heurter à des faits où l'impuissance d'un point de vue si mesquin se manifestera. C'est alors qu'il se verra enchevêtré dans une multitude de contradictions, s'il ne porte pas ses regards plus haut.

Ces apôtres de la doctrine de l'utilité se plaisent à dire : « Les cornes du bœuf lui servent pour se défendre. » Je leur demanderai à mon tour : « Pourquoi la brebis n'en a-t-elle pas ! Et, si elle en a, pourquoi sont-elles enroulées autour de ses oreilles, de telle sorte qu'elles ne lui servent à rien ? »

C'est bien autre chose quand je dis : « Le bœuf se défend avec ses cornes, parce qu'il les a. »

La question du but, le *pourquoi*, n'est nullement scientifique. L'esprit mieux éclairé se pose la question du *comment*. En effet lorsque je dis : « *Comment* se fait-il que le bœuf ait des cornes? » cela me conduit à étudier son organisation et m'apprend en même temps pourquoi le lion n'a et ne saurait avoir des cornes.

C'est ainsi que le crâne de l'homme a deux endroits creux et vides. Avec le *pourquoi* l'on n'irait guère loin, mais avec le *comment* je découvre que ces cavités sont des restes du crâne animal; que, dans les organisations secondaires, elles se trouvent en proportion plus forte et n'ont pas disparu complétement dans l'homme, malgré son élévation spécifique.

Les apôtres de la doctrine de l'utilité dans la création croiraient avoir perdu leur Dieu, s'ils cessaient de penser qu'il a donné les cornes au bœuf pour que celui-ci se défende. Qu'on me permette, à moi, d'adorer celui qui, au milieu des richesses de sa création, a été assez grand pour créer, après des milliers de plantes, un nouveau type, dans lequel sont renfermés tous les autres, et, après des milliers d'animaux, un être dans lequel ils sont tous contenus : l'homme.

Adorons encore celui qui donne au bétail sa pâture et à l'homme tous les aliments, tous les breuvages qu'il peut souhaiter. Pour moi j'adore *celui* qui a doté le monde d'une fécondité inépuisable. Il suffit que cette fécondité éclate dans un millionième de ses parties, pour que le monde fourmille de créatures, si bien que la guerre, la peste, l'eau et le feu ne prévaudront pas contre lui. Tel est mon Dieu.

15

Je ne vais pas chercher méthodiquement si l'Être suprême est doué d'entendement et de raison, mais je sens qu'il est l'entendement, la raison même. Ces facultés, toutes les créatures en sont abondamment pourvues, et l'homme en possède une assez notable partie pour reconnaître certains attributs de l'Être souverain.

16

Quelques naturalistes, se proposant de parcourir les séries du monde organique, veulent prendre la minéralogie pour point de départ ; c'est une grande erreur : dans le monde minéralogique l'idéal du beau réside dans une extrême simplicité, tandis que pour le monde organique, il est le résultat des complications les plus variées. On voit donc que ces deux mondes ont des tendances bien distinctes et que, de l'un à l'autre, il n'est pas question d'une progression ascendante.

17

Dans la nature la difficulté consiste à discerner la loi, là où elle se dissimule à nous, et à ne point se laisser égarer par des phénomènes qui contredisent nos sens.

En effet, bien des choses sont en contradiction avec nos sens, qui pourtant sont vraies. Que le soleil soit immuable; qu'il n'ait ni lever ni coucher; mais que la terre tourne chaque jour sur elle-même avec une incroyable rapidité, voilà un fait qui, s'il en fut jamais, contrarie nos sens : néanmoins nul homme instruit n'oserait en douter. C'est ainsi également que, dans le règne végétal, des phénomènes contradictoires se montrent à nous, et il faut être bien sur ses gardes pour éviter les erreurs.

18

Au fond, l'homme est né uniquement pour une sphère bornée ; il ne comprend, il n'aime que ce qui lui est connu. Un grand connaisseur a l'intelligence d'une œuvre de peinture; il sait rattacher les détails à l'ensemble qui lui est familier; le tout et la partie sont vivants pour lui. Il n'a pas non plus de prédilection pour telle ou telle partie; peu lui importe qu'un endroit soit clair ou obscur; il demande seulement si chaque chose est à sa place, si tout est conforme aux règles et aux principes. Or, si nous plaçons un ignorant en face d'un tableau d'une certaine dimension, nous verrons que l'ensemble le laissera indifférent ou le troublera ; que tels détails auront de l'attrait pour lui, que d'autres lui répugneront ; qu'enfin il s'arrêtera à des minuties de sa compétence, et louera, par exemple, la parfaite exécution d'un casque ou d'une plume.

10

A vrai dire, nous autres hommes, placés en face du monde, ce vaste tableau de la fatalité, nous jouons tous plus ou moins le rôle de cet ignorant. Les parties lumineuses, celles qui ont de la grâce nous attirent; l'ombre et les endroits repoussants nous éloignent; l'ensemble nous trouble et nous cherchons en vain l'idée d'un être unique, pour lui attribuer de si singuliers contrastes.

Dans les choses humaines l'individu pourra devenir un grand connaisseur; vraisemblablement il n'est pas sans moyens de s'approprier entièrement les procédés et la science d'un maître; dans le domaine religieux, celui-là seul en serait capable qui ressemblerait à l'être souverain lui-même. Bien plus, alors même que celui-ci voudrait nous transmettre et nous révéler ces mystères, nous ne saurions ni les concevoir ni en tirer profit, et, à notre tour, nous serions semblables à cet ignorant placé en face du tableau et auquel le connaisseur, malgré tous ses efforts, ne saurait communiquer les prémisses d'après lesquelles il établit son jugement.

20

A cet égard, c'est une chose excellente que les religions n'émanent pas de Dieu directement; étant l'œuvre d'hommes d'élite, elles sont proportionnées aux besoins et aux facultés intellectuelles du grand nombre.

Si elles étaient données par Dieu, personne ne les comprendrait; or, comme elles viennent des hommes, elles ne peuvent rien nous révéler sur le monde invisible.

Chez les Grecs civilisés des temps anciens, la religion s'était contentée de personnifier dans quelques divinités certains aperçus de ce monde qui dépasse nos sens, et comme ces individualités divines étaient des êtres bornés, qui ne pouvaient rendre compte de tout, on inventa l'idée du Destin (*fatum*). Cette idée dominait toutes les autres; mais comme à son tour, et à plusieurs égards, elle relevait du monde invisible, la question était plutôt éludée que résolue.

Jésus-Christ imagina un Dieu unique, auquel il attribua toutes les qualités qu'il sentait en lui comme autant de perfections. Cet être qu'enfantait sa belle âme, était plein de bonté, d'amour, comme lui-même, et justifiait d'une manière absolue cet abandon avec lequel les bonnes natures se livrent à lui, se rattachent au ciel par les plus doux liens.

21

Cependant comme l'être auguste, que nous nommons la divinité, se manifeste non-seulement dans l'homme, mais encore au sein d'une nature riche et puissante, ainsi que dans les grands événements du monde, l'idée qu'on se forme de lui, d'après les qualités humaines, sera évidemment insuffisante. Un esprit attentif se heurtera bientôt à des imperfections, à des contrastes, qui le jetteront dans le doute et même dans le désespoir, à moins qu'il ne soit assez médiocre pour se laisser amuser par un faux-fuyant habile, ou assez grand pour se placer à un point de vue plus élevé.

Ce point de vue, je l'ai trouvé de bonne heure chez Spinoza, et je me plais à reconnaître combien les idées de ce profond penseur répondaient aux besoins de ma jeunesse.

En lui je me trouvai moi-même ; il fut mon meilleur appui.

Attendu que ces idées n'étaient point du genre subjectif, qu'elles avaient, au contraire, leur base dans les œuvres et les manifestations de Dieu disséminées à travers le monde, je n'eus pas besoin de les rejeter comme un vêtement inutile, lorsque je fus instruit par mes études personnelles et sérieuses sur le monde et la nature. C'était une plante qui commençait à germer, à prendre racine, et dont la croissance se déployant avec une vigueur continue pendant plusieurs années, s'épanouissait enfin comme une fleur luxuriante.

Mes adversaires m'ont souvent accusé d'athéisme. J'ai une foi ; seulement ce n'était point la leur, que je jugeais trop mesquine. Si je voulais formuler la mienne, ils seraient étonnés, mais incapables de la saisir.

Cependant je suis fort éloigné de croire que j'aie de

l'Être suprême une notion exacte. Mes opinions, celles que j'ai dites ou écrites, se résument toutes en ceci : « Dieu est incompréhensible, et l'homme n'a de lui qu'un sentiment vague, une idée approximative. »

Du reste, et la nature, et nous autres hommes, nous sommes tellement pénétrés de la divinité qu'elle nous soutient. En elle nous vivons, nous respirons et nous sommes ; nous souffrons et nous nous réjouissons d'après les lois éternelles, vis-à-vis desquelles nous jouons un rôle à la fois actif et passif ; peu importe que nous les reconnaissions ou non.

L'enfant se régale du gâteau, sans s'inquiéter de savoir qui l'a fait, et le passereau becquette la cerise sans songer comment elle a poussé.

22

Une certaine arrogance est indispensable pour bâtir des palais ; car on ne sait jamais combien de temps il en restera pierre sur pierre. Quiconque peut vivre sous la tente a pris le parti le plus sage, à moins de faire comme ces Anglais, qui émigrent d'une ville et d'une hôtellerie à l'autre, et trouvent partout un charmant dîner sur la table.

23

Les défauts des enfants sont semblables aux feuilles qui poussent à la tige d'une plante et tombent successivement d'elles-mêmes ; il ne faut pas y regarder de trop près.

Il existe pour l'homme divers degrés qu'il doit parcourir forcément ; chacun de ces degrés comporte ses vertus et ses défauts ; si l'on a égard à l'époque de leur apparition, il faut les considérer absolument comme conformes à la nature et comme ayant, en quelque sorte, leur raison d'être. Dans la période suivante, l'homme devient autre ; plus de traces des vertus et des défauts antérieurs : à leur place d'autres qualités, d'autres faiblesses. Et cela continue ainsi jusqu'à la dernière métamorphose; nous ignorons toujours ce que celle-ci fera de nous.

24

Gœthe m'a lu quelques fragments de la *Noce de Polichinelle* qu'il a conservés depuis 1775. *Kilian Tache-de-Saucisse* ouvre la scène par un monologue dans lequel il se plaint du peu de succès qu'il a eu dans l'éducation de Polichinelle, malgré tous ses efforts. Cette scène, comme tout le reste, était écrite absolument dans le ton du *Faust*. Une puissante fécondité, poussée jusqu'à l'exubérance, débordait à chaque ligne, et je déplorais seulement que la pièce dépassât toutes limites au point que les fragments eux-mêmes ne sont point susceptibles d'être communiqués ici. Gœthe m'a lu ensuite la liste des personnages ; elle remplissait presque trois pages et allait à cent noms environ. C'étaient presque tous les sobriquets imaginables, dont quelques-uns du genre le plus amusant et le plus grivois. Plusieurs avaient trait à des infirmités physiques et désignaient si bien le personnage, que l'on croyait le voir en chair et en os; d'autres faisaient allusion à une multitude de travers et de vices et découvraient le vaste horizon de l'immoralité. Si la pièce fût arrivée à bonne fin, on eût été obligé d'admirer un esprit d'invention assez heureux pour réunir dans une seule et même action pleine de vie, des figures symboliques si diverses.

« Il ne fallait pas songer à terminer cette pièce, a dit Gœthe. Cela supposait une somme de gaieté folle dont les accès me prenaient bien par moments, mais qui, au fond, n'était pas dans ma nature sérieuse. Je ne pouvais donc m'y arrêter. Et puis, en Allemagne, nos cercles sont trop bornés pour qu'il eût été possible de se mettre au grand jour par des publications de ce genre. Sur un large terrain comme Paris, on peut donner carrière à de pareilles fantaisies. Là il est permis d'être un Béranger : il ne faudrait pas y songer dans un Francfort ou un Weimar. »

25

Que savons-nous de l'idée de Dieu, et que signifie, en définitive, cette intuition étroite que nous avons de l'Être suprême? Quand même je le désignerais comme les Turcs par une centaine de noms, je resterais encore infiniment au-dessous de la vérité, tant ses attributs sont innombrables.

26

On lit beaucoup trop les œuvres médiocres sans autre profit que de gaspiller son temps. On devrait se borner à ce qui excite notre admiration, comme je faisais dans ma jeunesse, comme je l'éprouve maintenant pour Walter Scott. J'ai commencé aujourd'hui son *Rob Roy* et je veux ainsi épuiser la série de ses meilleurs romans. En vérité, tout cela est grand, le sujet, le fond, les caractères, la forme ; et puis quel zèle minutieux dans les études préliminaires, et pour l'exécution, quelle actualité dans les détails ! On voit ce que c'est que l'histoire anglaise, et de quelle importance il est qu'un pareil patrimoine soit dévolu à un poëte capable de l'exploiter. Notre histoire allemande est de l'indigence toute pure, en comparaison.

27

Daphnis et Chloé est aussi un chef-d'œuvre que j'ai lu et admiré souvent. L'intelligence, l'art, le goût, y atteignent la perfection, ce qui rejette un peu, je l'avoue, ce bon Virgile dans l'ombre. Le paysage est entièrement dans le style du Poussin, et derrière les personnages il ressort tout achevé par un petit nombre de traits.

Vous savez que Courier a découvert dans la bibliothèque de Florence un nouveau manuscrit, avec le passage principal du poëme que les éditions précédentes n'avaient pas. Je conviens d'avoir toujours lu et admiré l'ouvrage sous sa forme défectueuse, sans remarquer ni sentir ce qui manquait à son couronnement proprement dit. Ce pourrait bien être là un témoignage de l'excellence du poëme, puisque ce que nous en possédons nous satisfaisait au point de ne pas nous laisser songer aux lacunes.

La disposition à ouvrir notre âme aux idées d'un ordre supérieur est fort rare; et, dans la vie ordinaire, on fait toujours bien de garder pour soi ses principes philosophiques, et de n'en donner à connaître que ce qui est indispensable. C'est un moyen d'avoir quelque peu l'avantage sur autrui[1].

28

Les critiques, et les poëtes surtout, ignorent ce qui est grand, et mettent en revanche un prix extraordinaire à ce qui est médiocre. C'est que l'homme n'admet et ne loue que ce qu'il est susceptible de faire par lui-même.

[1] Nous regrettons d'être obligés de reproduire des paroles d'égoïsme, qui rappellent le mot célèbre de Fontenelle. Celui-ci, dans l'intérêt de son repos. Gœthe dans l'intérêt de sa supériorité, garderaient en main telles vérités qu'ils auraient acquises. Plus de hardiesse et plus de prodigalité ne seraient pas des défauts.

29

Le poëme de *Daphnis et Chloé* est si beau, que l'étonnement s'empare toujours de nous à mesure que nous le relisons. Là règne le jour le plus brillant; on croit voir partout les figures d'Herculanum. Le souvenir de ces peintures réagit sur l'intelligence du livre, et vient en aide à notre imagination pendant la lecture.

Une sobriété délicieuse préside à l'ensemble. A peine çà et là une allusion étrangère vient-elle nous attirer hors de ce cercle fortuné. Pan et les Nymphes y sont les seules divinités agissantes; à peine si l'on en cite une autre. En effet, ces dieux suffisent aux bergers.

Et néanmoins, malgré cette simplicité, un monde complet se déploie dans ce livre : il nous offre des bergers de toute classe, des agriculteurs, des jardiniers, des vignerons, des marins, des brigands, des guerriers, des citadins importants, des grands seigneurs et des esclaves. Il nous montre également l'homme aux différents degrés de son existence, depuis la première enfance jusqu'à la vieillesse, et dans la vie domestique avec les périodes variées que les saisons y amènent successivement.

Quant au paysage, avec quelle vigueur le dessin se détache en quelques traits! Sur les hauteurs, derrière les personnages, nous apercevons des vignobles, des champs et des vergers; dans le bas, des pâturages avec la rivière et quelques bois et la mer qui s'étend dans le lointain. Nulle trace de jours sombres, de brouillards, de nuages, d'humidité; au contraire, un ciel du plus bel azur, un air des plus charmants, un sol constamment sec : on pourrait reposer partout sans être enveloppé d'un vêtement.

Le poëme entier décèle un art parfait. Le plan en est si bien conçu, que chaque chose a sa raison d'être, que chaque motif est du caractère le plus exquis, le plus irréprochable. Quel goût, quel fini, quelle délicatesse de sentiments capables de soutenir la comparaison avec ce que l'on a jamais produit de mieux! Tous les incidents, tout ce qui survient du dehors pour troubler la félicité dont le poëme est le tableau, invasions, pillages, guerres, est traité chaque fois de la manière la plus rapide et laisse à peine une trace. Le vice lui-même n'apparaît qu'à la suite des habitants des villes, et non pas dans les personnages principaux, mais dans quelque figure accessoire de subalterne. Ce sont là des beautés de premier ordre.

Entre maîtres et serviteurs, les rapports sont exprimés d'une façon charmante : chez les premiers, les traitements les plus humains; chez les autres, une liberté naïve qui n'ôte rien au respect et s'unit aux efforts empressés pour conquérir la faveur du maître.

Pour louer l'intelligence qui préside à l'œuvre entière et y introduit les sujets moraux les plus dignes d'attention, pour faire ressortir les qualités exceptionnelles de ce poëme, il y aurait à composer tout un livre. Il faut relire une fois par an *Daphnis et Chloé*: on y découvre toujours quelque chose de nouveau, d'émouvant et de supérieur.

50

Courier a eu raison de respecter et de conserver la vieille traduction de *Daphnis et Chloé* par Amyot, en ne la modifiant qu'à certains endroits, qu'il a rectifiés pour la rapprocher de l'original. Cette vieille langue française est si naïve, elle s'adapte si merveilleusement au sujet, qu'il ne serait point aisé de donner une traduction plus exacte de ce livre dans un autre langage.

Dans ses propres ouvrages, ses petits pamphlets, sa défense à propos de la tache d'encre sur le manuscrit de Florence, Courier fait voir un grand talent qui a de l'affinité avec celui de Byron, de Beaumarchais et de Diderot. Il relève de Byron, par la manière prodigieuse de représenter les choses et de s'en servir en guise d'arguments; de Beaumarchais, par un esprit d'avocat fécond en ressources; de Diderot, par la dialectique. En même temps il est si ingénieux qu'on aurait peine à l'être davantage. Néanmoins, quant à la tache d'encre, c'est une imputation dont il ne paraît point triompher, et de plus ses tendances générales ne sont pas assez positives pour qu'on puisse lui décerner des éloges sans restriction. Il est en querelle avec tout le monde, et l'on aurait peine à admettre qu'il n'y ait pas un peu de sa faute, ni que les torts ne soient quelque peu de son côté.

31

ECKERMANN.

Je lis actuellement un volume de Diderot, et je suis frappé du talent extraordinaire de cet homme. Quelles vastes connaissances! Quelle vigueur de style! Devant nous se déroule un monde immense et animé; c'est une émulation réciproque; le génie et le caractère sont constamment en haleine : ils ont dû s'assouplir et se fortifier l'un et l'autre. Ce que les Français ont possédé de notabilités littéraires dans le siècle dernier paraît absolument incroyable.

GŒTHE.

Ce fut la métamorphose d'une littérature séculaire, qui grandissait depuis Louis XIV et qui arrivait à son plein épanouissement. A vrai dire, c'est Voltaire qui échauffait des génies tels que Diderot, d'Alembert, Beaumarchais et autres; pour être seulement quelque chose auprès de lui, il fallait valoir beaucoup et il ne s'agissait pas de chômer.

32

On n'a qu'à formuler un axiome qui flatte la nonchalance et la vanité pour être sûr de se faire un parti considérable dans la multitude des médiocrités.

33

Goethe m'a montré un fauteuil vert qu'il s'était fait acheter à un encan ces jours derniers.

« J'en userai peu ou pas du tout, m'a-t-il dit; je m'assieds toujours sur ma vieille chaise de bois, à laquelle j'ai fait ajouter depuis quelques semaines seulement un dossier pour appuyer ma tête. Un entourage de meubles commodes et artistement travaillés arrête court ma pensée, et me plonge dans un état de bien-être passif. Si l'on n'y a été habitué dès sa jeunesse, les appartements somptueux et les ameublements de luxe ne conviennent qu'aux gens qui n'ont et ne se soucient d'avoir aucune idée. »

34

ECKERMANN.

On a prétendu, au sujet de Lessing, que son intelligence était froide; mais dans son drame de *Minna de Barnhelm* je trouve autant de sensibilité, de naturel aimable, autant de cœur, une éducation aussi libérale, un laisser-aller aussi charmant qu'on peut le souhaiter chez un homme du monde.

GOETHE.

Vous pouvez vous imaginer quel effet produisit cette pièce sur nous autres jeunes gens lorsqu'elle parut dans

la période d'obscurité où nous vivions. Ce fut un brillant météore qui nous révéla l'existence de régions plus
hautes que celles dont la médiocre littérature d'alors
avait l'idée. Les deux premiers actes sont assurément
un chef-d'œuvre d'exposition. Ils furent et ils seront toujours une source féconde en enseignements.
Sans doute personne ne veut entendre parler aujour-
d'hui d'exposition prudente et calculée pour l'effet to-
tal. L'effet que l'on attendait autrefois au troisième
acte, on veut l'avoir à présent dès la première scène, et
l'on ne songe point qu'il en est de la poésie comme de
la navigation : il faut avoir démarré et gagné le large
avant de marcher à pleines voiles.

35

Un grand peintre de fleurs me paraît être désormais impossible. On exige beaucoup trop de vérité scientifique. Le botaniste vient derrière le peintre et compte
les pistils : il n'a point d'yeux pour les groupes pitto-
resques ni pour l'art de disposer la lumière.

36

Les sots prétendent que l'habileté de M. de Reutern
à peindre l'aquarelle ne doit rien à personne, et qu'il
relève exclusivement de lui-même, comme si l'homme
tirait de lui-même autre chose que bêtise et mala-

dresse. En supposant que M. de Reutern n'ait pas eu pour maître une célébrité, il a été du moins en rapport avec des hommes capables ; ce qu'il sait, il le tient d'eux ainsi que de leurs prédécesseurs illustres et de la nature partout présente. La nature l'a doué d'un talent remarquable ; l'art et la nature l'ont perfectionné. C'est un homme éminent, unique à plusieurs égards ; mais on n'est pas fondé à dire qu'il tire tout de son propre fonds. Il n'y a qu'un artiste défectueux et dont le timbre est brouillé de qui l'on pourrait affirmer pareille chose.

57

Je n'ai guère trouvé dans les arts un plus heureux talent que Neureuther. Il est rare qu'un artiste se borne à ce qui est dans ses moyens. La plupart veulent aller au delà de ce qu'ils peuvent et dépassent rarement les limites que la nature a assignées à leur talent. Pour Neureuther, il est au-dessus du sien ; tous les règnes de la nature lui sont familiers : il dessine aussi bien les vallées, les rochers et les arbres que les animaux et les hommes. Il possède à un haut degré l'invention, l'art et le goût : et, tandis qu'il prodigue en quelque sorte des trésors dans ses légers croquis, il semble jouer avec ses facultés. En les contemplant on éprouve la satisfaction qu'accompagne toujours la facile offrande qui tombe d'une main opulente. Dans la vignette personne n'est arrivé à la même perfection que lui, et même il a eu dans la grandeur d'Albert Durer un stimulant bien plus qu'un modèle.

58

La littérature abonde en exemples de la haine suppléant au génie, de talents médiocres acquérant de l'importance, parce qu'ils se font les organes d'un parti. C'est ainsi également que l'on trouve dans la vie une foule de personnes qui n'ont pas assez de caractère pour rester à l'écart. Elles se jettent donc dans un parti qui leur prête de la force et leur permet de faire figure dans le monde. En revanche, Béranger est un talent qui se suffit à lui-même. Il n'a jamais été le serviteur d'aucun parti. Il éprouve trop de satisfaction dans son propre cœur pour que le monde ait pu lui donner ou lui ôter quelque chose.

39

Voyez ce jeune garçon qui ne peut se consoler d'avoir commis une légère faute; cela témoigne d'une conscience extrêmement délicate qui tient en si haute estime le *moi moral*, qu'elle ne veut rien lui pardonner. Une conscience de ce genre fait des hypocondres, si elle n'est compensée par une grande activité.

40

Les lois de la peinture et de la poésie sont susceptibles d'être enseignées jusqu'à un certain point; mais, pour être un bon poëte, un bon peintre, il faut du génie, et cela ne se transmet pas. Saisir un simple phénomène primitif, en reconnaître la signification profonde et le féconder, voilà qui exige un esprit créateur, capable d'embrasser beaucoup à la fois; c'est un don qui est rare et qu'on trouve exclusivement dans les natures d'élite.

Et cela ne suffit pas. De même que toutes les règles et tout le génie possible, ne constituent point le peintre, mais qu'un exercice continu est de rigueur; de même, dans la science, ce n'est point assez de connaître les lois essentielles, d'être doué d'un esprit spécial, il faut aussi étudier sans relâche les phénomènes isolés qu'enveloppent souvent de profonds mystères, remonter à leur source, les relier entre eux.

11

Les endroits où le peintre laisse tomber la plus vive lumière ne permettent aucun détail dans l'exécution; voilà pourquoi l'eau, les blocs de rochers, le sol nu et les édifices sont les objets sur lesquels la lumière principale se concentre le plus favorablement. Quant à ceux

dont le dessin réclame plus de fini dans le détail, l'artiste ne saurait en user convenablement dans les parties
éclairées.

42

Un paysagiste doit posséder des connaissances variées. Ce n'est point assez qu'il entende la perspective, l'architecture et l'anatomie de l'homme et des animaux ; il doit même avoir quelques aperçus de la bota-
nique et de la minéralogie. La première lui servira à
discerner ce qui caractérise les arbres et les plantes, la
seconde à rendre avec à-propos les diverses espèces de
montagnes. Ceci n'implique pas pour lui la nécessité
d'être un minéralogiste de profession, car il n'a guère à
s'occuper que des montagnes calcaires, argilo-schis-
teuses ou siliceuses. Il n'a qu'à savoir quelles en sont
les formes, de quelle manière la température en déter-
mine les fentes, et quelles espèces d'arbres y prospèrent
et y dépérissent.

43

Chez Hermann de Schwanefeld, plus que chez aucun
autre, l'art du paysage est une inclination, et l'inclination un art. Son âme est le siége d'un amour profond
de la nature, d'une quiétude céleste qui se communique
à nous lorsque nous contemplons ses tableaux. Né dans

les Pays-Bas, il a étudié à Rome sous Claude Lorrain. Sous un pareil maître, il est arrivé à la plus haute perfection, et sa belle originalité a pris les développements les plus larges.

44

Un dictionnaire des artistes lui reprochait de n'avoir pas égalé son maître. Quelle sottise ! Schwanefeld était autre que Claude Lorrain, et celui-ci ne prétendait pas avoir valu davantage. Si la vie ne nous fournissait d'autres lumières que celles qui nous viennent des biographes et des auteurs de lexiques, l'étude serait triste et n'aurait guère de prix.

45

Toutes les langues sont nées des besoins généraux et immédiats de l'homme, de ses occupations et de ses perceptions. Toutes les fois qu'un homme supérieur pressent et devine l'action et la marche mystérieuse de la nature, le langage est insuffisant à traduire des idées qui sont en dehors de la sphère habituelle de l'humanité. Il devrait alors disposer de la langue des esprits, pour traduire d'une manière satisfaisante ce dont il a eu propre l'intuition. Or, comme cette ressource lui manque, force lui est de recourir en toute circonstance aux expressions humaines, pour exprimer les rapports extraordinaires de la nature; aussi lui arrive-t-il presque toujours d'être à bout de ressources, de rabaisser son sujet et même d'en diminuer l'importance et de le réduire à néant.

Cependant la langue allemande offre des ressources tellement exceptionnelles; elle est si perfectionnée, si capable de formes composées, que lorsque nous avons besoin de recourir à un trope, l'image est bien près d'atteindre à la vérité. Comparativement, les Français ont un grand désavantage. Chez eux, quand il s'agit de spécifier un rapport d'idées d'un degré un peu supérieur, le trope qu'ils empruntent à la technologie s'empreint tout de suite d'un caractère si matériel et si vulgaire, qu'il ne répond plus aux appréciations d'un ordre quelque peu relevé. Le débat qui vient d'avoir lieu entre Cuvier et Geoffroy Saint-Hilaire en fournit une preuve nouvelle. Geoffroy Saint-Hilaire est un homme qui a jeté un coup d'œil profond sur l'action et la marche de la nature; mais, par cela même qu'il est obligé de se servir d'expressions consacrées par l'usage, la langue de son pays ne traduit nullement sa pensée. Et ce que j'en dis ne s'applique pas aux seuls objets et aux seuls rapports abstraits, mais encore à ceux qui sont tout à fait visibles, essentiellement physiques. S'il veut désigner telle ou telle des parties qui constituent l'ensemble d'un être organique, il n'a d'autre terme à son service que celui de *matériel*, par quoi il arrive que les os, qui forment le tout organique d'un bras, à titre de parties semblables, sont compris sous une dénomination commune avec les pierres, les poutres et les planches qui servent

à construire une maison. C'est d'une manière tout aussi
impropre que les Français emploient le mot de *composition* quand ils parlent des phénomènes de la nature.
Je puis bien rapporter les unes aux autres les parties
détachées d'une machine faite pièce à pièce, et recourir
dans ce sens, pour un tel objet, au terme de *composition*; cela ne m'est plus permis du moment que j'ai en
vue les parties constituant l'ensemble d'un tout organique et qui, animées d'un souffle commun, se développent avec un caractère de vitalité.

Il me semble même que ce terme est également impropre et bas, quand il s'applique aux nobles productions de l'art et de la poésie.

C'est une expression vraiment détestable, que nous
devons aux Français et dont nous devrions chercher
à nous débarrasser aussitôt que possible. Comment
peut-on dire que Mozart a *composé* son *Don Juan*. Composition! Comme s'il s'agissait d'une pâtisserie ou d'un
biscuit que l'on confectionne au moyen d'un mélange
de farine, d'œufs et de sucre! — C'est une création du
génie; le tout, comme la partie, est fondu d'un même
jet, pénétré d'un même souffle de vie; l'auteur ne tâ-
tonnait nullement : il ne procédait pas pièce par pièce
et selon son bon plaisir. Son âme était en proie au démon de l'inspiration, qui fatalement le pliait à ses
ordres souverains.

16

27 juin.

Victor Hugo est un beau talent, mais il est imbu des

funestes tendances romantiques de son époque. Voilà pourquoi il est entraîné à peindre, à côté du beau, ce qu'il y a de plus insupportable et de plus hideux. J'ai lu ces jours derniers sa *Notre-Dame de Paris*, et il ne m'a pas fallu une médiocre patience, pour endurer les tourments que cette lecture m'a occasionnés. C'est le livre le plus détestable qu'on ait jamais écrit[1]. On n'est même pas dédommagé des tortures auxquelles il nous condamne, par le plaisir qu'on pourrait éprouver à voir une peinture vraie de la nature humaine, de caractères d'hommes. Cet ouvrage est, au contraire, absolument dénué de naturel et de vérité. Les prétendues personnages qu'il met en scène, ne sont point des êtres vivants, formés de chair et d'os, mais de misérables marionnettes, auxquelles il fait faire, selon ses caprices, toute espèce de gambades, de contorsions; il leur prête nombre de sadaises, pour certains effets qu'il a en vue. Qu'est-ce donc qu'une époque, qui, non-seulement rend possible et provoque un pareil livre, mais le trouve même tout à fait supportable et amusant?...

[1] Les lecteurs français auraient lieu de trouver plus qu'étrange ce jugement de Gœthe, s'ils ne savaient qu'un chef d'école en Allemagne n'est pas très-porté à la bienveillance pour les œuvres les plus éclatantes d'une école rivale, fût-elle étrangère. Gœthe échappe habituellement à ce travers de décrier tout haut ce que l'on estime le plus en secret; mais la regrettable faiblesse que nous condamnons ne tire pas à conséquence contre Victor Hugo : elle s'explique suffisamment par la jalousie littéraire, et par cela même elle consacre la célébrité de notre illustre compatriote.

47

Parlant de Victor Hugo, nous avons reconnu que son excessive fécondité porte une atteinte fort grave à son talent.

« Comment un écrivain ne baisserait-il pas? comment ne se ruinerait-il pas, a dit Gœthe, lorsqu'il a la hardiesse d'écrire en une seule année deux tragédies et un roman; lorsqu'en outre il n'a l'air de travailler que pour battre largement monnaie? Je ne le blâme nullement de la peine qu'il se donne pour devenir riche, ni de celle qu'il prend pour recueillir des lauriers éphémères. Mais s'il prétend vivre longtemps dans la postérité, il doit commencer à moins écrire et à travailler davantage. »

Là-dessus Gœthe a analysé *Marion Delorme*, cherchant à me démontrer que le sujet n'offrait matière qu'à un seul acte ayant de la valeur, et surtout à un caractère fort tragique, mais que l'auteur, par des considérations tout à fait secondaires, s'était laissé entraîner à délayer son thème outre mesure dans cinq longs actes. « Par là, a ajouté Gœthe, nous avons eu seulement l'avantage de voir que le poëte est encore supérieur dans la peinture des détails, ce qui, assurément, n'est pas un médiocre mérite et signifie bien quelque chose. »

1832

—

I

Les Mémoires de Dumont nous font connaître en grand nombre les hommes de talent que Mirabeau a fait concourir à ses fins et dont les forces lui sont venues en aide. Je ne connais pas de livre plus instructif que ces Mémoires; ils jettent un jour admirable sur les replis les plus cachés de cette époque, et grâce à eux Mirabeau l'étonnant devient un personnage tout naturel, sans que cet homme prodigieux y perde la moindre partie de sa grandeur. Les journalistes français sont, à cet égard, d'une opinion différente. Ils s'imaginent que l'auteur de ces Mémoires a voulu compromettre la réputation de leur Mirabeau, en découvrant le mystère de son activité surhumaine et en revendiquant pour d'autres une faible portion de cet immense mérite.

Les Français voient dans Mirabeau leur Hercule, et

ils ont pleinement raison. Toutefois ils oublient que le colosse est composé, lui aussi, de pièces de rapport, et que l'Hercule même des anciens est un être collectif, une personnification gigantesque d'actes qui sont à lui et à d'autres.

Au fond, nous sommes tous des êtres collectifs, quoi que nous puissions faire ou dire. A combien peu de chose se réduit ce que nous possédons, ce que nous sommes, ce que nous pouvons, à proprement parler, appeler notre propriété individuelle! Nous sommes tous forcés de recevoir et d'apprendre, tant de nos prédécesseurs que de nos contemporains. Le plus grand génie lui-même n'irait pas loin, s'il devait tirer tout de son propre fonds. Mais beaucoup de braves gens ne comprennent pas cela, et, avec leurs rêves d'originalité, ils marchent à tâtons dans les ténèbres pendant la moitié de leur vie. J'ai connu des artistes qui se glorifiaient de n'avoir suivi aucun maître, de ne devoir tout, au contraire, qu'à leur propre génie. Les insensés! comme si la chose était praticable. Comme si le monde ne s'imposait point à eux à chacun de leurs pas, et ne faisait point d'eux quelque chose, en dépit de leur ineptie personnelle! Je vais plus loin et je soutiens qu'un artiste n'aurait qu'à circuler le long des murs de cette chambre; qu'il n'aurait qu'à jeter des regards furtifs sur les dessins originaux de quelques grands maîtres dont je l'ai tapissée, pour sortir d'ici tout autre et plus grand, supposé du moins qu'il eût une étincelle de feu sacré. Et que possédons-nous, en général, de bon en nous-mêmes, si ce n'est cette faculté, ce penchant à nous procurer les secours du monde externe, à les faire servir pour nos fins? S'il m'est permis de parler de moi-même et je le puis bien un peu, après avoir, dans le cours de ma longue existence, produit et exécuté tant d'œuvres qui, à tout prendre, l'ont honorée, je demande ce qui m'appartenait en propre, autrement que cette aptitude à voir, à entendre, à discerner, à choisir, à relever enfin par un certain tour, à rendre avec quelque habileté ce que j'avais vu ou entendu. Je ne suis nullement redevable de mes ouvrages à mon unique sagesse, mais à une multitude de personnes et de circonstances indépendantes de moi, qui m'en ont fourni la matière. Je voyais passer devant moi des fous et des sages; des esprits lucides et d'autres bornés; des enfants, des jeunes gens, des hommes d'un âge mûr : tous me disaient ce qu'ils éprouvaient, ce qu'ils pensaient, comme ils avaient agi et vécu, quelles expériences ils avaient faites; il ne restait plus qu'à mettre la main à l'œuvre et à récolter ce que d'autres avaient semé.

Au fond, c'est folie que de chercher à savoir si quelqu'un est original ou s'il est redevable à autrui; le point essentiel c'est d'avoir une volonté énergique de posséder du talent et de la persévérance pour exécuter par soi-même : le reste est indifférent. Aussi Mirabeau avait-il parfaitement raison d'exploiter les forces qu'il trouvait présentes autour de lui. Il avait le don de discerner le talent, et le talent, fasciné par le Démon de cette nature puissante, s'abandonnait volontairement à lui et à sa conduite. C'est ainsi qu'il était entouré par une multitude d'intelligences d'élite, qu'il embrasait du feu dont il était animé, et qu'il mettait en mouvement pour accomplir ses grands desseins. C'est précisément parce qu'il s'entendait à agir par les autres et avec les autres, qu'il avait du génie, de l'originalité et une grandeur à lui.

2

Ces deux choses, la noblesse et le génie, impriment à celui qui les a un cachet que l'*incognito* ne saurait dissimuler. Comme la beauté, ce sont des puissances dont on ne peut approcher, sans reconnaître qu'elles dérivent d'en haut.

3

L'idée de la fatalité dominante dans la tragédie grecque, ne répond plus aujourd'hui à notre manière de penser; elle contraste avec nos opinions religieuses. Si un poëte moderne compose une pièce de théâtre sur ces idées de l'ancien temps, son œuvre sera toujours entachée d'affectation. C'est un vêtement dont la mode est surannée et qui, comme la toge romaine a cessé de nous convenir.

Nous autres modernes, nous disons plus justement avec Napoléon : « La politique, c'est le destin. » Mais gardons-nous de soutenir avec nos littérateurs contemporains, que la politique est la poésie, ou bien que la politique est un champ convenable ouvert aux poëtes. L'anglais Thompson a écrit un excellent poëme sur les saisons; en revanche celui qu'il a fait sur la liberté ne vaut rien. Ce n'est pas que la poésie ait fait défaut au poëte; le sujet seul était dénué de poésie.

Dès qu'un poëte veut exercer une influence politique, il doit se ranger dans un parti; du moment qu'il agit de la sorte, il est perdu comme poëte. Qu'il dise adieu à son indépendance, à la sincérité de ses aperçus; qu'il amène jusque sur ses oreilles le bonnet de la niaiserie et de la haine aveugle.

En sa qualité d'homme et de citoyen le poëte aimera sa patrie, mais la patrie de son action et de ses facultés poétiques sera située dans le bon, le noble et le beau, qui ne sont l'apanage ni d'une province, ni d'un état en particulier; il les prend et les convertit en œuvres là où il les trouve. En cela il ressemble à l'aigle qui plane avec un regard libre, et qui ne se soucie guère si le lièvre sur lequel il fond court en Prusse ou en Saxe.

Et que signifient ces expressions :« aimer sa patrie; agir en patriote? » Si un poëte a consacré son existence à combattre des préjugés funestes, à refouler des opinions étroites, à éclairer l'esprit de sa nation, à épurer son goût, à lui inspirer des sentiments, des idées plus nobles, que pourrait-il faire de mieux? Comment agirait-il davantage en patriote? Irez-vous exiger d'un colonel, qu'il donne une preuve éclatante de son patriotisme, en faisant cause commune avec les novateurs politiques, et en négligeant ainsi les devoirs immédiats de sa vocation? La patrie d'un chef de corps, c'est son régiment. Il sera de reste un excellent patriote, si, laissant de côté les questions politiques qui ne le concernent pas, il applique exclusivement son esprit et ses soins aux bataillons qui lui sont confiés; s'il cherche à les instruire convenablement, à maintenir chez eux la discipline et l'ordre, pour qu'un jour, lorsque la patrie sera en danger, ils puissent affronter l'ennemi en braves.

J'ai horreur des brouillons comme de la peste, surtout de ceux qui touchent aux affaires de l'État, d'où ne résulte que malheurs pour des millions d'individus.

Vous savez qu'au fond je m'inquiète peu de ce qu'on écrit sur mon compte. Cela vient pourtant à mes oreilles, et je sais fort bien que, nonobstant les efforts de ma vie entière, tout mon labeur est insignifiant aux yeux de certaines personnes, par cela seul que j'ai dédaigné de me mêler aux partis politiques. Pour complaire à ces gens, j'aurais dû devenir membre d'un club de Jacobins, prêcher le meurtre et l'effusion du sang... Mais pas un mot de plus sur ce désagréable sujet, afin que je ne perde pas la raison, en combattant ce qui est déraisonnable.

Si l'on n'y prend garde, l'homme politique a bientôt absorbé le poëte. Être membre des États, vivre au milieu des frottements et des excitations de chaque jour, cela est incompatible avec la nature délicate d'un poëte. Ce serait fini de ses chants. La Souabe possède assez d'hommes dont les lumières, l'instruction, la capacité et l'éloquence suffisent aux besoins de la représentation nationale; mais elle n'a qu'un poëte du mérite d'Uhland.

4

11 mars.

Soirée chez Gœthe; causeries diverses et agréables. Je m'étais acheté une bible anglaise, dans laquelle, à mon grand regret, je n'avais pas trouvé les livres apocyrphes. La raison pour laquelle on ne les y avait pas admis, était qu'on ne les considérait pas comme authentiques ni d'origine divine. J'avais constaté l'absence de ce *Tobie* si noble de tout point, de ce modèle de la vie selon Dieu; puis l'absence du livre sur la sagesse par Salomon, de celui de Jésus Sirach, ouvrages d'une élévation spirituelle et morale tellement grande, que peu d'autres leur sauraient être comparés. J'exprimai à Gœthe combien je déplorais ces vues étroites, d'après lesquels certains écrits de l'Ancien Testament sont regardés comme inspirés immédiatement de Dieu, tandis que d'autres, tout aussi excellents, ne sont point jugés tels. Je demandais enfin si, d'une manière générale, il peut exister quelque chose de grand et de noble qui ne vienne point de Dieu, et ne soit point le résultat de son intervention.

« Je suis entièrement de votre avis, a repris Gœthe. Cependant il faut considérer les choses de la Bible à un double point de vue. Le premier est celui d'une espèce de religion primitive, celui de la nature et de la raison pure, lequel est d'origine divine. Il subsistera tant qu'il y aura des êtres inspirés de Dieu; mais il n'est que pour les élus; étant trop haut et trop noble il ne peut devenir général. Il y a, d'autre part, le point de vue de l'Église. Ce dernier tient davantage de l'homme; il est imparfait, variable et soumis à des influences constamment diverses. Néanmoins il vivra aussi au milieu de ses transformations perpétuelles, tant qu'il y aura des êtres humains et faibles. La lumière d'une révélation divine et dégagée de tout nuage est beaucoup trop pure, trop éblouissante, pour subvenir à tous. Par le fait que l'Église chrétienne ordonne de croire qu'en sa qualité d'héritière du Maître, elle peut délier l'homme des entraves du péché, elle est une très-grande puissance. Conserver cette puissance et ce crédit, consolider ainsi l'édifice de l'Église, tel est le but vers lequel les prêtres du Christ ont les yeux principalement tournés.

« Ainsi l'Église n'a qu'un intérêt secondaire à s'informer si tel ou tel livre de la Bible est susceptible d'offrir de grandes lumières à l'esprit; s'il contient de hautes leçons de moralité et présente de nobles types d'hommes. Elle doit insister de préférence sur les livres de Moïse, qui contiennent l'histoire de la chute par le péché et montrent, dès l'origine, le besoin d'un Rédempteur; en outre, elle doit avoir en vue, dans les prophètes, les nombreux passages qui ont trait à ce Messie attendu, ceux enfin qui, dans les Évangiles, racontent son apparition réelle sur la terre et sa mort sur la croix, en expiation de nos péchés. Vous voyez donc que, eu égard à cette tendance et à ce but, le livre de Tobie, pas plus que celui de *la Sagesse* et les maximes de Sirach, placés sur une balance de ce genre, ne peuvent être d'un grand poids.

« Du reste, authentiques ou non, quand il s'agit de la Bible, il y a de bien curieuses questions à soulever. Parler d'authentique, n'est-ce pas désigner ce qui est excellent d'une manière absolue; ce qui est en harmonie avec la nature et la raison la plus épurée; ce qui est profitable encore aujourd'hui à notre développement moral? Qu'entendre par ce mot d'apocryphe, sinon ce qui est absurde, creux et stupide, ce qui ne peut porter aucun fruit, du moins rien de bon? — Si l'authenticité d'un livre de la Bible devait être décidée par cette question : « La vérité absolue nous a-t-elle été transmise? » on pourrait, sur certains points, douter même de celle des Évangiles. Marc et Luc n'ont pas écrit à titre de témoins oculaires et d'après leur propre expérience, mais fort tard et selon la tradition orale. Ce n'est que dans un âge avancé que saint Jean a pris la plume. Toutefois je regarde les quatre évangiles comme absolument canoniques. On y sent en effet l'influence de cette grandeur qui se reflète de la personne de Jésus-Christ, aussi divine qu'il a jamais pu être donné à la terre de la contempler. On me demandera si je suis disposé à lui rendre un culte d'adoration? et je répondrai : « Oui, le plus complet. » Je m'incline devant lui, comme étant la manifestation divine du plus sublime principe de moralité. On me demandera si je suis disposé à révérer le soleil? Je répondrai encore : « Oui, et sans restriction. » Car il est également une manifestation du Très-Haut, et c'est la plus imposante qu'il nous soit accordé de considérer, à nous autres, pauvres fils de la terre. J'adore en lui la lumière et la puissance génératrice de Dieu, par laquelle nous vivons, nous agissons et nous sommes, nous et toutes les plantes et tous les animaux avec nous. Mais que l'on me demande si je suis disposé à m'incliner devant une des phalanges du pouce de l'apôtre Pierre ou de l'apôtre Paul, et je répondrai : « Laissez-moi en repos et ne venez pas me fatiguer de vos absurdes exigences.

« N'éteignez pas l'esprit, » dit l'Apôtre [1].

« Il y a dans les dogmes de l'Église beaucoup de futilités. Mais elle veut dominer, et alors il lui faut des masses à l'esprit borné, qui s'humilient et qui soient portées à se laisser conduire. Le haut clergé, celui qui jouit de riches dotations, ne redoute rien autant que la lumière pour les masses. Voilà pourquoi elle leur a assez longtemps soustrait la Bible, autant du moins qu'il était possible. Et qu'aurait pensé un pauvre membre de la communauté chrétienne en voyant ce luxe princier d'un évêque somptueusement apanagé, tandis qu'à ses yeux s'offre dans l'Évangile l'image de la pauvreté et de l'indigence du Christ allant à pied humblement avec ses disciples, tandis que le prince-prélat s'avançait dans un carrosse traîné bruyamment par six chevaux?

« Nous ignorons de combien de choses nous sommes

[1] Paul. *Epist. ad Thessalonic.*. 1. 5. 19

redevables à Luther et à la réformation. Nous avons été affranchis des chaînes de l'ignorance; par suite des développements de notre culture, nous sommes devenus capables de remonter à la source et d'embrasser le christianisme dans toute sa pureté. Nous avons de nouveau le courage de poser un pied ferme sur cette terre en enfants de Dieu, et de sentir les facultés divines dont il a doté la nature de l'homme. La culture intellectuelle peut progresser à l'infini; les sciences naturelles peuvent s'étendre tous les jours davantage et gagner en profondeur; l'esprit humain se déployer tant qu'il voudra; — jamais il ne dépassera cette hauteur et cette culture morale du christianisme, telle qu'on la voit briller et resplendir dans les Évangiles.

« Plus les protestants feront preuve de capacité dans la noble initiative du progrès, plus les catholiques se hâteront de les suivre. Dès qu'ils auront senti que la marche toujours ascensionnelle de l'époque les entraîne eux aussi, ils suivront forcément, quelque résistance qu'ils veuillent opposer, et les temps viendront où enfin tous ne formeront qu'un seul corps.

« Et le temps viendra aussi pour le protestantisme où l'esprit de secte aura une fin, et avec lui disparaîtront ces haines et ces inimitiés entre le père et le fils, entre le frère et la sœur. Car dès que la pure doctrine du Christ et son amour, tel qu'il est en réalité, auront été compris et mis en pratique, l'homme sentira alors qu'il est devenu grand et libre; il n'attachera plus une importance exceptionnelle à telle ou telle mesquine partie du culte extérieur.

« Aussi bien, nous passerons tous, par des gradations successives et de plus en plus marquées, de la lettre et de la foi du christianisme à un christianisme d'esprit et d'action. »

5

La conversation s'est portée sur les grands hommes antérieurs à Jésus-Christ, Chinois, Indiens, Persans et Grecs, et nous avons reconnu que la puissance de Dieu avait été en eux tout aussi agissante que chez certains d'entre les Juifs de l'Ancien Testament. Nous avons été amenés à nous demander comment Dieu se manifeste dans les grands hommes du temps au milieu duquel nous vivons.

« Quand on écoute parler les gens, a dit Gœthe, on serait tenté de leur attribuer cette opinion, que Dieu, depuis les anciens temps, s'est mis complétement à l'écart, et que l'homme maintenant, abandonné entièrement à lui-même, est tenu d'aviser au moyen par lequel il pourra se tirer d'affaire, sans l'aide du Seigneur, sans son intervention invisible et quotidienne. Dans les choses de l'ordre religieux et moral, on admet, à la vérité, une influence divine; mais, pour ce qui touche aux arts et aux sciences, on les regarde comme choses purement mondaines, comme un produit exclusif de l'humaine activité.

« Qu'on essaye cependant, qu'on réalise, par la volonté et les forces de l'homme, une œuvre qui se puisse comparer aux créations qui portent le nom d'un Mozart, d'un Raphaël ou d'un Shakspeare? Je sais bien que ces trois nobles figures ne sont pas les seules à indiquer, et, dans toutes les branches de l'art, une multitude infinie d'esprits supérieurs se sont montrés qui ont produit des chefs-d'œuvre aussi parfaits que ceux de ces trois hommes; mais, s'ils furent aussi grands que ceux-là, ils ont dépassé le niveau ordinaire de la nature dans la même proportion et ont reçu de Dieu des dons aussi complets.

« Et, en général, qu'est-ce que le monde? que doit-il être? Après ces fameux six jours dans lesquels on s'est ingénié à circonscrire la création, Dieu n'est nullement rentré dans le repos : au contraire, il est encore constamment actif, comme au premier jour. Assurément, c'eût été pour lui un amusement médiocre que de composer d'éléments simples la masse de ce monde, et de la faire graviter autour du disque solaire, s'il n'avait eu le projet d'établir sur cette aire matérielle la pépinière d'un monde d'esprits. Non, il est aujourd'hui sans cesse agissant dans les natures d'élite, afin d'attirer à lui celles qui sont moins nobles. »

Gœthe garda le silence. Pour moi je conservai dans mon cœur ses grandes et belles paroles [1].

---

[1] On a ici, en quelque sorte, le testament philosophique de Gœthe, qui mourut peu de jours après cet entretien, le 22 mars. Il était né le 28 août 1749.

TABLE ANALYTIQUE

1828

1830

1831

1832

FIN DE LA TABLE

PARIS. — IMP. SIMON RAÇON ET COMP., RUE D'ERFURTH, 1.

www.ingramcontent.com/pod-product-compliance
Lightning Source LLC
Chambersburg PA
CBHW051733250726

48659CB00001B/31